U0833063

应用法学评论

YINGYONG FAXUE PINGLUN

（2016）

主　编：杨建学
副主编：曾令健　朱福勇　张光君

法律出版社
LAW PRESS·CHINA

序

“全面推进依法治国”的局面是来之不易的。从古到今，中国社会经历过太多的“变法”与“革新”，但总的来说，其核心内涵不过是当权者运用规则、制度治理社会。自新中国成立以降，先后围绕“人治”“法制”“法治”展开过诸多的讨论，也随之产生过大量的相关实践。党的十八届四中全会有史以来第一次将“依法治国”作为党的全会主题。随着“法治是治国理政的基本方式”（习近平语）的确立，法治建设在中国迎来了一个全新的历史阶段。这既给法律人提供了发挥智慧的舞台，也注定了法律体系建设及法律运行将成为时代的重音符。

法律的生命在于应用。亚里士多德曾言：“邦国虽有良法，要是人民不能全部遵循，仍然不能实现法治。法治应该包含两重含义：已成立的法律获得普遍的服从，而大家所服从的法律又应该是本身制定得良好的法律。”无疑，要实现“良法善治”，一方面是法律体系建设问题，另一方面则是法律的运行问题。法律体系建设问题是法治的基本前提，同样重要的是这些精思细虑、设计精巧、立意公允的法律规范能够有效地在社会中运行。

尽管法律运行不局限于法律适用主体或民众有意识地运用法律来解决社会纠纷、维护社会秩序，但相比于社会被动地遵守法律规定，法律的应用更容易成为关注的焦点。法律应用往往是矛盾的交集处，也更能展现

“法治是治国理政的基本方式”的重要内涵。

正因如此,《应用法学评论》旨在登载法律应用的研究成果,希望为中国的法治建设贡献绵薄之力。作为一本新生的法学学术读物,有必要对《评论》及相关问题作些交代。

所谓“应用法学”,研究法律应用问题乃其应有之义,但是“应用法学”并不是与“理论法学”相对应的事物。从本质上讲,“应用法学”是对法律应用中的现象、状态、规律、机理予以理论化、体系化、科学化的研究。相对于传统的部门法学而言,“应用法学”重在打破部门法的壁垒,同时,也突破法学学科中“理论法学”与“部门法学”之间的隔阂,强调从法律运行的实践情况出发来研究法律问题。诸如,从法律职业的角度出发,“应用法学”会从法官、检察官、律师、仲裁员适用法律的角度来研究具体的审判、检察、仲裁中存在的现象、状态,梳理审判、检察、仲裁中的规律、原理等。

这样一种跨越部门法学界限、超越部门法学与理论法学的法学研究,才可能为中国法治建设提供更有效的助力。这既是《评论》的意义之所在,也是“应用法学”学科诞生的原由。继 1991 年我国设立最高人民法院中国应用法学研究所之后,西南政法大学于 2011 年设立了全国第一个“应用法学”法学二级学科。显然,《评论》势必是“应用法学”学科建设的成果展示平台,也将是学科进一步发展的智识源泉之一。毋庸置疑,对于我国这样一个泱泱大国而言,目前“应用法学”研究的广度、深度尚远远不够,《评论》意在为法律同人提供一个智识交流的平台,共同促进,齐头并进,也为中国的应用法学研究竭己所能。

特别需要提及的是,《评论》是一本开放、包容的法学学术读物,不限于法律应用研究成果,但凡优秀的法律研究成果均为《评论》所欢迎、翘盼。

曹守晔

最高人民法院中国应用法学研究所

2015 年 12 月 25 日

目　录

专题

案例

论　　文

恶意占有人的必要费用请求权：一种信托法的进路*

李传超

摘要：物权法区分无权占有人的主观意思，明确赋予了善意占有人的必要费用请求权，解释上多认为恶意占有人不得依物权法的规定主张必要费用请求权。占有关系中的恶意与道德之“恶”并不能完全对等，恶意占有系明知自己非本权人的占有。请求权基础思维并非保守、固化的逻辑方式，应具有一定的开放性。拟制信托中受益人可对恶意占有人管理之下的占有物主张拟制信托，从而去除恶意占有人的“超额所得”，或者财产转化物。即便占有物（原物）已经不存在，由于信托财产的“隔离效应”，受益人仍可不受恶意占有人之债权人的“财产稀释”，优先受偿。与传统大陆法系准无因管理理论相比，拟制信托优势明显，有利于保护本权人的利益。

关键词：恶意占有人；必要费用请求权；拟制信托；法解释

引　言

恶意占有人的必要费用请求权之承认与否系物权

* 本文的写作得到了中国政法大学商法所马更新教授、四川大学法学院民商法博士生周奥杰的指点，对匿名审稿人的批评与指正，在此也一并致谢。

法的历史遗留问题。在解释学上,该问题被视为法律漏洞,它与民法的很多制度都有关联,与其有关的请求权基础之研究,可谓“牵一发而动全身”。如何弥补该法律漏洞以及对其进行体系化的思考、构建是立法论和解释论都应该关注的重点。

物债二分、请求权基础这些经典的论断和理论,自创立以来已经成为民法思维必不可少的路径,甚至成为法律人思考问题的路径依赖。由权威创设的路径并非不可质疑,当面临新的情况时,我们应当对传统的思维保持一种开放性的态度。比如有学者指出,自19世纪以来,物债区分理论便屡遭攻击,至现代社会,物权债权化以及债权优位的思潮汹涌澎湃,物权与债权的传统地位似乎发生倒置,物权似乎不成其为物权,债权似乎不成其为债权。[①] 无因管理、不当得利这两个处在请求权基础序列最后面的两种思路,在面临现实中出现的不公平时同样捉襟见肘。比如,侵权人以自己的能力就受侵害之物变价获得了比原市场价值更高的对价时,受害人无论基于侵权责任,还是不当得利均不可能要求侵权人“吐出”超额的部分,最后请求权基础进行了发展,提出了准无因管理理论。英美法系同样如此,在衡平法院的努力之下,法官创造性地发展出了拟制信托理论,这与大陆法系的准无因管理有着异曲同工之妙。大陆法系与英美法系并没有天然的、不可逾越的鸿沟。大陆法系的先贤们曾认为信托法与大陆法系的性格水火不容,但是日本、中国还是诞生了信托法。拿中国来说,学者认识信托法也是一个渐进的过程。在《信托法》生效之前,济南法院的判例曾借鉴大陆法系的观点将信托财产认定为受托人享有所有权,即“信托与委托的区别在于财产所有权的转移与否”,但《信托法》生效后,外加物权法定原则,司法实践曾一度出现了摇摆,“总体上,司法机关认为,信托财产的所有权在信托法律关系中并不发生移转,信托财产仍然属于委托人所有”。[②] 但现在越来越多的学者指出了这一“传统”观点的不合理,指出信托财产应在所有权问题上归

① 参见尹田:《物权法理论评析与思考》,中国人民大学出版社2008年第2版,第47页。

② 参见张建文:《济南英大国际信托投资有限责任公司与山东省食品公司信托贷款合同纠纷上诉案——信托财产归属的法律界定》[案号(2001)民初字第1707号、(2002)民二终字第33号],载《人民司法》2012年第12期。

属于受托人,[3]这一观点也越来越为学界所接受。

一、法律漏洞、学说争鸣与理论反思

立法者的初衷或许是好的,但这不并符合占有法律关系运行的正常态势,利益处理的失衡导致了法律漏洞的出现。

(一)物权法的漏洞

相比多数立法体例,我国物权法的规定对恶意占有人的"惩治"最为严厉,对善意占有人的保护也比较弱,因为仅承认了善意占有人的必要费用请求权,并美其名约"法律关系简化、便于操作",并认为保留孳息与返还孳息在总体结果上"区别实际不大"。[4] 当孳息与必要费用在经济数额差别较小时尚可,一旦差别较大时,总体效果将差之千里。其他国家立法例中多承认善意占有人的孳息收取权,甚至亦有承认有益费用请求权的体例。笔者推测,立法者可能是为了弘扬"社会正义",加重"惩罚"恶意占有人,才出现如此考量。当然,恶意占有关系中的"恶意"可以包含侵权行为中的过错,但并不等同,本权人当然可以通过对侵权行为构成要件的举证来救济,也可以仅通过占有关系救济。笔者认为,物权法对占有制度利益分配的规定,不利于稳定占有秩序,进而更不利于平衡本权人与占有人之间的权利义务关系,更甚者,立法有违背人性之嫌。因此,我们可以判定法律否定恶意占有人的必要费用请求权应算作法律漏洞。

对于恶意占有人必要费用请求权,当事人是否可依《民法通则》第92条的不当得利请求权、第93条的无因管理的规定进行主张,理论上有争议。比如学者认为,即使在个案中符合不当得利的构成,也不得主张,《物权法》第243条系特别规定,从反面推论,排除不当得利的适用,只有如此解释,才不会使物权法的立法目的落空。[5] 有的学者认为前述观点在逻辑上有问题,不能对《物权法》第243条作反面解释,并认为物权法的规定系法律漏洞,同时,恶意占有人对维护占有物正常状态有重大意义,并不会增加物权

---

③ 参见赵廉慧:《信托法解释论》,中国法制出版社2015年版,第45~46页;周小明:《信托制度:法理与实务》,中国法制出版社2012年版,第40~43页。

④ 参见北大法宝对于《物权法》第243条的条文释义。

⑤ 参见崔建远:《物权法》,中国人民大学出版社2011年第2版,第151页。

人的负担。[⑥] 司法实践中对此处理不一,有的法院以“于法无据”否定,有的法院已经承认了恶意占有人的必要费用请求权。[⑦] 如贵州省普定县人民法院在处理一起物权纠纷过程中就承认了恶意占有人的必要费用请求权。[⑧] 法院的裁判直接以占有关系之法理处理恶意占有期间必要费用,实际是在进行法律漏洞的弥补,[⑨]但是法院的态度并不彻底,因为中间还借助了“原告也愿意支付一定的费用”作为辅助线。

(二)必要费用请求权的理论争议

法律的“偷懒”造就了理论的“活跃”,各种观点层出不穷。

1. 恶意占有之“恶意”不直接与道德挂钩

学理上认为,“恶意占有人是指明知无本权,或者对有无本权存疑而为的占有;善意占有指虽然没有本权,但误信为有而为的占有”。[⑩] 但是,“善意、恶意很难从外观加以证明。为保护占有人,除非有相反证明占有人恶意,否则通常被推定为善意占有”。[⑪] 物权法对占有关系区分善意与恶意而

---

⑥ 参见冉克平:《物权法总论》,法律出版社2015年版,第589~590页;温世扬:《物权法要义》,法律出版社2007年版,第368页;刘智慧主编:《中国物权法释解与应用》,人民法院出版社2007年版,第696~697页;李显冬主编:《物权法案例重述》,中国政法大学出版社2010年版,第343页。

⑦ 参见上海市第一中级人民法院(2011)沪一中民二(民)终字第1434号民事判决书、广西壮族自治区防城港市防城区人民法院(2009)防民初字第535号民事判决书。否定判例参见浙江省宁波市中级人民法院(2011)浙甬民二终字第592号民事判决书。前述判例均转引自同上注,冉克平书,第590~592页。

⑧ 参见贵州省普定县人民法院(2015)普民初字第42号民事判决书。

⑨ 必须指出在本案中审理法官在理由阐述部分有一句“而且原告也愿意支付一定的费用”,如果没有该理由法院是否还会支持必要费用请求值得思考。

⑩ [日]近江幸治:《民法讲义II 物权法》,王茵译,北京大学出版社2006年版,第139页。

⑪ 单平基:《无权占有费用求偿权之证成——〈中华人民共和国物权法〉第243条检讨》,载《法商研究》2014年第1期。但是针对推定善意这一点,日本学者近江幸治指出,“此处的善意不同于一般用法,不包含对本权有无存疑的情况,而通常推定占有者具有善意”,(《日本物权法》第186条规定:(一)对占有人,推定其以所有的意思,善意、平稳而公然实行占有。(二)于前后两时均有实行占有证据时,推定为于其间继续占有)但是近江幸治在该处又加一引注,即我妻荣在[有泉亨补订]《新版物权法》(1983·岩波书店)第473页中指出:“但是,在占有制度中,由于善意占有的诸多效果(短期取得时效、即时取得、孳息取得等),一般将存疑作恶意处理。”以上观点,笔者认为日本学者的观点并不与我国学者的观点冲突,我国学者定义善意占有时,多引用萨维尼的观点,即认为“如果一个人认为他对于他所进行的持有拥有合法根据,他就被称为善意占有人”。参见[德]弗里德里希·卡尔·冯·萨维尼:《论占有》,朱虎、刘智慧译,法律出版社2007年版,第73页。

设定的必要费用请求权，理论界多认为其不利于物权的保护。因为占有人主观之“善意”或“恶意”，就其本质而言，仅系占有人的知晓问题，与日常所理解的道德无关，即善意占有之“善”与恶意占有之“恶”并不直接与道德的“善”“恶”挂钩，如“修缮他人的破损房屋以免台风摧毁、代他人饲养走失的牲畜，实乃法律应鼓励之‘善行’”。⑫ 故从维护占有价值进而保护本权人权利的角度，物权法不应区分善意与恶意而赋予不同的必要费用请求权，因为占有物必要费用的支出最终系“借占有人之手护本权人之利”。但是，这一看法实际上是后果导向性思维运用的结论（见图1）：

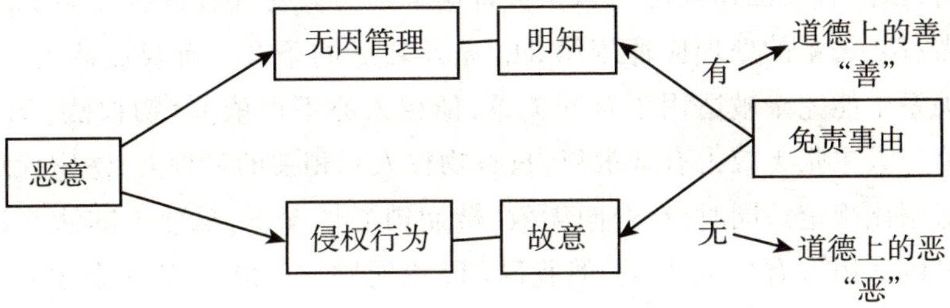

图1　恶意与道德善恶之关系

2. 请求权基础的争论

相比之下，域外多数立法体例认可恶意占有人的必要费用请求权，但方式或有不同，有的由物权法直接规定，有的依附于无因管理制度或不当得利制度。《德国民法典》第994条第2款规定：“善意占有转变为恶意占有后占有人支出必要费用的，所有人的偿还义务依照无因管理的规定。”⑬《日本民法》第196条第1款规定：“占有人返还占有物时，为保存占有物所花费的费用（必要费用）得向恢复人请求。但占有人取得孳息所需的必要费用由占有人负担。”⑭《法国民法典》第1381条规定：“收受返还之物者，对于占有人为保存返还物所支出的有益并必要费用应偿还之，即使对于恶意占有人亦同。”⑮《荷兰民法典》第3编第121条第2款规定：“非善意占有人只能请求补偿为资产或收取孳息支出的费用。且限于可根据不当得利的规定请

---

⑫ 同注⑪，单平基文，第65页。

⑬ 《德国民法典》，陈卫佐译注，法律出版社2010年第3版，第349页。

⑭ 同注⑩，第155页。

⑮ 《拿破仑民法典（法国民法典）》，李浩培等译，商务印书馆1979年版，第217页。

求补偿的情形。"[16]台湾地区"民法"第957条规定:"恶意占有人,因保存占有物所支出之必要费用,对于回复请求人,得依关于无因管理之规定,请求偿还。"需要特别指出的是,法国民法和荷兰民法既认可必要费用,又认可有益费用,台湾地区"民法",对必要费用借助无因管理原理,对于有益费用,法条没有明确规定,但在法理上,学者认为应采不当得利之规定。[17]

(三)占有理论与合同关系

《物权法》第241条规定:"基于合同关系等产生的占有,有关不动产或者动产的使用、收益、违约责任等,按照合同约定;合同没有约定或者约定不明确的,依照有关法律规定。"该条被普遍解读为只处理有权占有关系,[18]而无权占有之关系的处理应适用第242条及之后的条文。有观点认为,占有恢复关系不能完全被适用于合同关系,债权人亦不得依据《物权法》第243条向第三人主张无权占有请求权,只有物权人和相关的管理人、法定代理人可以适用该规定。同时,在合同无效、被撤销的情况下,虽然大陆法系认为此时可以适用占有恢复关系,但我国《民法通则》第61条第1款和《合同法》第58条对无效、被撤销的法律行为规定了具体的法律后果,与大陆法系不单独规定,准用不当得利或占有恢复关系的立法体例不同,故不能适用《物权法》第242条之后的规定。[19] 笔者认为,此观点值得商榷,虽然《民法通则》与《合同法》对无效、被撤销的法律行为的后果进行了规定,以及《物权法》对占有恢复关系进行了规定,但是这并不能完全被解释为确立了不同的请求权基础。因为在它们之间可能只是"注意性规定"立法技术的适用,相互之间可能仅是"超链接"关系。比如针对《物权法》第244条中善意占有人的"有限赔偿责任"上,都认为这是不当得利制度的适用。[20] 即使前

---

⑯ 《荷兰民法典》,王卫国主译,中国政法大学出版社2006年版。转引自同注⑪,单平基文,第67页。

⑰ 关于有益费用得以不当得利请求,王泽鉴先生的态度出现转变,过去否定,现在肯定。详细理由参见王泽鉴:《民法物权》,北京大学出版社2010年第2版,第528~529页。王泽鉴先生曾经的反对观点认为法律否认有益费用请求权系法律惩罚恶意占有人,并对台湾地区"最高法院"在《1972年台上字第1004号判决》中将不当得利制度视为衡平救济手段提出了质疑,理由是德国法上将不当得利视为实体制度。参见王泽鉴:《民法学说与判例研究》(第1册),北京大学出版社2009年版,第269~275页。

⑱ 参见北大法宝对于《物权法》第241条的条文释义。

⑲ 同注⑥,冉克平书,第577~579页。

⑳ 同注⑤,第153~154页。

述主张合同无效、被撤销时不得适用占有恢复关系的学者亦不例外，其并没有针对此处物权法的特别规定而认可该特别规定异于不当得利制度。[21] 恶意占有关系不会孤立地存在，恶意占有关系与买卖合同等基础关系密切。从民法的体例观察，《合同法》第148条[22]中标的物质量不符合要求，致使不能实现合同目的，买受人之拒绝接受后，针对标的物是有权占有还是无权占有？合同关系真的不能从物权关系观察？反对将合同解除的后果适用占有恢复关系的重要理由就是若适用占有恢复关系会使得“无权之他主占有人将比有权之他主占有人还受优待”。[23] 笔者认为，这与是否可通过无权占有关系观察当事人之间占有关系并不冲突。一方面，我们只是借助其观察占有关系，未必适用其法律后果；另一方面，在清算关系下，占有物维护亦会出现，最终的后果并非大相径庭。

二、英美法拟制信托理论的启示

大陆法系引以为傲的请求权基础理论是民法界炙手可热的分析工具，但“物极必反”的道理告诉我们不能过分迷信一种理论，有时“他山之石”可以帮助我们“攻玉”。

（一）信托结构下的受托人费用请求权、报酬请求权

《信托法》设立了三种信托类型，即普通民事信托、经营性信托和公益信托，但信托法字里行间并没有明确透露出拟制信托理论的地位。诉讼法与程序法相互配合方能使字面上的法成为活法。2011年2月18日修改后的《民事案件案由规定》（法〔2011〕41号）在“二十六、信托纠纷”下确立了三个案由，即“314、民事信托纠纷，315、营业信托纠纷，316、公益信托纠纷”。这与信托法确立的三种信托制度是相吻合的，但信托法在司法裁判

---

[21] 同注⑥，冉克平书，第594～595页。

[22] 《合同法》第148条规定：“因标的物质量不符合质量要求，致使不能实现合同目的的，买受人可以拒绝接受标的物或者解除合同。买受人拒绝接受标的物或者解除合同的，标的物毁损、灭失的风险由出卖人承担。”

[23] 同注⑥，冉克平书，第579～581页。

中的运用也不够多。[24] 但也有判例在论证思路上渗透了拟制信托理论的色彩,如在沈阳某风机厂与戴某羽借款合同纠纷上诉案中,沈阳市中院在裁判书中对争议款项的分析,将戴某羽持有的款项视为为单位所代持,实质上所有人为某风机厂,并通过认定"其应为金钱(货币)所有与占有相一致规则之例外",承认了某风机厂的物上追及性。[25] 可以说该判例在追及性理论的论证上,有拟制信托理论的影子,但法官没有明确指出,或者使用"拟制信托"这一术语。这一尴尬局面的出现并非偶然,正如有学者指出:"必须将民商事法律制度高度体系化后,才能在信托投资类纠纷的司法实务中奠定准确适用法律的基础。"[26]

根据《信托法》第9条的规定和信托法理,信托财产、信托目的、受托人和受益人四个要素为信托结构的要件。信托目的是受托人行动的指针,它确定了受托人的权限范围,同时还是判断信托关系是否应当终了的标准。这一点,正如法人章程需要确立法人的目的是一样的。[27] 信托法律关系中,受托人因处理信托事务支出的相关费用、对有关第三人负担的债务,均由信托财产承担。另外,受托人执行职务亦有权从委托人处取得报酬。信托法的利益结构正是本文将恶意占有关系与拟制信托、准无因管理制度相类比的逻辑原点。

(二)拟制信托理论:英美法救济权利的工具

理论的追根溯源是理论研究最好的起点,拟制信托理论的性质及其适用是揭开拟制信托面纱最好的方式。

1.边界模糊的拟制信托

英美法系将法律分为普通法与衡平法,衡平法为补充普通法的不足之处而存在。但在美国,由于成文法的编纂,越来越多的法官和律师对衡平法的理解出现了生疏。[28] 在明示信托之外,英国法上还有回复信托和拟制信

---

[24] 笔者在北大法意网站通过案由检索,在信托纠纷案由下,一共检索到35个案例;在北大法宝网通过案由检索仅检索到9个案例,其中民事信托4个,营业信托5个,公益信托0个。检索日期2015年10月13日。

[25] (2008)沈中民三终第1445号。同注③,赵廉慧书,第163页。

[26] 师安宁:《经营性信托解析》(一),载《人民法院报》2015年6月29日,第7版。

[27] [日]能见善久:《现代信托法》,赵廉慧译,中国法制出版社2011年版,第14页。

[28] Ashley S. Hohimer, "Note & Comment: Constructive Trusts in Bankruptcy Is an Equitable Interest in Property More Than Just a 'Claim'?", 19 *Bank. Dev. J.* 499.

托理论,即是衡平法发挥作用的范例。比如美国学者 Hohimer 指出:"拟制信托是衡平法的精神得以表达的公式。"[29]回复信托(resulting trust),是指当一个人转移或者指示将财产转移给第三人,但没有明示地表达该第三人为该财产的受托人,衡平法此时便假定该第三人为转移人的利益成为受托人。[30] 拟制信托(constructive trusts),是指一个因衡平法而生的为了满足公正和良知的需要,不关注任何一方明示的或暗示的意思而生的信托。[31] 二者从表面上看十分相似,却是两种不同的信托制度,法理上对二者明确区分也较为困难。拟制信托更像一种理论上的剩余范畴(residual category),在利益衡平救济的工具序列中,它非常像一道殿后的阀门,这一点和大陆法系的不当得利制度极为相似。故而,美国律师 Gretchko 指出:"拟制信托是一种拟制:施加于欺诈或有其他不法行为人之上的衡平救济手段,旨在防止不当得利。"[32]在英国学者的著作中,回复信托介于明示信托与拟制信托之间,但是回复信托的地位十分尴尬,在家事法和商事法领域内不断被明示信托和拟制信托理论挤压。[33]

拟制信托理论的适用范围非常宏大,比如英美学者的著述中指出,拟制信托并没有明确的边界,没有办法列出一个明确的清单指出哪些情况可以

---

[29] 同注[28]。

[30] See Andrew Iwobi, *Essential Trusts*, Third Edition, 武汉大学出版社 2004 年影印版,第 50 页。

[31] 同注[30],第 63 页。

[32] Lisa S. Gretchko, *Constructive Trust on Real Estate Hits Paydirt in the Sixth Circuit*, American Bankruptcy Institute Journal, November 2001.

[33] 对于回复信托的"resulting",英美学者认为其意义就是"to jump back",但同时有学者比如 Birks 指出:"拉丁文中的'resalire'除了是一个令人误解的暗喻的词汇外,别无他意。以下说法更为准确,即利益在拥有权利人的身上再次凸显(the interest jumps up in the person beneficially entitled),而是不回复至其身上(rather than back to him);或者在故事的开始,利益就从来没有离开过权利人。"回复信托存在于以下情况:(1)A 自愿向 B 进行支付,或者为 B 支付了全部或者部分款项用于购买财产,所购财产登记于 B 的名下,或者 A 和 B 共同的名下;于是有一种假设,即 A 没有对 B 进行赠予;所支付的款项视为被 A 而设置了信托。但必须指出这只是一种假设,它可以被推翻,比如相反的假设,比如预期付款(advancement)或者被可以直接证明的 A 拥有完全将利益转移给 B 意愿。(2)A 将财产转移给 B 设置明示的信托,但是这个信托没有穷尽财产上的所有的利益。前两种情况下,第一种属于假设的回复信托,第二种属于自动的回复信托。回复信托产生于此种情况:A 转移财产给 B,B 为 A 而信托持有该财产。但这个事实模型并不是排他性划归给回复信托人,因为它有可能成立明示信托或者拟制信托,但它主要产生于委托人没有明示表达自己的意愿之时,因而问题的关键也是如何判定委托人的意愿。

为拟制信托所包含。[34] 正如英国学者法官埃德蒙·大卫(Edmund-David LJ)指出:"它的边界是故意模糊的,这是为了给法院在个案之中实现正义留下更大的空间,而不是为了限制法院。"[35]但似乎美国司法界的态度表明,拟制信托的适用是确定的(under certain),而不是只能在有限的情况(rather limited circumstances)之下才可适用,但其判例似乎表明法院还是拥有较大的裁量,有时更会"为了获得良好的社会效果",会"放松对拟制信托适用的限制"。[36] 由此,可以推知英美法对待拟制信托的态度是一致的。

2. 拟制信托的性质

英美法系对拟制信托性质的认识不尽一致,英国法视为一种实体制度(substantive institution),而美国法仅将其视为一个救济工具(remedial device)。虽然观点不同,但是实践中两国对拟制信托理论给予广泛的适用空间。拟制信托和普通信托在实质上极其相似,但区别在于拟制信托源于法官的操作,无视当事人之间原本是否有设立信托的意愿;普通信托系委托人明示创设,回复信托源于财产移转人假定或者可推知的意愿。斯沃德林(Swadling)教授将拟制信托定义为一种法律拟制,"拟制信托根本不是信托,它只是法庭命令的两种产物(two species of court order)……被告支付原告一部分金钱,被告给原告一种特殊的权利"。[37]

与其说拟制信托理论为回应被告的不当得利而生,毋宁说不当得利制度仅仅触发个人的补偿,但并不创设衡平性的利益。20 世纪 70 年代左右,为了案件处理的公正和善意,以丹宁(Lord Denning MR)为首的法官将拟制信托作为一种工具用来创设衡平所有权利益。拟制信托一旦被创设,其功能与明示信托并无二致,除了明示信托受托人的义务与拟制信托中的受托人的义务稍有不同外,其他效果与明示信托相同,比如受益人享有针对信托财产上的衡平所有权利益,该利益意味着受托人破产之时,针对信托财产受

---

[34] See Philip H. Pettit, *Equity and the Law of Trusts*, Oxford University Press, 2012, p. 239.

[35] 同注[30],第 64 页。

[36] See Lisa S. Gretchko, *Constructive Trust on Real Estate Hits Paydirt in the Sixth Circuit*, American Bankruptcy Institute Journal, November 2001.

[37] The Fiction of the Constructive Trust, (2011) CLP399, cited from Paul S. Davies, Graham Virgo, Edward Burn-*Equity & Trusts-Text, Cases, and Materials*, Oxford University Press, 2013, p. 338.

益人可以优先于受托人的无担保物权的债权人受偿。[38] 在美国法学界,拟制信托与不当得利规则同样有着重要的关系,如亚拉巴马州法院在处理不当得利之时,就用拟制信托来平衡当事人之间的利益关系,而无视得利人主观上之恶意与善意。大法官卡多佐(Cardozo)指出:"拟制信托是衡平法的良知获得表达之方式,当财产的持有人非良善的状态之下获得财产,衡平法就将持有人转化为受托人。"[39]"但是拟制信托并不是故意或者自愿地出现,它只是为了避免不当得利的一种法律处理方式。"[40]

三、恶意占有与拟制信托之关系

一种理论被借鉴、沿用,必然需要经过对比、证成等阶段。这也是一种理论可以被长期运用的"源头活水"。

(一)类比与论证

本文主张拟制信托理论可以用来观察恶意占有关系,那其中一步就是需要对法律适用的规则、相关法律技术以及功能类似的法律制度进行探究。

恶意占有人适用拟制受托人的地位,需要证成物权法恶意占有人的结构与拟制信托上结构的相似之处,才能走完二者在解释论上类比、参照路途的"最后一公里"。按照法律拟制的性质,事物A虽然不同于B,但二者之间具有许多方面的类似性(本质的类似性),而将B等同于A,这期间意识上必须认识到二者的差异,同时又必须认识到二者的类似性。[41] 拟制的运作机理和概念的形成过程十分相似。概念的形成分为五个步骤,即"陈述、

---

[38] 同注[37],pp. 338 - 339。

[39] Am. Family Care, Inc. v. Irwin, 571 So. 2d 1053, 1058 - 59 (Ala. 1990), cited from Grace Murphy Long, *The Sunset of Equity: Constructive Trusts and the Law-Equity Dichotomy*, Alabama Law Review, Spring, 2006, pp. 885 - 886.

[40] 亚拉巴马州承认在可获得其他衡平法救济方式时,拟制信托的适用。See Am. Family Care, Inc. v. Irwin, 571 So. 2d 1053, 1058 (Ala. 1990) (noting that a constructive trust occurs when "an obligation is imposed not because of the intention of the parties but to prevent unjust enrichment" (quoting 3 Austin Wakeman Scott, The Law of Trusts) 462. 1 (1967), cited from supra note 39, at p. 887.

[41] 参见刘风景:《"视为"的法理与创制》,载《中外法学》2010年第2期。

对比、抽象、概括和命名”[42],这其中最为重要的就是抽象,“在抽象化的过程中,我们必须分离或者搁置(to separate or set apart),提取事物之间的特性用以观察”。[43]

表1　拟制信托与占有关系特征对比

	拟制信托	占有关系	说明
法律确定的作用[44]	委托人、受托人、受益人和信托财产的独立地位由法律确定	本权人、占有人与义务人亦是法律确定相互关系的主体	物权结构与信托结构的法定性相似
财物的控有	信托合同,或遗嘱等。在没有二者时,法官运用法律拟制工具	(物、债、亲权等)有权占有。无权占有下再分为恶意占有和善意占有人	无权占有人没有本权和拟制信托的受托人没有合法权源相似
救济方式	信托受益人可以对拟制受托人主张财产利益返还	本权人可以要求恶意占有人返还原物或者承担侵权责任	救济方式相似
利益平衡	拟制信托受托人享有必要费用请求权	占有人享有必要费用的请求权	权利相对人的利益平衡手段上相似

我们将恶意占有与拟制信托相类比的过程就是一个抽象化过程,也是一个比较的过程。诠释学认为:“比较的本质已预先假定了那种支配两个比较者的认识着的主体性的非制约性。”[45]制约关系下,两方“你中有我,我中有你”,甚至可能会出现因果关系;然而比较关系下事物被以一种当然的方式同时共存。恶意占有关系与拟制信托本来并不是相互制约关系,所以可以进行比较,用一方的原理去观察另一方的法律架构。详细情况参见表1。

---

[42] See William Walker Atkinson, *The Art of Logical Thinking—the law of reasoning*, YOGebooks by Roger L. Cole, pp. 15 – 21.

[43] Ibid., p. 17.

[44] 物权具有追及力、排他力亦是由法律确定。法定排除了意定,是为了满足法的安定性和交易主体的可预见性。

[45] [德]汉斯–格奥尔格·伽达默尔:《诠释学:真理与方法》,洪汉鼎译,商务印书馆2009年版,第334页。

(二)拟制信托与准无因管理

台湾地区的民法理论中，无因管理与物权占有关系十分密切，台湾地区民法理论多通过无因管理制度处理无权占有关系。我们发现，无因管理中的没有合法的权源，与拟制信托中没有信托文件的基础十分相似。在无因管理的构成要件中，以“为他人管理事务之意思”为要件，但是台湾地区“最高法院”的判决中已经承认了在管理之时，管理人的意思如系为他人之意思与为自己之意思的并存，故为图自己利益，若同时具有为他人利益之意思，仍不妨成立无因管理。㊻ 在台湾地区“民法”中，善意占有人享有对占有物的孳息收取权，但如果善意占有人在占有期间对占有物进行了管理并支出了必要费用，此必要费用本可向所有权人主张返还，但其收取的孳息因物权法的特别规定，不适用不当得利制度不向所有权人返还，从而其必要费用于此之时根据台湾地区“民法”第954条便不得再向所有权人主张。台湾地区学者认为，恶意占有人的必要费用请求权重要的理论基础在于费用之必要性，而不在于占有人支出费用之主观意思。因此，它与无因管理以为他人管理事务的主观意思为构成要件者不同，但对于恶意占有人必要费用的请求权到底对应无因管理中的适法管理还是不适法管理有争议。㊼

不具有为他人管理事务的意思的管理视为不真正的无因管理，相反者为真正的无因管理。真正的无因管理有两个要件：第一，管理事务不违反本人明示或可得推知之意思；第二，管理方法有利于本人。满足此二要件者为适法无因管理，违反第一个要件者为不适法无因管理，不适法无因管理对于管理所生之损害，虽无过失，亦应负赔偿之责。㊽ 对于管理方法，与其相对

㊻ 台湾地区“最高法院”1997年度台上字第1820号民事判决。与之相似的，但不论为无因管理者为：有利害关系之第三人清偿债务既由其法定承受，则其清偿对于债务人自无为其处理事务之意义。参见黄茂荣：《债法通则之四：无因管理与不当得利》，厦门大学出版社2014年版，第4～5页。

㊼ 同注㊻，第3～4页。

㊽ 台湾地区“民法”第174条第1项规定：“管理人违反本人明示或可得推知之意思，而为事务之管理者，对于因其管理之所生之损害，虽无过失，亦应负赔偿之责。”根据此规定，适法及不适法无因管理之区别标准只含符合“本人明示或可得推知之意思”，而不含“以有利于本人之方法”管理事务。盖以有利于本人之方法管理事务属于“如何”，而非“是否”问题。即便在委任，受任人也不因不利于委任人之方法处理委任事务，而使其事务之处理转为非委任，只是使其所为构成积极侵害债权而已。同注㊼，第4～5页。

应的概念是“应尽一定之注意义务”,管理人的管理方法使管理费用超出了管理利益的情事,可能表征管理人未尽应尽之注意义务,但这并不妨碍无因管理之成立。[49] 在不真正无因管理之中,又划分为误想无因管理与不法无因管理,前者与善意占有相联系,后者与恶意占有相联系。[50] 这里必须说明,我们经常用的词汇中,把黄茂荣教授所言的“不法无因管理”简称作“不法管理”,意指明知是他人的事务而为了自己的利益进行的管理。不适法的无因管理与不法管理在分类的标准上是不同的,二者并非同一逻辑层次下的分类,不真正无因管理又被称作准无因管理或不法管理。适法的无因管理和不适法的无因管理都属于真正的无因管理。[51]

不适法的无因管理的法律后果,在比较法上,“本人仍可享受因管理所受之利益,而对于管理人因管理所支出的费用、负债或损害,本人以其所得利益为限予以偿还、清偿或赔偿。管理人对于本人仍负于无因管理的义务”。[52] 不法管理(准无因管理)在处理后果上,经由本人承认而成为无因管理,进而排除侵权行为和不当得利制度的适用。这样的处理结果,是为了弥补侵权行为和不当得利制度上的不足。准无因管理之下,本人可以向管理人主张返还管理的财产及所得利益,管理人与此同时,可请求本人支付合理的管理费用,这样较好地平衡了当事人之间的利益关系。[53]

准无因管理制度与拟制信托分别出现在大陆法系和英美法系各自的救济制度中,法律效果上有异曲同工之意味。传统的侵权法视角下,赔偿制度仅限于财产损失的市场价值。《中华人民共和国侵权责任法》(以下简称《侵权责任法》)第19条规定:“侵害他人财产的,财产损失按照损失发生时的市场价格或其他方式计算。”从法律语句的用词上看,中心词汇是“损失发生时的市场价格”,不包括超过了价格的部分。“其他方式计算”的理解,按照惯有的立法思路,即“列举加兜底”的模式,在计算上也是没有涵盖损失之外的超额部分。但是在知识产权法中,损失赔偿的计

[49] 同注[46],第5页。

[50] 同注[46],第6页。

[51] 参见洪学军:《无因管理制度研究》,载《池州师专学报》2003年第1期。

[52] 同注[46],第41页。

[53] 参见赵廉慧:《作为民事救济手段的无因管理——从准无因管理制度的存废谈起》,载《法学论坛》2010年第2期。

算可以超过一般的市场价格。比如《中华人民共和国著作权法》第49条，在损失的赔偿标准上，确定了一个顺序，即首先按照权利人的实际损失给予赔偿，其次是侵权人的违法所得，最后是人民法院根据情节确定在50万元以下限度进行赔偿。《商标法》第56条、《专利法》第65条也作了类似的规定。必须指出，知识产权法的相关规定并不能直接适用到一般的侵权行为的赔偿计算标准上，而且知识产权法的规定存在顺位关系，即“实际损失难以确定的”或者“权利人的损失或者侵权人获得的利益难以确定的”，而不是选择关系。《侵权责任法》第20条作为一般性侵权条款虽然也以“财产损失——侵权人所获利益——人民法院按照实际情况确定赔偿数额”的顺序作了规定，但是该条的中心限定语是“侵害他人人身权益”，故对侵害一般财产情事没有适用的余地。不当得利制度下，最高人民法院《关于贯彻执行〈中华人民共和国民法通则〉若干问题的意见（试行）》第131条更是出现了“与民争利”的规定，“返还的不当利益，应当包括原物和原物所生的孳息。利用不当得利所取得的其他利益，扣除劳务管理费用后，应当予以收缴”。对此，学界认为不当得利的返还范围的处理原则上，不当得利人应当“吐出”所得利益，但该利益并不为受害人获得，受害人以自己所受损害为上限，不得因为别人的不当行为而取得“意外之财”，同时，善意的受益人可以保留劳务管理费，但恶意的受益人是否可以保持颇值疑问。㊹

准无因管理制度下，管理人若将原物私自处分且不能恢复原状，本人在请求损害赔偿之时将与管理人的其他债权人处于同一顺序受偿。相反，拟制信托结构中，基于信托的特殊考量，受托人违反忠实义务时，依照《信托法》第26条，受托人取得的利益应被归入到信托财产之中，而且，“行使归入权不以给信托财产带来损害作为条件，或者说，归入权的方式不能被简单地理解为是损害赔偿的一种特殊方式”。㊺ 在受托人将占有物不当运营致使受益人不能恢复原状之时，占有物的转化物应当被视为信托财产，拥有与

㊹ 同注㊸，第151页。

㊺ 同注㊸，第324页。

受托人固有财产相隔离的法律地位。[56] 信托财产无论是受托人破产之时,还是信托终止清算时,均独立于受托人的个人财产。正如英美法学者指出,权利人不应该预见义务人破产的风险(consciously take the risk,即没有预见性),义务人的债权人亦不应该从"肿胀的"(swollen)财产中获得一份"天上掉下来的馅饼"(windfall)。[57] 当然,也有学者对这一观点提出了反驳,即义务人的财产也可能因为从其他人那里借款而"肿胀",但此时出借人却不能享有这种优先权。反驳的学者还援引了新西兰上诉法院的判例 Fortex Group Ltd. 诉 MacIntosh 案,在该案中雇主违约不能支付承诺给雇员的退休金并破产。鉴于雇主的资产足以支付该退休金,该雇员便向法院请求适用拟制信托,诉讼请求认为,因为这些资产本应支付给他,否则雇主的责任财产便不正当"肿胀"。但上诉法院没有支持该雇员的主张,理由是若此处适用拟制信托将导致其他债权人无法获得清偿。[58]

笔者认为,该反驳观点实际上并不充分,因为判例中的退休金尚没有特定化,根据信托财产确定性原则,没有确定的财产是不能被视为信托财产的。英美法上认定信托财产(同时也涉及受益人)不具有确定性的有三种类型,即概念不确定、证据不确定和行踪不确定。[59] 该退休金不满足概念的确定性。至于因借款而使债务人财产"肿胀"的问题,应借助拟制信托中的可预见性原则(consciously take the risk)。借款合同的安排是符合当事人之间的预见范围的,因为对于因借款到期无法偿还出现的违约行为,或者在其他案件中的违约行为,权利人一方面可以主张违约责任,另一方面又可因合同目的不能实现而主张解除合同。在合同解除下,义务人对标的物的占有将因清算关系的处理而被视为无权占有,甚至恶意占有,但此时不应当允许权利人主张拟制信托,因为他应当对合同的安排有一定的预见能力,故不能因为拟制信托而

---

[56] 拟制信托救济财产追及效力,追及原物或替代物,即使替代物进入第三人账户,亦可追及。参见同注㉚,第 176 ~ 177 页。联想,在中国法语境下,婚前的财产,如房屋,在婚后出卖,存入配偶另一方账户,就改变婚前财产的性质? 如果因为财产转化了一种形式,就必须因财产混合、混同而最终不能识别?

[57] See In re Mill Concepts, 123 B. R. at 948; cited from supra note 28.

[58] See William Swadling, *Rescission, property and the common law*, Law Quarterly Review 2005, pp. 137 – 138.

[59] 同注③,赵廉慧书,第 99 页。

获得超然于义务人的其他债权人的优先权。[60] 因此,产生于英美法的拟制信托制度在处理公平问题上有着优势,但是也有副作用,如前引"在财产买卖合同中,出让方(vendor)拒绝转让财产,买受方可以主张违约损害赔偿,此外,还可以主张拟制信托"的情形,在我国不应当采用,否则,"强饮疥癣之疾以五毒之剂,而伤其肺腑",[61]将会架空违约责任的立法价值。

(三)侵权行为请求权"优先权"说与拟制信托

在物权与债权相区分的框架下,原物消失不能恢复原状,侵权人应当承担侵权责任,但如果原物消失,代之存续的其转化物(如保险金、对价),就会出现如下情况:《物权法》第174条,《担保法》第58条,最高人民法院《关于适用〈中华人民共和国担保法〉若干问题的解释》第62条、第80条肯定了抵押权的追及性,可对抵押物的补偿金等优先受偿。但对于所有权人来讲,其只能主张侵权责任。当然,已经有学者主张在侵权人破产时,侵权之质的请求权应当优先于合同违约之债的请求权,[62]其理由为:首先,侵权请

[60] 在英美学者的论文中,曾举一例:"设明示信托下的受托人A,其信托义务为保管某项财产,但A违反信托义务将财产转卖给善意购买人,并将所获得的现金(cash in exchange)收归私囊。此时受益人将A诉至法院,法院判令A应归还该项财产(property)。A表示依判决履行该项义务,但在随后的优先期间内(within the preference period),A向法院申请破产。现问该案如何处理。该学者指出应按拟制信托理论将该返还请求权指向的财产从破产人的财产中剥离出来,因为将受益人视为一般普通债权人是荒谬的(ridiculous)。"See supra note 28. 针对此举例,笔者认为该案前提中的明示信托关系不等于笔者在本文中的合同关系,而恰好是信托财产管理过程的财产转化物,应视为信托财产,而不应单纯以违约责任给予权利人救济,否则会生不公之境况。另外,本注释所引论文中,还针对拟制信托理论下,受益人的救济路径究竟是要求受托人"返还原物"(have its property returned),还是"返还物之对价"(a money judgment for the value of the property)的观点,进行过争论,但作者也对这种争论到底有何不同提出了自己的疑问。笔者认为,这与《美国破产法典》(*Bankruptcy Code*)和《破产法》(*Bankruptcy Act*)的历史有密切关系,而本文中主张利用拟制信托救济权利的思路是不区分要求受托人"返还原物"(have its property returned),还是"返还物之对价"(a money judgment for the value of the property)。这也与英美法上的善意购买人(a bona fide purchaser)阻却(strong-arm powers)规则的态度是一致的。

[61] 王夫之:《宋论》,中华书局1964年版,第79页。

[62] 有关文献有韩长印、韩永强:《债权受偿顺位省思——基于破产法的考量》,载《中国社会科学》2010年第4期;付翠英:《论破产费用与共益债权》,载《政治与法律》2010年第9期;韩长印:《破产优先权的公共政策基础》,载《中国法学》2002年第3期;马东:《论应当赋予侵权债权在破产分配中以优先地位》,载《法学杂志》2012年第1期;林一:《侵权债权在破产程序中的优先受偿顺位建构——基于"给最少受惠者最大利益"的考量》,载《法学论坛》2012年第2期;郭娅丽:《论大规模侵权事件中消费者侵权债权的保护——以三鹿奶粉事件为起点》,载王欣新、郑志斌主编《破产法论坛》(第10辑),法律出版社2015年版,第260~269页。不过,杨立新教授指出侵权请求权是一种担保物权,但却不能对抗一般的债权,这让人十分费解,参见杨立新:《论侵权请求权的优先权保障》,载《法学家》2010年第2期。

求权的救济目的是恢复原状,而不应仅限于合同请求权金钱赔偿;其次,合同当事人对风险有合理的预期,并配备了诸如设定担保、同时履行抗辩、不安抗辩、变更或者解除合同等预防措施,侧重于“增值”,而侵权请求权人没有预期,更重要的是“保值”;最后,侵权之债的证明责任高于合同之债。[63] 借侵权请求权优先权处理恶意占有关系的思路与拟制信托理论的对比见表2:

表2　侵权请求权优先权说与拟制信托说的对比

	理论基础	相对人必要费用的关注
侵权请求权优先权说	公共政策,如公平正义、举证难度;侵权债权产生的非自愿性,无预见性;侵权救济的财产保值理念	未谈及
拟制信托说	信托结构中受托人受益权、信托财产独立性理论(衡平)	受托人必要费用从受托财产中可以优先受偿

在担保物权与所有权的关系上,担保物权系所有权所生,是母权利人分割物权权能而形成的、依托于母权利却相对独立的子权利,但子权利自诞生之时起便制约母权利。[64] 理论上均认为担保物权系支配担保物的价值性权利,故有追及性。而对于所有权人,结合物权法的立法体系,我们不能适用“举轻以明重”的法理,进而认可所有权人的价值追及性。[65] 信托结构的一个当然特征即是承认信托财产的转化,无论转化为何种形式均视为信托财产,而采用准无因管理制度,财产原形不存在之时,代替物不具有独立性,或曰无法通过独立性原理而获得优先权,故权利人和管理人的普通债权人处于同一顺位受偿。在这里,笔者需要指出的是,如果拟制受托人就占有物进行管理,如一方面进行了必要费用的支出,同时另一方面又进行了有益费用、奢侈费用的支出,后者在解释上可以被包含于日常意义上的“管理费

---

[63] 同注[62],韩长印、韩永强文,第105~107页。相同主张的英文文献,See Christopher M. E. Painter, *Tort Creditor Priority in the Secured Credit System: Asbestos Times, the Worst of Times*, Stanford Law Review, April, 1984, pp. 1045－1084。

[64] 参见常鹏翱:《民法中的财产权竞合规范——以优先规范为中心》,载《法学研究》2010年第5期。

[65] 《物权法》第107条、第114条确立了遗失物、漂流物、埋藏物和隐藏物的追及效力,但必须以原物存在为前提,若原物消灭,权利人仅能依《物权法》第37条向义务人主张侵权责任。

用”,此时权利人主张拟制信托救济,拟制受托人亦可就“管理费用”优先受偿。

(四)适用拟制信托的优势

权利人因物被恶意占有人占有,在此期间内占有物产生了相关孳息,或者有关耗损,在非破产情事下,或者申请占有人破产被驳回的情形下,针对占有物的孳息,如果占有人资力充足,无所谓是否启动拟制信托救济。这一点,无论是准无因管理之债,还是拟制信托没有区别。但是在我国的司法实践中,针对申请破产被驳回的情形,权利人的受偿则会出现不同。最高人民法院《关于适用〈中华人民共和国民事诉讼法〉的解释》第516条的规定,使首先申请法院采取保全或者执行强制措施的债权人可以先于其他债权人受偿。若通过准无因管理,权利人对于先申请法院采取强制措施的债权人的优先顺位无能为力。但借助拟制信托,因为信托财产的独立性地位,隔离了拟制受托人的固有财产,无论恶意占有人的资力是否充足,也不管恶意占有人是否被宣告破产,更无视有关先行申请法院采取强制措施的债权人,权利人均可以获得保障。[66] 与此同时,恶意占有人化身为拟制受托人,借助信托结构,就自己的必要费用或者管理费用,可以从受托财产中优先获得清偿。[67] 极端情形下,主张拟制信托的受益人陷入破产的,恶意占有人的必要费用请求权亦不受影响。

当然,如果我国破产法立法上认可了代偿取回权的话,上述财产隔离效果亦可实现。代偿取回权系当取回权的标的财产被非法转让时,该财产的权利人有权取回相关的对价财产,此系一般取回权延伸至替代物的体现。[68] 代偿取回权的精神是保护取回权人的利益,维护公平。因为,如果债务人或者破产管理人在取回权人行使权利之前,已经将取回权的标的物转让给他人,则一般取回权就消灭了,此时取回权人的权利沦为一般损害赔偿请求

---

[66] 在英国法上,受益人的追回权、优先权是不证自明的,See supra note 37,at p. 471。

[67] 从用语的角度看,优先受偿权与优先权还是有一定区别的,但是从我国的司法实践观察,优先权似乎是优先受偿权的同义语,如在《最高人民法院关于建设工程价款优先受偿权问题的批复》(法释〔2002〕第16号)中第1条和第4条分别用了“优先受偿权”和“优先权”两个术语,但表达一个意思。笔者在本文中亦既将优先受偿权等同于优先权的同义词。

[68] 参见范健、王建文:《破产法》,法律出版社2009年版,第163页。

权,有失公允。[69] 德国、日本的破产法对代偿取回权都有规定,但是内容并不相同。《德国破产法》第48条以“对待给付尚未履行”以及“对待给付可从破产财产中分出为限”,《日本破产法》第64条未作如上限制。[70] 有学者主张,代偿取回权不应参照德国的立法模式,“因为无论代偿财产是否已混同于破产财产,其性质均不同于一般破产债权,而属于物权标的物的代偿物,破产取回权人将其取回并未损害债务人的自有财产,从而未损害一般破产债权人的利益”。[71] 也有学者认为,“如在破产案件受理前,原物已被债务人转让或灭失,权利人的取回权即告消灭,只能以物价即损失额作为破产债权要求清偿,但可构成法律允许行使的代偿取回权者除外。如管理人对他人财产的占有属于非法占有,标的物灭失时,不管管理人有无过错均应承担赔偿责任,权利人应以共益债务受偿”,[72]并通过指出代偿取回权具有保障一般取回权在非正常情况下实现的特殊功能、担保物权享有代位物追及性特征的“举轻以明重”之法理应用以及防止债务人不当得利等理由支持代偿取回权。[73] 这些观点渗透着拟制信托的色彩。

准无因管理下,本人的受益权与管理人的管理费请求权都属于一般债权,根据《企业破产法》第42条的规定,在本权人进行破产清算时,管理人的必要费用或管理费用一般不可能成为共益费用,[74]除非能够证明管理人在支出该必要费用的时候;本权人已经被法院受理进入了破产程序。此时,管理人可就必要费用或管理费用依破产程序作为共益费用优先受偿,由此

[69] 同注[68],第163页。

[70] 《德国破产法》第48条规定:“原本可以请求取回的标的在破产程序开始前被债务人或在破产程序开始后被破产管理人不正当出让的,以对待给付尚未履行为限,取回权人可以要求让与受领对待给付的权利。以对待给付可以从破产财产中分出为限,取回权人可以要求从破产财产中拨给对待给付。”《日本破产法》第64条分两款规定:“破产人在破产程序开始前已转让取回权标的财产情况下,该财产的取回权人可以请求转移对待给付的请求权。破产财产管理人取回标的财产的,也相同。(第1款)在前款中,破产财产管理人已接受对待给付的,取回权人可以请求破产财产管理人作为对待给付而支付已接受的财产。(第2款)”同注[68],第163~164页。

[71] 同注[68],第165页。

[72] 李永军、王欣新、邹海林:《破产法》,中国政法大学出版社2009年版,第92页。

[73] 同注[72],第96~102页。

[74] 有学者指出:“只是因为损害时间不同,受害人救济的结果却有如此大的差别,法律的公平何在?破产法作为调整特殊情况下债权债务关系的法律,为了使破产财产保值增值而产生的债务作为共益债务无可厚非,而作为债务人财产致人损害产生的债务能否达成破产财产保值增值这一目的,进而被规划为共益债务,还有探讨的余地。”参见同注[62],付翠英文,第31页。

可能产生的极端情况是，管理人对本人是否进入破产进而维护占有物持观望态度，从而不利于本人利益的保护。

四、优先权、利益均衡与法适用之顺位

利益均衡问题是任何法律制度必须给予考虑的重要课题，引入拟制信托理论也不例外。引入了新的理论，还要面临它与既有法律体系协调、适用的问题。

（一）优先权与“变相”优先权

优先权制度起源于罗马法上的嫁资制度，其是为了保护离婚中妇女的利益而设。[75] 各国对优先权制度的继受程度不同，日本法和法国法是继受优先权制度的典型。日本民法在物权中专设一章规定“先取特权”，法国民法上优先权为物的担保的形式之一，强调优先权人就属于债务人的动产标的的价款先于其他债权人获得清偿的权利。[76] 我国没有一般性规定优先权制度，但优先权存在于一些特别法之中。比如，船舶优先权和航空器优先权被分别规定在《海商法》和《民用航空法》之中，《合同法》第286条确立的承包人就建设工程价款的优先受偿权，最高人民法院《关于建设工程价款优先受偿权问题的批复》中认定承包人建设工程价款的优先受偿权先于抵押权人受偿。

优先权是法国不受严格的物债二分思维的产物。实际上，德国民法中物权与债权的区分也在特定部分出现了混合状态。比如债权让与，就是债权人对其债权进行的处分，而处分行为是典型的行使物权的表现。就这一现象，德国学者认为债权人的地位与所有权人的地位本质并无区别。有学者指出，德国法没有采纳优先权制度是立法政策考量的结果。优先权是依法律规定而产生的担保物权，欠缺公示性，有碍交易安全，对第三人利益存在极大的威胁，这与德国法实行的物权公示公信原则相冲突；而法国和日本法采纳优先权，其主要考虑点就在于它们更加注重实质公平，并且其他担保

---

[75] 参见申卫星：《优先权性质初论》，载《法制与社会发展》1997年第4期。

[76] 日本民法中将“先取特权”置于第2编“物权”之第8章。法国民法中的优先权被安排在《民法典》的第3编“取得财产的各种方法”之第18章“优先权及抵押权”。

物权不具有保护优先权制度所保护的特定社会关系的功能。[77] 该观点将优先权判断为担保物权之一种。担保物权在性质的认定上,遵循以下思路:第一是担保性,也即从属于主债权性;第二是价值权性,它指向物的交换价值,而不是使用价值;第三是支配性,即优先权人可以支配债务人的特定财产或者总财产的交换价值排他地优先受偿,并且不需要借助债务人的给付行为,得以自己的意思而享有物之利益,体现了其支配性。[78]

笔者认为,前述对担保物权的论证属于正面证成,由此也影响了物权的论证。[79] 退一步讲,在现代社会,担保物权的发展已经远超出了传统的担保物权的范畴,融资性担保已经成为担保法现代化的重要标志。比如,最高额抵押的出现使担保物权理论的从属性出现了例外,财团抵押和浮动抵押打破了担保物权的特定性,即使如同物权法定主义这样在大陆法系看来天经地义的东西,在美国人手里也可以弃之不顾,依契约创设各种动产担保制度。[80] 在传统的担保物权体系中,物权性最差的似乎当属留置权。我国物权法将留置权视为物权,而法国民法并不将留置权视为物权,法国学者仅视留置权为一种不完全的简单的纯粹自卫性的担保权。因为它既不包含追及权,也没有优先权。法国学者所言的优先性实际上是针对留置权人必须给予债务人催告,催告后仍不履行的,再进行拍卖或折价,由于缺乏追及权,如果债权人放弃了对物的持有,其担保权便归于消灭。[81] 留置权的社会作用在于谋求民法公平与对等正义原则的贯彻和实现,任何制度的诞生和存续都有一定的社会作用,因为债权人既然已经占有债务人的财产,且其债权又与该财产存在牵连关系,如债权受清偿前允许债务人取回财产,则势必使债

---

⑦ 参见曹艳芝:《优先权制度研究》,湖南人民出版社2005年版,第116~117页。

⑱ 同注⑦,第14~17页。

⑲ 笔者认为,当今很多学者在论述某种权利是否属于物权时,多不从传统的物权出发,而从现实中新出现的传统之例外所具有的特性出发,对比这种例外所具有的特性与所讨论的对象所有的属性一致或高度一致,而推导出讨论的对象属于物权,有种英美法上原则之外有例外,例外越来越多反而成了新的原则。详细论证如对优先权属于的物权的论证,参见前引⑮。信托中的受益人受益权属于物权的论证,参见王涌:《论信托法与物权法的关系》,载《北京大学学报》(哲社版)2008年第6期。

⑳ 姚辉:《担保物权与物权法》,载《中外法学》1997年第2期。

㉑ 尹田:《法国物权法》,法律出版社2009年版,第467页。

权人的债权难以甚至根本无法获得清偿,这对于债权人而言,明显不公平。[82] 正是基于公平的考虑,法律赋予了债权人留置权。留置权是否当然地成为物权,是各国立法选择的结果。

实际上,我国司法实践中存在一种诉讼优先权。最高人民法院《关于适用〈中华人民共和国民事诉讼法〉的解释》(以下简称《民事诉讼法司法解释》)第516条实际上赋予了普通债权人在首先获得诉讼保全和查封、扣押、冻结财产时的实质优先权。在债务人资力不足时,其他债权人将面临受偿不能的风险。至于为何赋予首先采取保全措施的普通债权人优先获得清偿的理由,最高人民法院解释指出"执行程序就是实现个别债权的程序,一般情况下不考虑其他债权的平等受偿问题",本条实为"倒逼"当事人去启动破产清算程序,所以赋予了一项优先权。[83] 无独有偶,债务人自然状态下的个别清偿和在诉讼执行状态下的个别清偿,被不同对待。《企业破产法》第32条规定,债务人在法院受理破产申请前六个月内所为个别债权人清偿,管理人可以请求人民法院予以撤销。当然,个别清偿使债务人财产受益的除外。然而,最高人民法院《关于适用破产法若干问题的规定(二)》(以下简称《破产法司法解释(二)》)第15条规定,债务人经诉讼、仲裁、执行程序对债权人进行的个别清偿,管理人依据《企业破产法》第32条的规定请求撤销的,人民法院不予支持。如此观察,个别债权人因为诉讼、仲裁和执行程序获得了相对于其他债务人的优先权。当然,其合理性可能存在疑问,因为通过强制执行完成的清偿仍然是清偿,即债的履行,并不改变行为的本质及其背后的债权债务关系。[84] 最高人民法院《关于建设工程价款优先受偿权问题的批复》中确立的建设工程优先权,却不能对抗在商品房买卖合同中已经支付了全部或者大部分款项的消费者。于是,商品房买卖合同的消费者也享有了一种诉讼上的优先权。另外,对于在破产临界期内的即时

---

[82] 蒋新苗、朱方毅、蔡唱等:《留置权制度比较研究》,知识产权出版社2007年版,第22~23页。

[83] "在对企业法人执行时,不能清偿全部债务的企业法人如果不能进入破产程序,则按照采取执行措施的先后分配财产,排除参与分配制度对企业法人的适用,以实现'倒逼'不能受偿的债权人申请破产的目的。"参见沈德咏主编:《最高人民法院民事诉讼法司法解释理解与适用》(下),人民法院出版社2015年版,第1363~1364页。

[84] 参见许德风:《破产法论》,北京大学出版社2015年版,第374~375页。

清偿,因为没有“授信”行为的产生,故也不得撤销。[85] 故也可以称为变相的优先权。

实际上,从本文的主题来观察,我国是存在针对必要费用的优先权的。《破产法司法解释(二)》第16条第1项“债务人为维系基本生产需要而支付水费、电费等的”和第2项“债务人支付劳动报酬、人身损害赔偿金的”不得请求撤销。在民间借贷关系中,当事人通过签订商品房买卖合同,并进行预告登记的方式为借款进行担保,按照最高人民法院《关于审理民间借贷案件适用法律若干问题的规定》第24条,在民间借贷法律关系审理作出判决之后,出借人可以通过申请拍卖买卖合同的标的物,以偿还债务。此规定实际上也赋予了“担保权人”一定的优先性。“担保权人”按照生效的判决可以直接申请拍卖,依《民事诉讼法司法解释》和《破产法司法解释(二)》的前述相关规定,优先于其他债权人。符合破产撤销条件的相对人,可能因其主观上的知道而成立恶意占有关系。至于行使破产撤销权后的效果,有“物权说”“债权说”和“责任说”三种观点。其中“责任说”最为有力,该观点认为撤销权的行使,既不导致负担行为无效,也不影响撤销相对人取得所有权(或其他财产权利),而只是导致处分行为“责任法上物权性地无效”,即有关财产要继续承载原债务人对他人(债权人)的责任。[86] 故而撤销权人也享有一定程度上的优先权。在此,还必须指出,不得撤销与直接赋予优先权还有一定的距离,因为一方是已经付出不能收回,另一方是还没有付出,但给相关人先拿的权利。但从前面的讨论中,笔者认为二者之间可以类比的关键是,不可撤回的清偿行为有“必须付出”或“没有信用授予”[87](针对即时清偿行为而言)之意,不付出便不能保全其他相关的财产;直接对受托

---

[85] 同注[84],第396~397页。

[86] 针对该学说,可能会有观点认为有违反教义的框架,但持该学说的学者从“他益信托”“所有权保留”“让与担保”等制度进行了佐证,故而“在解释上,责任说中,‘责任’这一要素的提取,并未明显违反既有法理框架,契合了‘债’之关系的基本法理,与既有制度的相容性强,因而更可取”。在权利行使后的撤销相对人返还义务上,持该学说的观点认为若金钱发生混同,应视为“撤销权人与撤销相对人‘责任法上的共有’,因此,就其返还,撤销权人仍享有不同于普通债权的保障”,同时要参照不当得利返还制度的规则。详细的分析同注[84],第422~429页。

[87] 信用交易与即时交易的区别,成就了合同法与物权法、侵权责任法、不当得利规则的分野。若没有信用交易,所有的交易都是“现钱”换“好酒”(即所谓“即时交易”),便不会有欠债不偿的现象,也当然不会有破产。同注[84],第1页。

人赋予优先权，出于该财产本不属于债务人财团，也本应该“吐出”。在没有保持力上，二者相近。

（二）优先顺位与道德反思

拟制信托下，受益人可以享有优先权，在道德和法律层面上，大众接受起来均较为便利，但其侧效应是恶意占有人的必要费用优先权。因此，我们不可避免地需要讨论该优先权与传统的债权平等性的冲突。拟制信托下的必要费用得以优先受偿但却不具有公示性容易受到攻击和反对，实际上该结构下拟制出现的受益人优先权亦会面临这个问题。担保物权之所以可以具有优先性，是因为公示原则的作用，使其他债权人对物上的负担有了预估。笔者认为，表面的占有关系不能完全使债权人信任该物为占有人所有。

物权相比债权之所以具有优先性，是因为物权意味着可以直接对物进行支配性利用而无须第三人的介入或帮助，正是因为这种无债务人性，物权的实现不受债务人无清偿能力危险的威胁，同时又不受货币贬值的影响。[88]物权的优先性和支配性紧密相关，物权的支配性在所有权和用益物权中指向特定物，在担保物权中指向标的物的财产价值。物权的支配性是优先性的理论支点。债权则是预期信用的延伸，指向债务人的一般概括财产，标的仅指向债务人的行为。债权不具有优先性，数个债权可以并存于“一物”，尤其是在一物二卖的情事之下，但是数个债权可以并存，并不意味着可以同时实现，在实现的顺序上虽不被认为是一种优先权，甚至称其为一种裁判规则，但最终效果还是与优先权相似，如最高人民法院《关于审理买卖合同纠纷案件适用法律若干问题的解释》第9条的处理。这也暴露了物债二分下，简单的物权优先、债权平等原则的不足。

信托法赋予了受托人就必要费用的优先受偿的权利，但是该优先权与原物上的担保物权之间的顺位关系仍需讨论。从优先权确立的原则观察，可以归结为两种理由，第一个是管制的强弱要素，第二个是时间先后要素。但是在管制要素之中，管制的强弱之间又有区别，如果法律明确规定了管制的顺序，则应该依照该顺序。比如《海商法》第22条、第23条中确立了优先权内部的顺序，第24条确立了诉讼费用优先于优先权，第25条确立了船舶优先权优先于造船人、修船人因修理费用而行使的留置权。《海商法》确

---

[88] 同注[81]，第27～34页。

定的管制色彩明确,但是如果出现管制不够明确之时:"法无明文的,则从管制基础或目标入手加以对比,仍不明确的,需引入交易成本或从交易安全加以衡量。如针对出租屋里承租人的财物,可竞合一般留置权和出租人的特殊留置权,如虑及一般留置权有占有的公示而特殊留置权不以占有为必要,那么保护一般留置权人的信赖利益更为经济也更为可靠,不妨认为该权利优先。无法进行强弱衡量的,则地位平等。"[89]

在一定意义上讲,正如《企业破产法》上别除权与破产费用之间没有法律的明确顺位,只能通过法理分析和政策衡量一样,拟制受托人与担保物权人二者谁优先受偿,亦不明确。《企业破产法》并没有规定别除权人的担保权与破产费用何者优先,而《海商法》第24条直接规定了诉讼费用优先于船舶优先权,这与《海商法》在船舶优先权的行使上的规定密切相关。《海商法》第28条规定:"船舶优先权应当通过法院扣押产生优先权的船舶行使。"然而《企业破产法》没有这种规定,其第109条规定:"对破产人的特定财产享有担保权的权利人,对该特定财产享有优先受偿权。"从《企业破产法》的体系上观察,别除权人是需要向管理人申报债权的,因为第48条中仅规定了职工的劳动债权不需要申报,第49条规定"债权人申报债权时,应当书面说明债权的数额和有无财产担保,并提交有关证据"。对于担保债权的清偿与破产费用、共益债务之间的关系,有学者指出,实践中如果债务人的全部财产或者几乎全部可变现财产都被设定抵押时,由于没有无担保的财产或者其价值很小,导致破产费用和共益债务都无法获得清偿。依《企业破产法》第43条第4款的规定,管理人应当提请人民法院终结破产程序。"但破产程序如因此终结,即使债务人还有大量担保财产也无法通过破产程序处置,担保债权人的利益也难以顺利实现;而不终结破产程序,费用又无从支付,这就会形成死循环。此外,因此时管理人的计酬标准甚低,无法获得合理报酬,且难以与担保债权人协商解决,必然会使其失去担任管理人和履行职责的财务基础和积极性。"[90]于是,按照"谁受益,谁付费,程序为谁的利益而进行,费用由谁承担"的原则,当担保物覆盖债务人全部

---

[89] 同注[64],第53页。

[90] 王欣新:《破产费用、共益债务与物权担保债权间的清偿关系》,载《人民法院报》2015年9月2日,第7版。

财产时，破产程序已经单为担保债权人的利益运行，尤其是破产清算程序，所以担保债权人应承担无担保财产不足以支付的全部破产费用和共益债务，包括合理的管理人报酬；但对于占有型担保应除外，因为如留置权、动产质押权，对担保物的保管、维护、变价、清偿等相关费用都是由担保权人在破产程序外承担的，所以其不必承担破产费用和共益债务。[91]

前述破产费用与担保物权顺序的观点，对于处理拟制信托下受托人必要费用请求权很有启发。其实，这一思路在《海商法》第 23 条的内容中可以看到：如一艘船先后经历了两次海难，第二次的海难救助费用请求权优先于前一次的海事费用请求权受偿，其法理在于后来的救助最终使船舶的价值获得了保全，从而使在前的支出没有沦为画饼。拟制信托下受托人对占有物支出必要费用，在物的保值增值上，实际上是为担保物权人服务。比如《物权法》第 193 条规定，抵押物的价值有减损之虞或者之实时，抵押权人可以要求抵押人停止其行为或者恢复、另行提供等额担保。《担保法》第 51 条也作了类似的规定。抵押人恢复抵押财产的价值，或者另行提供担保，从债务人责任财产的范围上看，均是取自债务人自身，俗语有言，“羊毛出在羊身上”，只不过拟制信托下该费用首先取材于受托人，从利益守恒的角度观察，拟制信托结构下产生的维护占有物的必要费用始终要从总的利益中取材。从服务的目的上看，就占有物而言，必要费用应从抵押权人受偿的范围内获取，即优先于抵押权人受偿。但是，为了防止优先受偿的滥用，适用拟制信托亦应当交由法院程序进行，因此，受托人的必要费用请求权，应当劣后于诉讼费用。

优先权制度本为债权受偿顺序的不公平而生，主要是救济权利人[“对的”(right)人]，恶意占有人主观上之“恶意”虽不直接与道德挂钩，但基于前文的论证，这只是后果导向型思维运用的结论。因此，赋予恶意占有人必要费用优先受偿权依旧要面临道德上的“拷问”。

承认恶意占有人的必要费用请求权之优先受偿性，这是否会鼓励恶意占有？因为“人们越想获利，则人们越不考虑道德”。[92] 这是一个需要在法理上明确的事情。如果导致鼓励恶意占有现象的发生，则说明该理论可能

---

[91] 同注[90]。

[92] “What’s the alternative?”, *The Economist*, August 15th, 2015.

有害公平正义。“在法律拟制与公平正义的关系上,可以分为消极的底线和积极的目标,消极地讲,法律拟制应当无损公平正义;……积极地讲,法律拟制应作为增进公平正义的工具。”[93]在采纳拟制信托结构的前提下,恶意占有人“化身”为受托人,在此结构中,委托人可以针对受托财产的增值部分享有优先受偿权;同时,受托人针对自己的必要费用对受托财产享有优先受偿权。这一身份转化正如请求权基础的变换,法律视角的转型,致使构成要件发生转变。一方面,从程序启动控制上,应赋予受益人程序启动权,受托人顺势、“搭便车”就相关必要费用受益;另一方面,从相关后果细致区分的角度观察,[94]双方当事人在陷入破产或者自然人陷入债务支付不能境地之时,适用拟制信托观察优先受偿是否有害公平正义。

恶意占有人在积极维护占有物之时,尤其是使占有物的价值出现增值之时,最有利于激励原所有权人适用拟制信托,从而占有人的必要费用支出也可以借助信托结构获得优先受偿。在占有物转化为其他价值形式时,因占有物的原物已经不存在,原所有权人亦有动力适用拟制信托,此时,恶意占有人的必要费用亦可优先受偿。在原物不存在、转化形式的价值低于原物的价值之时,只要恶意占有人没有陷入支付不能,相对于原所有权人来讲,通过侵权责任形式更有利于保护自己的权益,此时无所谓激励恶意占有与否,因为恶意占有人将受到侵权责任的惩罚。如果恶意占有人陷入了支付不能,原所有权人通过拟制信托结构使自己超脱于恶意占有人的普通债权人的优势亦会激励拟制信托结构的适用,此时必要费用也可获得优先受偿。

(三)拟制信托与物权法之适用顺序

如果在救济手段的司法实践中采纳了拟制信托理论,法律解释过程将

---

[93] 同注㊶,第208页。

[94] 这里涉及辩论中的“悖论”困境,一方指出另一方的论点将会引发不当的后果,从而另一方的论点不应当被采信。但另一方却从逻辑上回击说对方逻辑混乱,偷换论题。如:“‘洲文’认为,移转占有的担保物的价值可能高于担保债务数额,允许变现担保物,‘将会激励担保债权人操控变现程序、故意创造较低估值结果’,损害无担保债权人的利益。需指出的是,是否允许担保物变现与允许变现时如何防止低价出售行为,是两个法律性质、解决方法完全不同的问题,后者不属争论范围,将两者并论是以混乱逻辑的方法偷换论题;而以此否定担保权人的变现权利,正如因企业破产中可能有欺诈逃债行为就要求废除破产法一样,实乃因噎废食。”参见王欣新:《再论重整中担保权的暂停行使——对王之洲同学文章的回应》,载《人民法院报》2015年10月14日,第7版。

面临物权法救济与信托法救济何者应该被优先适用的问题。《物权法》第8条规定："其他法律对物权另有特别规定的，依照其规定。"第241条规定："基于合同关系等产生的占有，有关不动产或者动产的使用、收益或者违约责任等，按照合同约定；合同没有约定或者约定不明确的，依照有关法律规定。"《物权法》第8条、第241条的规定应当说是为其他法律优先处理物权和占有关系留下了余地。但是，从法律用语的角度，第8条的限定是"另有特别规定"，而不是"另有规定"。法律条文中的"特别"一词限定很严，而"另有规定"的限制则较为宽松。如《民法通则》第141条规定："法律对诉讼时效另有规定的，依照法律规定。"再者，《信托法》第2条规定："信托，是指委托人基于对受托人的信任，将其财产权委托给受托人，由受托人按委托人的意愿以自己的名义，为受益人的利益或者特定目的，进行管理或者处分的行为。"信托受托人对信托财产享有所有权，只是受托人进行管理的目的受信托法和信托文件的约束。《物权法》第39条的定义中，所有权人对物可以享有"占有、使用、收益和处分"的规定较为概括。信托财产的运用，应当优先适用信托法的规定，但是，这并不能说明何者为特别法。

请求权竞合理论是解释法律适用的工具，其目的是建立一种有序，或者并存的请求权画面。比如《物权法》第242条规定，恶意占有人对因使用占有物造成的损害承担赔偿责任。从解释论上，该条没有"过错"要件要求。[95]侵权责任的一般理论，只有在存在过错的情况下，才成立一般侵权责任。对于《物权法》第242条和《侵权责任法》第7条是否存在普通法与特别法的关系，理论上有争议，即《物权法》第242条是否可以纳入无过错责任中"法律规定"的涵摄范围。这里无关侵权责任法是否将物权法"侏儒化"。侵权法的两个理念——一个是权益保护，另一个是行为自由，而《物权法》第242条有过度限制行为自由的嫌疑。从法理考察，恶意占有人之"恶意"不等同于侵权法的"过错"；但是，亦有观点认为恶意占有者必因其恶意而成立过错，故仍属于过错责任。[96]

---

[95] 台湾地区"民法"第956条规定："恶意占有人或无所有意思之占有人，就占有物之灭失或毁损，如系因可归责于自己之事由所致者，对于恢复请求权人，负赔偿之责。"从这一规定可以看出，在恶意占有人致占有物毁损问题上，台湾地区"民法"的构成要件是采侵权之债的原理。

[96] 同注⑥，冉克平书，第596～598页；同注⑤，第154～155页。

对于上述疑问,有一种解释认为,应将传统的物权请求权之类别局限在请求返还原物、排除妨碍和消除危险之上,因为其旨在恢复权利人对原物的圆满支配以及防止物权侵害的发生。[97] 持该观点的学者同时认为,物权损害发生后,权利人有物权请求权和侵权损害赔偿请求权两种权利,因为构成要件的不同,当事人可以选择合并行使。[98] 举例而言,物权受到侵害时,权利人可以在要求其返还原物的同时,还可以主张损害赔偿,这实际上就是同时选择了物权请求权和侵权请求权。[99] 反对的解释认为,上述解释降格了《物权法》第242条的独立价值,在实际运用中可能就需要借助侵权责任法来完成表达,而不是简单的特别法优先适用的观点。因为权利人运用侵权请求权之时要考虑过错要件,这按照拉伦茨(Larrenz)的观点,甚至可能出现了"不完全法条"的理解。[100]

然而,不单是物权法与侵权责任法的适用上会出现困惑,就是传统的物权与债权关系之中,尽管有平等、优先或者排除规范来调整,面对现实中财产权多种多样的竞合,传统的规范不得不说仅是理想化的简单画面。在面临纷繁复杂的权利竞合之时难免捉襟见肘,要理顺权利之间的顺位关系必须把握权利的要领,进行抽丝剥茧式地考察。于是,有学者从权利与权利之间设定的最基本要素上进行把握,即通过管制强度和时间先后处理竞合关系。[101] 这给本文的思路提供了重要的启示,从信托法观察恶意占有人必要费用请求权是一种在进行利益衡量和综合考虑后采取的新型解释论的试验。再者,英美法系和大陆法系在救济方式的表现上并没有天然的、不可逾越的鸿沟,具体情况见图2。

---

⑰ 参见朱岩:《侵权责任法通论·总论·上册责任成立法》,法律出版社2011年版,第155~156页。

⑱ 同注⑰,第155~156页。

⑲ 同注⑰,第155~156页。

⑳ 拉伦茨认为:"有一些法条,它们或就构成要件,或就法效果的部分,指示参照另一法条。在语言上,这些法条都是完整的语句,作为法条则属不完全法条。"参见[德]卡尔·拉伦茨:《法学方法论》,陈爱娥译,商务印书馆2003年版,第138页。但拉伦茨在批评命令说之时,针对代理权授予法条因为未必会相应地产生义务是否属于不完全法条,拉伦茨持否定态度,"逻辑上也许可以把不是令行或禁止的法条全数算是不完全法条,其仅用以补完令行禁止的语句。然而这种做法不能使法律构造更清楚,不能使理解及适用法律更容易,反而使它变困难"。

[101] 同注64,第47~63页。

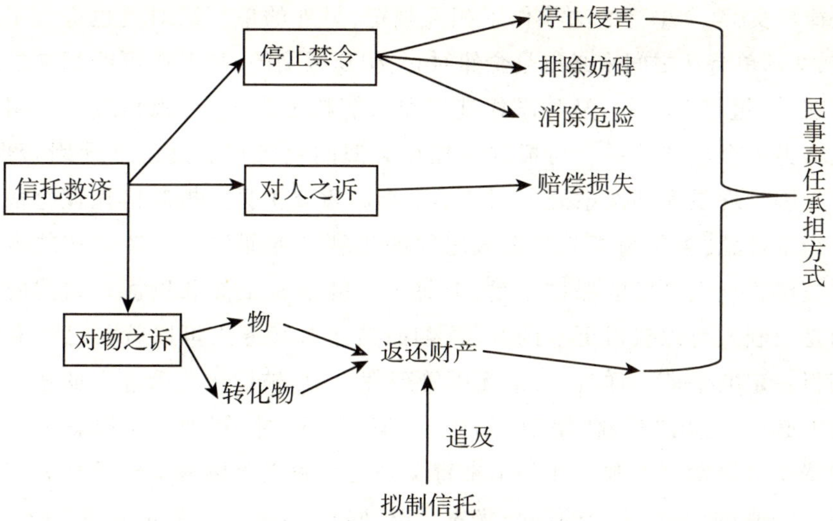

图2　救济方式的对应关系

笔者认为,法律在面对一个案件时,应使处理的结果达到"善",而不是"美",因为法律更多的时候是在衡量各个利益关系,即追求"善",法律外在形式才可能达到"美"。对于"善"与"美"的区别,康德认为:"善是借助于理性由单纯概念而使人喜欢的。我们把一些东西称为对什么是好的(有利的东西),这些东西只是作为手段而使人喜欢的;但我们把另一种东西称为本身是好的,它是单凭自身就令人喜欢的。……要觉得某物是善的,我任何时候都必须知道对象应该是怎样一个东西,也就是必须拥有关于这个对象的概念。而要觉得它是美的,我并不需要这样做。"[102]运用拟制信托来解读恶意占有人必要费用请求权正是在追求"善"。

结　论

我国物权法否定恶意占有人必要费用请求权,不利于物权的保护。我国司法实践中也有判例支持了恶意占有人的必要费用请求权,只不过有的判例囿于法律规定,在说理上仍然需要借助"原物权人也同意支付必要费用"这一理由,法官没有直接进行法律漏洞的确定和填补工作。针对一项

[102] [德]康德:《判断力批判》,邓晓芒译,人民出版社2002年版,第42页。

法律事实，某个单行的法律作了相关规定，另外的单行法对此也进行了规定，两部单行法之间未必就是全然对立、相互区别的，甚至还可能相互之间存在“超链接”关系。从请求权基础和法解释上讲，一种视角应可以用来观察另一个法律关系。与拟制信托相类似的救济权制度是准无因管理，准无因管理是大陆法系处理利益不平衡的重要工具。拟制信托理论根植于衡平理念，为平衡相关当事人之间的权利义务而生。二者最初的本意是救济权利人利益的保护不足，但每个制度都有正面和侧面。它们的正面是权利人可以获得更多的利益，侧面是相对义务人可以就自己的利益获得一定的平衡。详言之，准无因管理理论中，被设定为管理人的恶意占有人必须“吐出”超额“增值”给本人，但与此同时，管理人可以就相关管理费获得清偿。拟制信托的本来意义是使权利人可以就拟制受托人管理下的增值、形态转化后的部分优先受偿，同时，受托人可就相关必要费用从受托物中优先受偿。

从法律拟制的角度，拟制信托结构中当事人之间的权利义务关系与恶意占有关系下的权利义务关系有可类比性，恶意占有人与相关权利人之间的法律关系可以准用拟制信托。信托结构下，受益人可就受托物的增值受益，但与此同时，受托人可就执行信托事务支出的费用从受托物中优先受偿。拟制信托的结构下，受托人的必要费用请求权，相比准无因管理，有优先受偿性。优先受偿权的设立是法律管制的结果，从而维护基本的社会正义。拟制信托结构与不当得利、准无因管理的原理都是解释无权占有人必要费用请求权的思维路径，但是信托法的视角在必要费用的优先受偿性上明显具有优势。虽然恶意占有人可借助拟制信托结构对其必要费用优先权获得表达，但这仅是适用拟制信托的侧面，并不会“鼓励”恶意占有。

Argument about the Claim of Malicious Possessor's Necessary Expenses —A Perspective of Constructive Trust

Li Chuanchao

Abstract: Property law of PRC (hereinafter referred to as "the law") differentiates possessors, if he is a bona fide one, his expenses necessitated for maintaining the property shall compensated by the obligee; however, if he is a mala fidei one, his related claims shall be vetoed, through law interpretation. The intention of possessor not merely be appraised by morality, because the malicious person is just referred to that he knows he does not have the right of possession. Cause of Action thinking, not a confined logic mind shall be open to new innovation. The constructive trust remedy could be in harmony with Civil Law System. Constructive trust, which shelters and prioritizes the beneficiary from the common creditors of obligor, mainly aims to provide remedy to beneficiary; at the same time, the obligor could be prioritized compensated for his expenses on maintaining and managing the property in the structure of trust law. Though in the context of Civil Law System, the above could be solved by the quasi-negotiorum gestio, constructive trust has its advantage for its priority, which could obviously encourage the possessors to maintain and manage the property.

Key words: malicious possessor; claims on the necessary expenses; constructive trust; legal interpretation

(作者单位:国家开发银行重庆市分行)

论法律实证研究的具体运用

——以英美医疗过失侵权法改革为例

黄清华

摘要:定性与定量相结合的法律实证研究,有助于获得关于社会生活中"活"的法律的真实信息。高度重视研究设计是法律实证研究成功的基础。好的法律实证研究涉及操作和态度两个方面的问题。操作上,遵循"六步法"的操作路径,确立研究主题、回顾文献和探索性访谈、定义研究问题、进行研究假设、收集数据、分析数据、作出结论,较为简捷可行。态度上,既要重视法律实证研究,又要警惕法学研究上的"实证主义"。全文以医疗过失侵权法改革为例,分析、总结英美等国如何通过法律实证研究推动这项改革,以此说明卫生法实证研究的具体运用及其对于推动患者安全的重要作用。

关键词:法律实证研究;研究方法;医疗过失侵权法;医疗伤害

一、法律实证研究:基础知识与研究设计

(一)法律实证研究的概念和意义

法律实证研究(empirical legal studies),就是按照一定程序规范对一切可进行标准化处理的法律信息进行经

验研究、量化分析的研究方法。[①]作为一种强调自己观察与社会调查相结合的法律研究方法，法律实证研究“通过直接的方法而不是二手（辅助）资料，了解法律有关的机构、规则、程序和人员的运作方式和效果”。[②]

法律实证研究认为，法律世界即法律制度（law）、法律程序（legal procedure）、机构（institution）和理论（theory）及其运作情况、实施（践）效果是客观存在的。这种客观事实的存在，使我们对这些研究对象，可以进行科学的测量，即观察法律制度、程序、机构和理论的各种要素（构成要件），这些要素在运作或实施中可能存在的各种影响因素，以及它们之间即各种变量间的相互关系（常见的是变量间的因果关系），以此来分析、解释、预测现实生活中的法律（law in practice）及其执行情况与实施效果，[③]弄清楚在它们的政治、经济、社会和文化环境下是如何构建、组织和运作的。[④]

在中国特色社会主义法律体系已经基本形成的背景下，开展法律实证研究对于评估法律的实施情况及其效果，改革、完善各领域法律制度，推动良法善治建设，具有重要意义。基于这一认识，本文把讨论的重点放在法律实证研究的具体运用上。下文以英美医疗过失侵权法改革为例，说明法律实证研究具体运用的方法、过程和注意事项。

（二）法律实证研究的基本方法

在发达国家，法律实证研究的主要方法，包括“从大规模的定量调查（large-scale quantitative surveys），到小规模的定性研究（mall-scale qualitative studies），例如实验（experimental projects）和试点项目（pilot projects）”。[⑤]

法律（实施及其效果）定性分析，可重点调查和检讨法律实施活动的效果（应变量 z）与制度构成要件（自变量 x）及其实施相关影响因素（自变量 y）的关系，“描述它们的含义、特征、标志和性状，可用于探讨和理解法律

---

① 参见白建军：《论法律实证分析》，载《中国法学》2000 年第 4 期。

② John Baldwin and Gwynn Davis, “Empirical Research in Law”, Chapter 39 in Peter Cane and Mark Tushnet, *The Oxford Handbook of Legal Studies*, Oxford University Press, 2003, pp. 880 – 881.

③ “Inquiry on Empirical Research in Law”, Consultation Document April 2004, 15 December 2015 available at http://www. ucl. ac. uk/laws/socio-legal/empirical/docs/empirical. pdf.

④ Paddy Hillyard and Joe Sim, “The Political Economy of Socio-Legal Research”, Chapter 3 in Socio-Legal Studies, Philip A Thomas (ed.), Dartmouth, 1197, p. 45.

⑤ supra note 3.

关系当事人之间有关法律实施的信念、经验、态度和行为等,也可用于揭示特定法律效果与相关影响因素之间的关系”。⑥

定性与定量相结合的法律实证研究,有助于获得关于法律实施的最客观准确的信息。法律(实施及其效果)定量分析,应根据法律实证研究的具体目的,运用统计学中常用的现况分析、前瞻性分析和回顾性分析等方法,对法律实施活动的效果(应变量 z)与制度构成要件(自变量 x)及其实施相关影响因素(自变量 y)进行单变量或多变量分析(sole/multi variable analysis)。⑦这样就有可能了解法律制度构成要件对于社会生活的真实影响,掌握法律实施的客观效果,评估影响法律实施效果的因素,从而获得有关法律实施及其相关影响因素关联性的准确认识。

由此可知,定性与定量相结合的法律实证研究“多是从实验或问卷调查中得到数据,然后在统计的基础上得出结论”。因此,在研究方法正确的前提下,其研究结论往往能够反映现实生活中法律的真实情况,它们是否得到执行,效果如何,遇到哪些阻力,如何改进,等等。这就使法律实证研究明显突破了传统法学研究的局限性。传统的法学研究注重法的规范、思辨、比较和价值研究。这些研究通常并非建立在发现与分析客观事实基础上,其结果,可能偏离真实情况,不能反映客观事实的真实要求。然而,这并不意味着传统的法学研究方法不重要。实际上,法律实证研究应在强调法的规范、思辨、比较和价值研究“作为法学基础研究的前提下,运用观察、调查、文献分析、实验等法律实证研究方法研究中国的实践问题”。

在法律实证研究中,“如何处理好定性与定量、事实与价值、亲历与局外、理论与实践等几组基本关系意义重大”。⑧对此,本文认为,“意义重大”尚不足以表明这“几组基本关系”的重要性,应当是非如此恐难实现研究目标,尤其对于重大研究课题。这个问题在本文第三部分还有专门讨论。

(三)高度重视研究设计

在法律实证研究中,无论采取大规模的定量调查,例如,采用全国或全

---

⑥ 参见黄清华:《海外投资法律风险评估原理研究——以并购为例》,载《金融服务法评论》(第6卷),法律出版社2014年版,第238页。

⑦ “Qualitative and Quantitative Research”,December 20 2007 available at http://uk.geocities.com/balihar_sanghera/ipsrmehrigiulqualitativequantitativeresearch.html.

⑧ 郭云忠:《法律实证研究方法研讨会综述》,载《国家检察官学院学报》2009年第4期。

省范围内的抽样调查方法,进行回顾性、前瞻性或者现状调查;还是小规模的定性研究,对实验和试点项目进行直接观察,对相关重点人群进行深入访谈,最重要的莫过于研究设计。

一项成功的研究设计应当服务于三个目的:[⑨](1)能够有效地回答研究的问题;(2)控制研究中涉及的变异量,确保研究结果的客观性和结论的准确性;(3)满足实证研究四种效度指标的要求,即测量的准确性,以统计检验对假设的关系进行解释的可信度,变量间因果关系推论的可信度,将研究结论推广到其他群体、时间和情境时的可信度。为此,研究设计应当把握好这些要素:(1)研究目的、情境、时间维度和方法;(2)样本选择(包括样本分布特征)、数据来源;(3)层次(分析单位)、变量界定、计量模型,[⑩]并将它们融入实证研究六步骤的设计之中(详见本文第二部分),且能够得以执行。

严格的研究设计可以保证研究结论的可靠性。检验研究设计好坏的基本标准是:好的研究设计应当能够将研究涉及的变量纳入一个清晰连贯的体系,以此回答研究者提出的问题;[⑪]确保完成一项研究时,总体逻辑清楚,构成研究项目的各部分之间联系清晰。

以推动英美医疗过失侵权法改革的实证研究为例,通过大量的实证研究,首先,认识清楚了医疗过失侵权法的局限性,明确了医疗过失侵权法并不(明显)具有所设想的预防医疗差错和医疗伤害的功能,并找到了其中的原因,即医疗系统的原因和医院文化上的原因;其次,通过实证研究结合传统的法学研究方法,分析了侵权法框架下以侵权责任的其他分配形式——无过失责任或者严格责任,替代过失责任的可行性;最后,提出以病人安全立法来预防医疗过失侵权造成的大面积的医疗伤害。[⑫]

英美医疗过失侵权法改革奠基于1990年由哈佛大学公共卫生学院,以(全国性)大规模的流行病学回顾性调查与现患(状)调查相结合为基础的科学研究(法律实证研究),其目的在于弄清楚美国可预防性医疗伤害的流

---

⑨ 欧阳康、张明仓:《社会科学研究方法》,高等教育出版社2001年版,第189页。

⑩ 前引⑨,第193页。

⑪ Patricia Leighton, Tom Mortimer & Nicola Whatley, Today's Law Teachers: Lawyers or Academics? Routledge-Cavendish, London, 1995, p. 28.

⑫ 参见黄清华:《医疗过失责任法的局限性与病人安全立法》,载《中山大学法律评论》2012年第2期。

行病学情况及其原因。[13]由于研究设计把握好了上述这些关键要素,其研究结论满足了实证研究前述四种效度指标的要求,其研究方法和结论后来获得美国国家卫生研究院(Institute of Medicine)认可,[14]并被澳大利亚、英国等其他英语国家所接受并得到证实,[15][16]在世界范围内掀起了一场产业变革,传统的医疗律师正在向病人安全顾问转变,病人安全产业正在悄然兴起。[17][18]由此可知好的法律实证研究对于社会进步的推动力。

二、法律实证研究:具体运用

法律实证研究主要用于研究生活中的法律运作(law in practice),观察其执行情况,分析其执行效果,探讨这些情况和效果的成因,力图总结出相应的改进方案。规范、有效的法律实证研究应当遵循"六步法"的操作径路。[19]

(一)确立研究主题(第一步)

在法律实证研究中,确立研究主题,就是要在研究单位或者研究人员熟悉的研究方向中,通过发现问题,寻找、定位具体的研究领域、研究课题和研究任务。做法律实证研究,第一步就是如何将发现的问题转化为研究主题。一般来说,有必要分析一下研究领域内容的现状、发展趋势和开展实证研究

---

⑬ Harvard Medical School, Patients, Doctors, and Lawyers: Medical Injury, Malpractice Litigation, and Patient Compensation in New York: Report of the Harvard Medical Practice Study to the State of New York. Cambridge, Mass.: President and Fellows of Harvard College, 1990, pp. 1 – 40.

⑭ Institute of Medicine, *To Err is Human: Building a Safer Health System*. The National Academies Press, 1999, p. 12.

⑮ Department of Health Expert Group, An Organisation with a Memory, Department of Health, United Kingdom, 2000, p. 15.

⑯ Wilson R McL, Runciman WB, Gibberd RW, et al., "The Quality in Australian Health Care Study", *Medical Journal of Australia*, Vol. 163(9), 2001, pp. 458 – 71.

⑰ Institute of Medicine, *Patient Safety: Achieving a New Standard for Care*, Washington D. C., National Academy Press, 2004, p. 67.

⑱ TPSC, The Patient Safety Company, 10 December 2012 available at https://www.patientsafety.com/about-us.

⑲ 国内有的学者主张采取七个步骤:第一步:确立研究主题;第二步:回顾文献和探索性访谈;第三步:定义研究问题;第四步:进行研究假设;第五步:收集数据;第六步:分析数据;第七步:结果。参见欧阳康、张明仓:《社会科学研究方法》,高等教育出版社2001年版,第180~196页。

的必要性，并对再研究过程中所涉实证主要内容和方向作详细说明，阐述这一领域实证研究的价值和意义。

研究主题的确立，对于整个研究设计起到提纲挈领的作用，是明确研究目的、方法、情境、时间维度、样本选择、数据来源、分析单位、变量界定和计量模型这些关键要素的前提。

法律实证研究的主题应当满足下列要求：(1)社会需要、社会关切、社会热点。如果不研究解决，可能成为社会建设、社会发展、社会和谐的制约因素。(2)具有一定的政治、经济、社会、生态、文化和技术价值，能够满足推动这些领域发展进步的需要。(3)实证研究对于研究能力和财力的要求。能否运用信息技术、统计技术开展大规模定量研究，是判断法律实证研究能力的关键点。相应地，对于财力的要求，法律实证研究也不同于以往法律文本研究的范式。

关于英美国家对医疗过失侵权法的实证研究，通过经验观察和初步查阅文献，笔者发现医疗差错和医疗伤害等患者安全问题比较严重。但是，这种来自医疗活动的可预防性伤害究竟有多严重，已有文献并没有确切的统计数据。就法律实证研究的角度而言，预防、控制医疗差错和医疗伤害，传统上由医疗过失侵权法调整。于是，可以确定的法律实证研究的主题是：这一法律制度果真能够预防、控制医疗差错和医疗伤害吗？围绕这一研究主题，具体的研究目的至少包括三个方面：(1)弄清楚医疗差错和医疗伤害问题究竟有多严重；(2)查明医疗过失责任法在实践中是否具有预防医疗过错侵权的功能；(3)如果没有，法律上应如何克服这种局限性。

在美国，20世纪60年代以来，医疗过失侵权诉讼飙升，困扰社会相关领域的单位和患者及其家庭。[20] 80年代以来，风险管理与保险业开始关注医疗差错和医疗伤害的预防、控制。[21] 90年代初，哈佛大学公共卫生学院与相关方面合作，全球首次完成一国范围内的医疗差错和医疗伤害情况流行

---

[20] Richard E. and K. Rathurn, *Medical Risk Management: Preventive Legal Strategies for Health Care Providers*, Aspen Publishers Inc. (U. S.), 1983, p. 3.

[21] Kieran W., "The Development of Clinical Risk Management", in Vincent. C(ed.), *Clinical Risk Management—Enhancing Patient Safety*, London, BMJ Books, 2001, p. 59.

病学调查,为相关的研究提供了实证基础。这项研究完全满足了以上确立法律实证研究主题应当遵循的原则。

(二)文献回顾和探索性访谈(第二步)

文献回顾就是围绕研究主题收集现有法律文献和其他相关文献,并对这些文献提供的与研究主题相关的信息进行客观的评价,为下一步定义研究问题、进行研究假设提供导向和指引。

回顾文献,根据需要有全面回顾与重点回顾之分。全面回顾要求系统地收集相关文献,在此基础上进行全面的评价,适用于重大研究课题。重点回顾对于相关文献的收集和评价,不要求系统全面,但应突出重点,可适用于一般研究课题。但是,无论哪种情况,关键文献,即在业内具有重要影响的文献,一定不能遗漏,而且回顾性评论一定要准确到位,不应高估或低估现有文献的知识贡献、学术贡献,或者所包含的信息的价值。

在法律实证研究中,文献回顾至少要解决三个问题:(1)检验研究主题的确立是否正确或准确;(2)为下一步定义研究问题、进行研究假设提供依据;(3)为初步明确数据收集、分析方法,使用何种定性/定量研究方法提供依据。文献回顾如果提示确立的研究主题没有价值或价值不大,这样的法律实证研究活动应当中止。

在回顾文献的基础上,围绕研究主题,可根据需要就那些有必要进一步定性的问题进行探索性研究(explorative research)访谈。在法律实证研究中,这种探索性访谈,主要是通过对影响法律实施效果或者受法律实施情况影响的重点人群小范围的讨论性访谈,深入挖掘文献,讨论个案,解决现有文献中未明确的法律现象定性问题,为下一步定义要研究的问题进行相关的研究假设提供初步的实证依据。通过文献回顾和探索性访谈,明确相关的理论法学的主要内容和基本观点,找出实证研究要解决的具体问题。

例如,关于医疗过失侵权法的重点文献回顾表明,寄希望于医疗过失侵权法来预防医疗差错和医疗伤害,乃是基于立法者这样一个假设或愿望,即通过医疗过失侵权法的威慑、导向和规范功能,促使医疗机构及其医务人员在执业过程中更加勤谨和审慎,从而实现预防医疗过错侵权的立法目的。[22][23]因此,对医疗过失侵权法局限性的分析,"最好应包括实证分析和法学评论两个部分"。[24]

重点文献回顾表明,理论法学认为,医疗过失侵权法确立的过失责任,被认为具有逻辑力量、道德观念、社会价值及人类尊严四个价值,并具有淳化道德风尚、确定行为标准、预防损害发生、协调利益冲突四种功能。[25][26]但是,在现代社会,医疗过失侵权法是否真的具有这些价值和功能,需要进行实证检验。

文献回顾发现,有关医疗过失侵权法的价值和功能的实证材料实在太少,因此,针对研究主题先小范围地选择部分医护人员和医院管理者进行探索性访谈,就显得特别重要。

通过文献回顾和探索性访谈了解到,过失侵权法对医疗差错和医疗伤害的预防,是通过要求医疗机构及其医务人员在执业过程中达到合理的注意标准这一法律机制来实现的:行为人在讼争的事件或行为中,如果达到了在当时的情况下所能达到的合理的注意,行为人被认定为没有过错,无须承担医疗损害责任;反之,为有过错,医疗损害赔偿责任可成立。正是通过这一法律机制,医疗过失侵权法被设想为具有预防医疗过错侵权的功能。[27]

(三)定义研究问题、进行研究假设(第三步)

所谓"定义研究问题",就是从内涵和外延两个方面准确界定需要研究的问题。在定性研究中,要求对不同性质的法律事件、事实或影响因素进行周延而准确的界定与分类。例如,研究医疗差错的后果,可以将不同性质和程度的后果定义为"无后果""经济损失""轻度医疗损伤""中度医疗损伤"

㉒ Denton v. South West Thames Regional Health Authority(1980,QBD;unreported,failing to have a system to check the safety of equipment).

㉓ Miller David et al.,"Clinical Risk Factors for Placenta Previa-Placenta Accreta",*American Journal of Obstetrics & Gynecology*, Vol. 177(1),July 1997,pp. 210 – 214.

㉔ 前引⑫,第250页。

㉕ 参见王泽鉴:《民法学说与判例研究》(二),中国政法大学出版社1996年版,第145~146页。

㉖ Bovbjerg RR, Miller RH, Shapiro DW, "Paths to reducing medical injury: professional liability and discipline vs. patient safety—and the need for a third way", *J Law Med Ethics*, Vol. 29(4),2001,pp. 369 – 380.

㉗ Jonathan Montgomery, *Health Care Law*, 2nd Edition, Oxford, Oxford University Press, 2003,pp. 190 – 192.

“重度医疗损伤”和死亡。又如,研究医疗过失侵权法的司法正义问题,可从分配正义、矫正正义和威慑正义三个方面“定义研究问题”。

做定量研究对“定义研究问题”有更高要求,通常是在定性研究的基础上,定义各种变量(自变量、应变量)观察指标。例如,探讨医疗过失侵权法与分配正义的关系,可选择医疗过失侵权诉讼案件的获赔率、司法运作效率和同类型案件损害赔偿结果的差异等指标来“定义研究问题”。同理,探讨医疗过失侵权法的威慑正义,可选择医疗差错报告率、医疗事故报告率、掩盖错误或舞弊的医疗行为发生率、索赔的财务影响等变量指标来揭示。探讨医疗过失侵权法的矫正正义,可选择医疗过失诉讼索赔的平均时间、诉讼结案的平均成本、诉讼过程是否漫长而昂贵等变量指标进行观察与统计,[28]在此基础上作出结论。

由于“法律实证研究建立在预先的研究假设或命题上”,[29]相应地,进行研究假设,就是把需要研究的各个子问题准确地界定出来后,在这些问题没有弄清楚之前,对它们作出研究上的假设,假设某种理论观点成立或者不成立。例如,我们可以预先假设医疗过失侵权法具有“预防损害发生”的功能。事实上,传统的规范法学通过思辨的方法,就认为通过医疗过失侵权法的“威慑、导向和规范功能,促使医疗机构及其医务人员在执业过程中更加勤谨和审慎”,可以“实现预防医疗过错侵权的立法目的”。[30]这种理论观点,在没有得到实证检验之前,实为一种专业假设。

与“定义研究问题”走“总问题—(数个)子问题”这样的“问题丛”路径相对应,“进行研究假设”可以按照“总问题—总假设”、“(数个)子问题—(数个)子假设”的思路作出相对应的研究假设。例如,在获得实证数据(材料)之前,我们可以先假设医疗过失侵权法能够实现分配正义、矫正正义和威慑正义,并以此解释该法具有“预防损害发生”功能的假设。这个时候,法律实证研究要做的工作,就是按照“定义研究问题”“进行研究假设”阶段选定的拟观察的问题和相关指标,收集、分析相关数据,来否定或者支持这

㉘ Jean McHale and Marie Fox, *Health Care Law*(*Text and Materials*), 2nd Edition, Sweet& Maxwell, 2007, pp. 218 – 219.

㉙ Philip Thomas, “Socio-Legal Studies: The Case of Disappearing Fleas and Bustards”, Chapter 1 in Socio-Legal Studies, 1997, op cit.

㉚ supra note ㉗, at 190.

些假设。

经过假设检验，如果这些假设得到支持，那么，贯彻执行医疗过失侵权法无疑就是预防医疗差错和医疗伤害的最好办法。这时，应当及时进行理论总结，并结束该项实证研究。如果这些假设全部被否定或者大部否定，这时候，就需要考虑侵权责任法框架下侵权责任的其他分配形式，即严格责任或者无过失责任，是否是预防医疗差错和医疗伤害的最好办法。[31][32]

（四）收集数据（第四步）

经过前面三个阶段，研究者对研究设计所要明确的研究目的、情境、时间维度、方法、样本选择、数据来源、变量界定、分析单位和计量模型这些实证研究的关键要素，开始有了一个逐步清晰的认识；那么，到了数据收集阶段，这些要素都应当明确。

收集数据要解决数据收集的方式方法、调查人员培训问题。根据笔者以往担任公共卫生医师从事流行病学调查积累的工作经验，按照统一术语、统一概念、统一标准、统一调查问卷、统一实验方法、统一数据采集方法和统一调查人员培训等“七统一”的要求进行，是好的做法。关于如何统一术语、统一概念和统一标准，由于这些工作取决于各个具体的法律实证研究项目，应依它们的具体情况而定，这里仅就统一调查问卷、统一实验方法、统一数据采集方法、统一调查人员培训四个方面做简要阐述。

1.统一调查问卷。科学设计调查问卷十分重要，直接关系到实证研究的成败。从方法学的角度来讲，调查可分为现状调查、回顾性调查和前瞻性调查。在法律实证研究中，现状调查和回顾性调查常用，而且这两种调查可以结合起来进行，用于掌握法律（制度、程序、机构和理论）过去若干年到现在的实施或执行情况、产生的影响、遭遇的阻力、相关的社会效果和影响因素，等等。前瞻性调查，也可以采用选定观察指标（变量）的方式，用于对法律实施效果作前瞻性分析，以便对重大法律实施问题做到“凡事预则立”。在信息化时代，调查问卷的设计，要便于对调查事项，尤其是自变量和因变量，作数字化处理，以利于下一步进行统计学分析。通过调查问卷的设计，

---

[31] Pearson Commission, The Report of the Royal Commission on Civil Liability and Compensation for Personal Injury, 1978, paras. 1337 – 1338.

[32] M. Jones, *Medical Negligence*, 3rd Edition, London: Sweet & Maxwell, 2003, pp. 20 – 40.

确定调查情境(场景、地域维度)、时间维度、数据来源(调查对象)、样本选择(普查、抽样调查,随机、定向)、数据收集方法、分析单位、变量界定和计量模型(单变量/多变量、因果关系等)等研究设计的关键点。

2.统一实验方法。法律实证研究中,实验方法常常被用于检验某一新的法律制度在真实司法环境中的实有功效。法学的基本问题源于法律的基本问题,是一种"事实与规范"之间的互动,而实验方法为法律事实与法律规范之间的互动提供了一种新的模式。实验方法通过施加特定自变量,可以直接观察相关应变量的变化。在局部地区的试点探索,将(社会科学)实验方法用于司法改革尤其是法律程序改革,是运用法律实证研究积极介入、参与法制改革或司法改革的有益尝试。选择多个地方进行的试点探索,为了确保多地试点情况的可比性,有必要统一实验方法,将上述研究设计的关键点考虑进来进行统一设计。

3.统一收集数据方法。收集数据方法依定性或者定量研究而有所不同。

法律定性研究,收集数据方法可以是:(1)相关文献的(系统)回顾;(2)直接观察和对环境的参与;(3)对重点人群个人的深度访谈。"系统回顾",特别强调重要资料、文献的全面性、完整性。"直接观察和对环境的参与",即对实验或试点项目的直接观察和参与,以此获得第一手资料。"对重点人群个人的深度访谈",是指对法律实施决策、决策执行(主要)负责人、日常执行者和受影响人的探讨性和(或)解释性深度访谈,了解这些重点人群对法律实施的效果和可能的影响因素的认识,以及他们有关法律(实施)的信念、经验、态度和行为及其对法律实施的进程、效果、状况和成败可能的影响。㉝显然,定性研究最好的数据收集方法就是上述三种方式的结合。

法律定量研究,主要是通过问卷调查、统计资料收集法律实施影响因素、场景和实施效果这些自变量和应变量的历史数据(适用于回顾性调查)、当前数据(适用于现状调查)或未来数据(适用于前瞻性调查),运用变量界定、分析单位和计量模型这些统计学方法,观察、分析研究数据。例如,运用"法与经济"的方法分析侵权法的实施情况与效果采用的"义务—成

㉝ 前引⑥,第238页。

本—效益分析法”,就是把“义务”(x)、“成本”(y)和“效益”(z)作为三个参数(变量)一并收集、考量,作为考察、评估企业(风险源、致害人)对某种损害是否尽到合理注意义务,或者是否尽到法定义务,是否采取合理措施防范某种法律责任风险,是否应负法律责任的依据。[34]在这个过程中,收集数据就是收集特定的数字化信息。但是,收集者对这些数字化信息所代表的法律含义的理解,又可能影响这些数据的采集。因此,必须强调统一调查人员培训。

4. 统一调查人员培训。这一点十分重要。不同的调查人员,由于立场、观点、方法、能力、性格、表达方式的不同,对同一调查对象,采用同样的调查方法,调查所得完全可能存在一定的差异。因此,必须统一调查人员培训,对参与调查的全体人员,由同样(最好是同一)的师资按照统一的概念、术语、标准、调查问卷和调查方法进行培训。这在大规模的定量研究中尤为必要。

必须强调,收集数据首先要求统一术语、统一概念、统一标准。哈佛大学公共卫生学院在前述有关医疗伤害的流行病学调查中,对于这“三个统一”掌握得十分严格。这对于弄清楚医疗过失侵权法在实践中是否具有预防医疗伤害的功能十分必要。这次调查首先明确规定了几个概念的内涵和外延。例如,“near miss”(近似差错)、“medical error”(医疗差错)、“mistake”(错误)、“medical negligence”(医疗过失)和“medical injury”(医疗伤害)等术语和概念,都有严格界定,明确了认定标准。[35]

在我国做这一主题的实证研究,同样首先要求统一术语、统一概念、统一标准。例如,中文涉及病人安全事件的术语有:医疗事故、医疗纠纷、医疗过失、医疗过误、医疗差错、医疗错误、医疗伤害、医疗不良事件,等等。我国医疗过失责任法实施情况与效果的实证研究,同样必须首先处理好这些问题。

(五)分析数据(第五步)

在法律实证研究中,分析数据的目的主要在于考察、掌握法律(制度、程序、机构和理论)对现实生活的影响,或者法律的立法目的、执法目的是

---

[34] 前引⑥,第 235 页。

[35] supra note ㉑.

否达到,评估法律的实施效果,寻找更好的法律问题解决方案。分析数据的方法依定量和(或)定性研究而有所不同。

1.定量分析。探讨法律制度要素变量(x1,x2,x3,……)与制度实施的效果(z1,z2,z3,……)之间的相互关系(相关性);或者,探讨法律制度要素变量(x1,x2,x3,……)与制度实施中的影响因素变量(y1,y2,y3,……)间的因果关系或者其他相互关系及其对于制度实施的效果(z1,z2,z3,……)的影响。例如,探讨 x 与 y 之间是否有因果关系,通过选用相应的统计方法来验证 x 与 y 是否存在统计学上的显著关系。数据的定量分析包括:

(1)主要变量的描述性统计。例如,1990 年哈佛大学公共卫生学院大规模的医疗差错(Medical Errors)流行病学调查发现,各种各样的医疗差错数量上是惊人的:每年有 44,000 ~ 98,000 人死于医疗差错,这种可预防性死亡仅仅与用药差错有关的每年即达 7000 例。㊱这是关于后果变量的描述性统计。

(2)单变量(因素)分析。单变量分析主要集中在单变量的描述和统计推断两个方面,要求用最简明的概括形式反映出大量样本资料所容纳的基本信息,描述样本数据中的集中或离散趋势。单变量统计推断,则是从样本资料来推断总体的情况,主要包括区间估计和统计假设检验。描述单变量的样本集中趋势,常用的统计描述方式有均值和中位数。区间估计是指在一定的置信度范围下,对总体的取值区间的估计。统计假设是先对总体的某个参数作出假设,然后用样本统计量来验证假设,从而决定对假设的接受或拒绝。㊲

法律实证研究中的单变量(因素)分析实例:侵权责任法的威慑正义在医疗过错诉讼中难以实现。因为实证研究发现,当病人诊疗情况出错时(即存在 x 变量),医疗过错诉讼这种对抗性的法律程序(adversarial legal process)㊳,会促使医生和卫生当局很少将真相告诉病人及其亲属。其结果是,医患双方之间的猜疑更加激烈,当事人之间缺乏合作,常常比其他许多领域的诉讼更为严重,为不报告、掩盖错误或舞弊的医疗行为提供了一个明

㊱ supra note ⑬, at 4.

㊲ 前引⑨,第 199 页。

㊳ supra note ㉘, at 218.

确的动机,[39]其他病人则可能接触到或暴露于相同或类似的(临床)风险。[40]由此得出结论:医疗差错并不因为美国侵权责任法的严格而减少。[41]

(3)多变量(因素)分析。用于统计资料中有多个变量(或称因素、指标)同时存在时的统计分析,视研究目的和数据性质可具体采用相关性分析、因果关系分析、回归分析或聚类分析等方法。统计学中的多变量统计分析起源于医学和心理学。在社会及行为科学的研究中,随着研究方法的复杂及个人计算机的普及,应用多变量统计方法来分析资料的机会也相对增加。

例如,探讨医疗过失侵权法实施与分配正义的关系,观察、分析司法效果变量(结果变量 z),即医疗过失侵权诉讼案件的获赔率(z1),司法运作效率(z2)和同类型案件损害赔偿结果的差异(z3),影响因素变量(y),即赔付需求(y1),能够证明过失(y2)和能够证明因果关系(y3),以及 z 与 y 之间的关系,就会发现:只有 20% ~30% 遭受医疗损害的病人可通过医疗侵权诉讼获得赔偿,[42]其成功率比其他人身伤害诉讼明显较低。该制度在赔偿分配上是一种很不准确的法律机制,类似的医疗伤害在损害赔偿结果上可能会差异很大,[43]而且,其运作效率同样也是极低的,如英国的平均结案时间为 4 年。[44]结果显示,医疗过失侵权法基于过错责任,赔偿不是根据赔付需求,而是按照赢得案件的能力进行分配的,那些能够证明被告有过失,并且这种过失与原告所受损害存在因果关系的原告能够获得赔偿。然而,多数病人很难获得医生愿意作为专家证人的服务与证词。通过对这两组多变量的分析得出结论,医疗过失侵权法难以实现分配正义。

(4)稳健性检验。关注的是实证结果是否随着参数设定的改变而发生变化。当改变某些参数时,评价方法和指标是否仍然对评价结果保持一个

---

[39] supra note ㉗, at 190.

[40] Jocelyn Downie, William Lahey, Don Ford, Patient Safety Law: From Silos to Systems, Financial Contribution from the Health Policy Research Program, Health Canada, HPRP 6795 - 15 - 5760009.

[41] supra note ⑬, at 4.

[42] supra note ㉘, at 218.

[43] supra note ㉘, at 218.

[44] supra note ㉗, at 190.

比较一致、稳定的解释。[45]

哈佛大学得出的“关于医疗过失侵权法不具有预防医疗伤害发生的功能”的结论经得起稳健性检验。因为英国和澳大利亚的同类调查也揭示,英国每年有超过850,000起事故伤及NHS(国家卫生服务)医院病人。在每个NHS医疗机构当中,平均每年会有40起事故造成病人死亡。[46] 澳大利亚病人安全基金会(Australian Patient Safety Foundation)则报告,该国每年因为医疗差错而死亡者达18,000人。[47]美国另一份调查也发现,不论是加州(California)、纽约(New York),还是犹他州(Utah)和科罗拉多州(Colorado),同类研究都显示医疗过错赔偿责任制度表现出的制造对抗、分配不公和耗时费神等衰败迹象。[48][49]

对于定量研究观察到的情况或者结论,通常需要通过定性分析来作进一步的解释和理解。

2. 定性分析。采用探讨性和描述性的表述,重点调查和检讨法律实施的成效、结果和相关影响因素,描述它们的含义、特征、标志和性状,探讨和理解法律关系当事人之间有关法律实施的信念、经验、态度和行为等,揭示特定法律成效或结果与相关影响因素的内在联系。这表明定量与定性相结合的研究方法有助于把法律实证研究引向深入。

前述定量研究发现,医疗过失侵权法并不能预防医疗差错和医疗伤害,对这一结果的解释,通过定性实证研究,从人性的弱点得到了满意的答案:人易犯错并倾向于掩盖错误,是人性的普遍弱点。在医疗过失侵权法框架下,当过错与损害赔偿之责联系在一起的时候,掩饰错误,俗称“捂盖子”,更是人性使然。[50]

实证表明,医疗过失侵权法这种源于人性弱点的局限性,突出表现在过

㊺ 前引⑨,第188页。

㊻ supra note ⑮, at 15.

㊼ supra note ⑯, at 459.

㊽ David M. Studdert, Michelle M. Mello and Troyen A. Brennan, "Medical Malpractice", *N Engl J Med*, Vol. 350(3), 2004, pp. 283 – 292.

㊾ R. L. Phillips et al., "Learning from Malpractice Claims about Negligent, Adverse Events in Primary Care in the United States", *Qual Saf Health Care*, Vol. 13(2), 2003, pp. 121 – 126.

㊿ supra note ㊽, at 285.

失侵权法塑造的乃是一种"责备"文化。[51] "犯错"的医务人员怕医院领导和同事责备,医院领导怕上级领导责备,医院怕社会责备。于是,采用所谓"私密和解"、文过饰非等方式掩饰医疗差错,便成了规避医疗过失责任的常规手段。[52]

实证发现,医疗领域的这种"责备"文化,与安全工作做得较好的航空领域的安全文化是对立的,因此倡导病人安全文化。[53]安全文化是一种公正文化(just culture),认为医务人员并非要故意犯错,病人安全事件(包括医疗过错损害)很少缘于单一的个人差错(errors),而常常是多种临床风险因素的最终产物,[54]主张把注意力从个人责任转移到组织系统,强调安全是每一个人的责任(responsibility),致力于弄清病人安全事件对于医疗服务系统的含义。[55]病人安全文化强调病人安全事件和(或)医疗差错信息的主动报告、公开、透明和同业间交流,主张从错误中学习,从而避免自己和同业者再犯。[56]

以上说明,法律实证定性分析,对于理解法律实施成效或结果与相关影响因素的内在联系,弄清楚利益相关者有关法律实施的信念、经验、态度和行为,找到问题解决方案,十分必要。

(六)结果(第六步)

法律实证研究的"范式"或者"模型",是从实验或问卷调查中得到数据,然后在统计的基础上得出实验结论。如果得到的数据与研究假设或命题的预期一致,研究者就有理由认为假设是可以接受的,否则,研究者就有理由拒绝原假设或命题,在此基础上形成最终结论。

---

[51] Sens. Rodham, Clinton, "Obama Propose National Medical Error Disclosure Program", *Medical News Today*, USA(29 September 2005).

[52] Melanie Hingorani, Tina Wong, Gilli Vafidis, "Patients' and Doctors' Attitudes to Amount of Information Given after Unintended Injury During Treatment: Cross Sectional, Questionnaire Survey", *British Medical Journal*, Vol. 318, 1999, pp. 640 – 641.

[53] Bovbjerg RR, Miller RH, Shapiro DW, "Paths to Reducing Medical Injury: Professional Liability and Discipline vs. Patient Safety—and the Need for a Third Way", *J Law Med Ethics*, Volume 29, Issue 4, 2001, pp. 369 – 380.

[54] supra note ⑭, at 12.

[55] NPSA, Seven Steps to Patient Safety: A Guide for NHS Staff, 2000.

[56] Abbott, Pamela, *Chernobyl: Living With Risk and Uncertaity*, The report on the Chernobyl disaster, Health, Risk & Society, Vol. 8(2), 2006, pp. 105 – 121.

在医疗领域,英美等国通过实证研究,逐渐认识到,过失侵权法远非想象得那样完美。英国通过进一步的实证研究[57]结合传统法学研究方法,如比较法学方法和规范分析方法,认定以严格责任或无过失责任等归责原则也不是预防医疗差错和医疗伤害的最佳法律原则。[58]于是,得出结论:

在侵权责任法的框架下,不论实行过错责任、严格责任,还是无过错责任,医疗侵权带来的种种问题,诸如医患互不信任、防御性医疗、不断增高的医疗成本、不断增多的医疗纠纷等,大都难以有效解决。这些难题的法律解决之道,在于跳出侵权责任法的传统思维,以病人安全立法来营造一种医疗安全的文化环境,培育病人安全文化,推广医疗不良事件报告制度,从错误中学习。[59]这是预防医疗差错和医疗伤害的最好办法。其真谛在于建立一个事前能够及时发现和阻止,事后能够及时交流和改正,这样一个有助于预防医疗不良事件的长效综合机制。

三、法律实证研究:注意事项

(一)注意适用范围

法律实证研究用于检验已有法律(治)理论的正确性、法律制度的合理性和法律程序的正当性,对于我国建设社会主义法治国家不可或缺。但是,中国法学界要警惕法学研究上的"实证主义"。"实证主义"只相信"归纳"的作用,排斥"演绎"、排斥抽象概括、排斥理论工具、排斥概念化能力,甚至排斥"问题意识"的作用,对社会生活中的一些尖锐问题回避理论思考。其结果,技术上日益先进的同时,思想上日益萎缩。"由于披上了学风严谨的外衣,'实证主义'近些年益发受到鼓励和放纵",[60]导致法学界"忙着各种各样的、永远也无法穷尽的"碎片化"的工作,缺少自己的宏大理论。

我国卫生—健康法学领域就属于这种情况。面对医药卫生与健康领域

---

[57] Department of Health, *Building a Safer NHS for Patients*: *Implementing an Organisation with a Memory*, London, 2001, p. 12.

[58] 前引[12]。

[59] supra note [57], at 19.

[60] 王学典:《重学术轻思想:当下学界和学报的主要问题》,载《文汇读书周报》2013 年 12 月 20 日,"新学术"版。

深刻的社会变革，日益受到重视的中国法学界却很少有自己的宏大理论，很少有既包含研究者自己系统思想，又反映中国卫生—健康事业实际情况与需要，且能够引领发展方向的先进法学理论，对于在法治中国框架下如何“把健康融入一切政策”，难以给予理论指引、理论关怀和理论哺育。在这种情况下，如（继续）过分强调法律实证研究，很可能把中国卫生—健康法学导向“只低头拉车不抬头看路”的困境，数量上越来越多的卫生法研究者也只能停留在技术工匠的水平，纠缠细节，甚至也可以把细节问题弄清楚，但这充其量只是在他人已有（法学）思想理论与方法指引下的人工巧匠，难以胜任法学思想理论领路人的角色。

（二）注意与法学传统研究方法结合使用

结合使用的必要性在于，法律规范分析和价值分析是法律实证分析的前提。缺乏相应的规范分析和价值分析，“就难以产生很好的问题意识，就不可能进行有针对性的实证研究，难以实现实证研究检验已有理论正确性、可行性的重要目的”。[61]因此，做法律实证研究，既要充分考虑可能的引入实证的路径，例如，经济学分析、心理学分析、社会学分析，等等，也要考虑用法学的规范思想、价值目标和思辨方法来指导实证分析，明确法律实证研究与规范研究、价值研究缺一不可。

此外，“结合使用”还要求法律实证研究尽可能做到定量分析与定性研究相结合、事实认定与价值判断相结合、亲历调查与局外观察相结合、理论演绎抽象与实践归纳总结相结合。如此才能产生高水平的法律实证研究成果。做实证研究，只有事实认定没有价值判断，就会使研究失去正确方向；实证研究并不强调事事亲历调查，局外观察所得只要真实可信，同样可以作为实证材料。至于定量分析与定性研究相结合、理论演绎抽象与实践归纳总结相结合的必要性，前文已述。

（三）注意研究能力与财力问题

法律实证研究对于法律要件、法律事实、程序规则和法律理论及其实施状况，以及相关的各种影响因素，要求运用数理统计、流行病学方法和计算机技术，进行定性分析和（或）定量分析，然后归纳总结出理论认知、价值判

---

[61] 赵骏：《中国法律实证研究的回归与超越》，载《政法论坛》2013年第2期。

断,涉及多个学科的知识、技能和方法,往往“超出了传统的法律学者的能力”,[62]因此,在第一阶段确立研究主题时必须考虑研究者(机构)的研究能力,避免能力不足带来的各种困难或问题。

此外,法律实证研究通常涉及重大课题,所涉地域广、时间跨度大、参与单位(人员)多,在“走出书斋,奔向田野”、调查取证、实证分析和多学科结合的过程中,必然会产生大量费用。加之法律具有“地方性知识”的特点,“实证研究的地点选择既重要又复杂”,[63]选择多地观察可以获得更为全面准确的结论,但也因此而增加费用。鉴于此,从事法律实证研究还需要充分考虑研究经费方面的具体要求。

结　语

作为“走出书斋,奔向田野”的法律研究方法,法律实证研究的结论往往能够反映现实生活中法律的真实情况,它们是否得到执行,效果如何,遇到哪些阻力,如何改进,等等。

法律实证研究的主要方法,既包括大规模的定量调查,也包括实验和试点项目等小规模的定性研究。搞好研究设计,是保证研究结论可靠性的关键。为此,应当把研究目的、情(场)境、时间维度、方法、样本选择、数据来源、分析单位、变量界定、计量模型等实证研究要素融入研究设计中。

遵循“六步法”具体运用法律实证研究较为简捷可行。确立研究主题要注意社会需要、研究能力与财力问题。文献回顾不能遗漏业内具有重要影响的文献,而且回顾性评论不应高估或低估现有文献的知识贡献、学术贡献,或者所包含的信息的价值。定义研究问题,要求从内涵和外延两个方面准确界定需要研究的问题;进行研究假设,就是对需要研究的问题作出研究上的假设,假设某种理论观点成立或者不成立。收集数据应当按照统一术语、统一概念、统一标准、统一调查问卷、统一实验方法、统一数据采集方法和统一调查人员培训等“七统一”的要求进行。对于定量研究观察到的情况或者结论,通常需要通过定性分析来作进一步的解释和理解。这样可以

---

[62] supra note ③.

[63] 郭云忠:《法律实证研究方法及其地点选择》,载《环球法律评论》2009年第4期。

把法律实证研究引向深入。

高水平的法律实证研究成果要求定量分析与定性研究相结合、事实认定与价值判断相结合、亲历调查与局外观察相结合、理论演绎抽象与实践归纳总结相结合。为此,要警惕法学研究上的“实证主义”。

On the Application of Legal Empirical Studies —Taking Tort Reform of Medical Negligence in British and American as Example

Huang Qinghua

Abstract: The quantitative and qualitative analysis of legal empirical research, is helpful to gain real information about "live" law in social life. To pay great attention to the study design, is a basis for success in legal empirical research. Good empirical research of law involves two aspects of the operation and attitude. In operation, following the operational path including the "six steps", namely, to establish research topic, to review the literature, to make exploratory interviews, to define the research questions and to make assumptions, to collect data, to analyze data, and to make a conclusion, is relatively simple and feasible. In attitude, should not only attach importance to legal empirical research, but be wary of "positivism" of the law research. The paper, through legal empirical research, from begin to end, by taking tort reform of medical malpractice as an example, analyzes and conclude how countries such as Britain and America, to promote the reform, by which, to illustrate the concrete application of empirical study in health law and its' important role in promoting patient safety.

Key words: legal empirical study; research methods; medical negligence law; medical injuries

(作者单位:广东和谐医患纠纷人民调解委员会)

法治困局:改革红利的底层分配之危

——以农村小额贷款运行程序之变形为视角

王晓兵

摘要:一项政策的施行能否实现设置初衷,政策与其面向的语境是否相配套是关键。作为惠民政策的农村小额贷款项目,走向了一个有违初衷的境况。未计算在内却起主要作用的畸形底层共识,在制度层面上对法制程序和制度权威造成了巨大的伤害。从实效层面上仅饱了少数人的私囊,对预期惠及的人群却收效甚微,且为底层社会结构带来诸多不稳定因素。因此,通过对农村小额贷款运行程序变形过程及当前形态的观察及分析,尝试实现对底层共识之于法治及转型时期社会结构重要性的再认识。以分析和应对底层法治困境为切入点,为共识的重塑、改革红利底层分配从困境中的突围,进而破解底层法治困局,提供有参考价值的理论准备,是十分必要的。

关键词:权力寻租;底层共识;红利分配

一、引文

对于农村人口占总人口近半数的大国,农民问题是否能妥善处理,农村社会结构的稳定,直接关乎国家的整体稳定和持续发展。30 年的改革能取得引致世界瞩目的如许成就,广大农村为急速改革所带来的冲击力提供的巨大缓冲作用和对改革过程中产生的各种压力的充分稀释,是关键所在。拥有土地的农民工可以在各项条件均明显不足的情况下为城市现代化建设,经济高速发展提供足够的人力资源,且在产生如此巨大的正向作用的同时,未产生过多的负面影响,笔者认为,这是上一阶段的改革能够如此顺利且取得如此辉煌成就的关键所在。因此,改革红利对作为缓冲作用主体的农民群体以全面惠及,是今后的改革得以进一步深入,转型时期国家持续稳定进而能够良性发展的首要举措。

事实上,每年国家都会出台大量的利民惠民政策,且政策向广大农村倾斜的力度仍在持续加大。这自然是为保证改革红利能够惠及广大区域内的多数农民。本文所讨论的面向农民的“多户联保”形式的小额贷款,即是众多惠民利民政策的其中一项。政策初衷完全契合当前的国情及民情需要,但这样的初衷在施行的具体过程中惠及民众的终极目的实现几何?改革红利惠及普通民众几许?确实难称为及格,更遑论效果理想。改革红利的底层分配陷入了困境。

广泛共识的重要性对于一个民族国家来说是不言而喻的。而何种共识,则意味着社会发展走向何处,制度设置初衷是否能贯彻,预期效果是否能获得落实?本文拟通过对面向农民的小额贷款政策的深度分析,尝试绘出整个事件的形态。对事件中,以惠民为表象,以权力为轴心,以获利为唯一目的的整体运行状态及其成因,对村主任收取“好处费”,加之付出“好处费”的村民参与共同排斥法律之介入的现象,尝试给出符合事实的解释,并以此为切入点,对作为转型时期深度改革重要场域之一的底层社会形态中制度运行的实际模式作深入分析,尝试提供一幅对国家转型时期社会深度改革之可资参照的图景。

二、小额贷款政策简绘

(一)贷款程序简梳

1. 参与者及参与流程

“多户联保”形式的小额贷款政策实施的主要参与者包括村民、村主任、扶贫办、银行、保险公司。

申请流程:此项小额贷款的申请是以村为单位进行的,第一步:由村民向村委会申请贷款,村委会向县一级扶贫办申请项目。第二步:获得扶贫办批准通过后,由银行对项目所涉及审批合格的村子,其中参与报名的村民进行个人信用的评估,并最终决定是否对村民发放贷款。贷款的发放采取"多户联保"的方式进行(多户联保意思是:获得贷款的村民,三户或五户之间形成互相担保,贷款为每年发放,如果联保的几户中有一户未能按时还贷,则其他几户将连带着无法在下一年领取此项低息贷款)。第三步:除联保外,村民需要向保险公司缴纳一定数额的保险金,由保险公司负责提供贷款保险服务。

2. 细节梳理

(1)村民在参与整个申请程序中仅与村委会,确切地说,仅与村主任之间产生关联。村民的申请属于初步报名阶段,能否入选并最终取得贷款,要看其后银行的信用审核结果,只有那些信用记录良好,无拖欠贷款记录的,才能够获得此项贷款。

(2)村主任在其中扮演着枢纽的角色,他代表村民向扶贫办申请项目,在获得项目后再组织村民接受银行的信用评估。村民能否获得此项贷款,直接取决于村主任能否在扶贫办争取到这个项目。

(3)扶贫办负责对村主任提交的申请进行审核,来最终决定将项目下发到哪个村。另外,与扶贫办有关的责任是:贷款利息较低,且其中的超过50%的利息是由村民先行垫付,再由扶贫办将这部分利息返还给贷款村民。

(4)银行除进行信用评估及发放贷款外,还负有监督职责。贷款采取"多户联保"的方式。因贷款时限较长,为3~5年,且每年发放,为监督便利,每年如多户中的其中一户未能及时还清贷款,则联保各户下一年的贷款将全部不再划入账户。

(5)保险公司在此过程中负责提供贷款保险,且此保险为强制投保,即如若想得到贷款则必须提前缴纳一定额度的保险费用。

(二)利益相关人行为及其动因简梳

1. 作为实践操作核心的"好处费"

村委会需向扶贫办申请项目,其间的曲折颇多,因之也多有被上访控告的案例,上访的核心针对的是各握有分配权力之一环的相关人员收取"好处费"。但(1)村主任的沟通协调行为属合理合法的正常履职行为。(2)小额贷款所要求的门槛不高,符合要求的村很多,但扶贫办尚不具备在整个地区普及发放此类贷款的能力,因而只能选择性发放。如此将此项目发放到任何一个村,都能够找到相应的合乎情理法理的依据。(3)不能排除村主任职位的竞争者恶意举办的情况。虽对扶贫办及银行相关人员的举报持续发生,针对此一问题的举报却从未有一起被查实的记录,但稍作实地调查访问即可了解到,有关"好处费"的论调传播绝不仅仅是个别村民的个体行为,事实上已然成为整个底层群体对行政机构廉洁性缺乏信任的典型标本之一。

2. 浮在"水面"之上的"好处费"

由于村民能否获得贷款,除自身信用记录之外,全依赖村主任与扶贫办沟通交涉之成败,是否获得扶贫办的批准,决定了项目是否落到本村,也就决定着村民能否获得申请此类贷款的机会。在此,若获得批准,则村主任手中就产生了一种对于村民的分配款项的权力。因此,普遍存在要给村主任5% ~10%"好处费"的现象。这在人口较少,仍属于熟人社会体系的农村已经是一个所有人都知道的秘密。

此类问题多有举报,且已有相关部门介入调查,但相关当事人无论是作为收"好处费"的,还是送"好处费"的,虽然在私下谈话中对此事并不避讳,但正式调查过程中却无一例外均对此事予以否认。虽然村主任"大房子""好轿车""名牌烟",每个人名下都会有少则几百亩,多则上千亩的承包土地在雇人耕种,但土地投入几何无从记录,产出几许无从知晓,收入几多更是无从查起。各项明显超出村民的消费层级却显然多有理由以供查问。可以看到,"好处费"在底层社会内部已经是浮在"水面"之上的了,只有在行政上级或者司法机构介入底层社会之时,才会形成集体的遮掩。

3. 村主任之于"好处费"

村主任收取"好处费"的时间是在项目申请完成,银行对申报村民进行信用评估确认合格之后,发放贷款之前。也就是说,村民必须在未收到款项之前将"好处费"给村主任。这个过程中有这样几个细节是值得重视的:(1)"好处费"的收取是没有任何凭证且没有任何其他人在场的行为;(2)村主任对"好处费"的收取额度并不会因为村民与其关系的亲疏远近而有所分别,一律保持在贷款额的5% ~10%。从这样的行为中可以清晰地看到:(1)村主任并非不懂法律,对收取"好处费"行为性质的认识也清晰明确,这与多数因各类问题被查处的村主任所宣称的“不知道这样做违法”的托词对比鲜明;(2)“好处费”的收取并非未经考虑的随意收取,而是有确定数额,且即便是不同镇的村子对“好处费”的收取也所差无几。

4. 获得贷款村民之于“好处费”

村民对交“好处费”一事几乎没有抗拒,通过访谈调查的整理,理由大概有以下几个方面:(1)一次性交“好处费”,贷款可用多年(3～5年)。“好处费”数额为第一年贷款额度的5%～10%,乍看之下不少,但分摊到三到五年的贷款总额上,绝对数额依然是多数村民能够承受的。非但如此,就连强制要求且需在贷款下发前上缴的,贷款额1%左右的保险费用,获得贷款村民也都如数且按时缴纳,且几乎所有人对为何必须缴纳保险没有知其缘由的兴趣,多数对保险用途语焉不详,甚至根本就是不甚了了。(2)其他贷款方式困难程度较此更甚,一直以来村民通过其他方式获得贷款的难度颇大,不仅被在某些贷款资格问题上百般刁难,更是会在普通的办理程序上被迁延甚久,从近几年的基层信用合作社等机构有关贷款问题的权力“寻租”式受贿案例之中此点不难看出,村民不但要耗费大量精力在此类问题之上,物质付出非但在所难免,且数额不定。因此,一种“标价确定”,节省精力,预期较为明确的贷款方式,必然更加能够引致多数村民的贷款欲。(3)最重要的原因是,村民的家庭储蓄普遍难以担负起其农业或牧业的生产循环。且根深蒂固的对实物价值的笃信,对货币价值的不信任,使其基本上不会选择利用变卖实物的方式来换取农业或牧业生产循环所需之现金,因此贷款几乎势在必行。这也是在国家贷款项目很少的一段时间内民间借贷问题频仍的原因所在。

5. 未获得贷款村民之于“好处费”

有关村主任收受“好处费”的举报持续且多发,基本上举报人都是同村因着各种原因未能得到项目贷款的人。举报的原因多样,但被用来作为宣称原因使用的却是格外的一致,即为了保证国家机关的廉洁性基于义愤起而不顾得罪乡里的正义之举。但其实这样的说辞是很没有什么说服力的,这一点只要看看那些因未得到贷款起而举报的村民在接下来的年份再次申请中得到贷款后的行为,就能够得到清晰的体现。且举报数量较之政策施行之初已有明显减少。

三、何种共识：制度运行的真实情况

（一）畸形共识的破坏力：条文变成具文

如上文所述，法律的规范式调查多次尝试介入这一政策实施的实践程序之中，但均未产生实际效果。原因如下：

1. 在收取“好处费”时，村主任的行为相当谨慎，没有留下任何法律介入之时可采用的证据。一般情况下都是以获得贷款的村民到村主任家中送交“好处费”的形式来完成，时间上不固定，行为发生的具体场合也具有偶然性，难以取证。

2. 交“好处费”的村民拒绝提供曾经交钱这一行为的证明。近年来虽然随着市场经济的发展，农村的社会生活环境与费孝通先生多年前写作《乡土中国》①之时有很大不同，但费先生文中有关熟人社会的讨论依然是能够用来概括当前农村社会的。无论是“邻里乡亲的”“抬头不见低头见的”还是“日子长着呢，谁求不到谁呢?”诸如此类的理由。熟人社会，多次博弈的性质决定了村民对社群关系的重视程度，要远大于对并不熟悉也缺乏强烈信心的成文规则的重视程度。也因此，为获得贷款交了“好处费”的村民提供曾交钱证明的情况几近于无。

3. 近年来由于此项政策的持续实施，此次贷款申请不合格，还有可能在下次获得贷款项目之时再次申请，由于对未来获得项目贷款的希望，加之对举报能够产生效果的失望，因一次申请未获得贷款从而举报的村民就越来越少。

“举报也没有用，村主任还继续当他的村主任，这次贷款没贷上，下次贷款还得找他，把人得罪了，以后就没办法再办事了。”

“村儿里面就这么几户人家，谁举报的，不用多长时间就能知道，以后还怎么在村儿里过日子，就算是把村主任整下去了，那些村主任给办过事的乡亲，以后也不好相处了。”

上述两种论调基本上可以涵括在一次申请中未获得贷款的村民举报日趋减少的理由。

---

① 费孝通：《乡土中国》，人民出版社 2008 年版，第 13 ~ 18 页。

可以清晰地看出整个“好处费”的流转问题在以遵守法律为托词的表象之下,实则架空法律,法律条文皆成具文,起作用也仅仅是拿来当作暗自起作用的潜规则的遮掩。包括村主任、获得贷款的村民、未获得贷款的村民在内的事件参与者之间,达成了将法律条文具文化的畸形共识,而畸形共识引导下必然出现的潜规则已经悄然却也实实在在地发挥着作用,实现着这一群体行为的控制。

(二)畸形共识的形成因:各方的“理性”选择

在一众参与者形成的畸形共识控制之下,政策的实施偏离了其设置初衷。可以看出,这种畸形共识的达成并不是其中任何一方的情绪化行为所引发的偶然后果,而是各方经过利益权衡之后的“理性”选择的结果。

为获得贷款的村民选择上交并不合法的“好处费”,并自愿不留取任何凭证,对强制缴纳保险费用的缘由不闻不问,原因就在于,即使将这部分钱作为获取贷款的成本,相较于普通贷款的利息以及同样可能遇到的请托所需要的成本,多户联保的小额贷款同样有竞争优势。理由概括起来是这样:

“这么贷款交点保护费省心”,“你现在办事情,不给村主任钱,找别人办一样也要钱,更黑”。总结起来就是:便利,不需要不断地请托和猜测提供贷款者的心理(是不是想要钱?我是不是需要给钱?多少钱合适?等等);不需要通过与他人对比来确定自己是不是“好处费”给多了,能够确定“掏了这些钱就能办成这个事儿”。

事实上,经过一段时间的反腐,其他贷款事项未必需要花费大量的请托费用,但村民心中的这一观念已经形成,对于未知预期的恐惧,让村民“理性”地选择了能够带来“确定”的行为模式。

此外,村主任对关系或者亲戚无论是亲疏、远近、好坏,对所有的贷款者一律收取5%~10%的“好处费”。其一,这样的数额能够在确保此项贷款对村民仍然有吸引力的同时,实现自身获利的最大化。其二,对所有人的“一视同仁”也让其形成了某种意义上的“制度化”。

而未获得贷款的村民举报情形随着政策施行的常态化,长期博弈的背景下,使得本次没有获得贷款的村民仍然保有获得贷款的可能性。因此,在这样的长期博弈环境中,破坏与申请项目者的关系,且在这种破坏能够给项目申请者造成严重打击的概率不断减小的情况下,这么做显然是不明智的。如果加上无证据,扳倒申请项目者的概率愈加降低的现实情况,以及这种情况不断发生所带来的观念刺激，举报行为就更加不明智了。如此，举报呈现出数量减少，且形式转为匿名举报的趋势，也就绝非偶然了。这种趋势是潜在的举报人经过“理性”的利益权衡作出的“自我利益最大化”的选择。

（三）畸形共识的宏观形态

通过上文对整个政策实施过程中环节的逐一梳理，以及对其中参与者行为的描摹和行为动因的分析，能够达成关于此种共识的宏观形态的整体把握：

1.“挂羊头”：事件进展的形态表象是执行惠民政策，一切可宣告且被宣告的理由无一例外地援用政策的相关规定以及实施目的，以此遮蔽其下的各种行为，并以此将参与者自身行为合理化。任何一种已存行为，均能够在行为真实动因之外覆有已成具文之规则的合法外套。

2.“卖狗肉”：这一共识在落实到行为的层面之时，均以权力为轴心。一切行为均围绕对贷款项目的目标对象有选择和分配权力的具体权力位置展开。因此，村主任是谁不重要，村主任是否有能力争取到贷款项目，其手中是否有此利益分配权，才是整个流程的核心所在。

3.“向钱看”：以获利为唯一目标。在长期博弈的背景之下，参与者通过对自身利益的权衡，作出自身获利最大化的抉择，并以此作为其实施行为的唯一基准。

以显规则为行为的外壳，以利益分配权力为轴心，以获取利益为唯一行为导向的畸形共识业已达成，并不断落实到行动之中，通过行动不断反身强化畸形共识本身。

四、以分配危机管窥法治困局

在国家政策不断向农村倾斜，着力实现改革红利对农民阶层的持续惠及的政策大势之下，各项惠民政策不断出台及施行，均期其能够实现底层红利分配中对农民阶层的惠及。但事实上这样的底层红利分配模式却并未真正惠及政策制定之时意图惠及的群体。

（一）分配初衷无法实现

对于向一户收取5% ~10%“好处费”的现状，至多20户，村主任就能够取得一户普通村民的获得贷款总额，且此种获得，是不需要利息、不需要申请、不需要返还本金的无成本的绝对收益。况且以当前的行政区划规模看,在获得此项目的行政村级单位中至少也能够发放200户以上。表面上分到村民手中的改革红利,在畸形共识的运作下大量流入村主任之手,造成事实上的改革红利分配悬殊,最终能够落实到普通村民身上的改革红利已经所剩无几。

从调查中可以很清晰地发现,对于普通村民来说,申请贷款的意义仅仅在于为使农业再生产的资金链条顺畅,贷款的方式可以使村民并不急于出售粮食,有更加充足的时间和耐心来等待粮食价格浮动到更加理想的位置,从而为一年的劳作带来更大的收益。这几千元的好处费就是为这份更大收益的风险投资,并非一定会得到回报。而对于收取好处费的村主任来说,这份好处费并非什么投资,而是他通过权力"寻租"而获得的"纯收益"。他只需要维持手中分配权的存在,即可轻松获得这份利益。

(二)贫富差距加大达成恶性共识

比惠及农民,改革红利分配的初衷无法达成更严重的是,此一改革红利底层分配方式因为底层社会共识的异化,所带来的还有与目标相反的恶果。

1.农村社会分层,社群中出现大且越来越大的贫富差距。如前所述,村主任在分配过程中获利最多,且此种获利在畸形社会共识的背景下几乎是毫无风险的。而村民却需要小心谨慎使用所得之贷款,以避免因经营风险导致的无法及时还款所带来的连锁反应。最终形成了农民需持续贷款维持再生产,而村主任持续获益,财富不断积累的局面,贫富差距在这样的循环中被不断拉大。

2.被淘汰的赤贫者。因银行的信用评估规则,能够获得贷款的村民多为农村中经济条件尚可,有足够偿还能力之家庭,而真正亟须经济支持,以助其摆脱赤贫局面的家庭,事实上被银行挡在了贷款之外,早早失去了被惠及的可能性。

这样的局面最终会将收入水平和经济水平相差不大的农村拖入到社会分层的困局之中。更危险的是,这种社会分层并不是因为勤奋努力或抓住了市场机遇,而仅仅是某些人因为获得了某种分配利益的权力,通过权力寻租空间,攫取的不正当利益。较此更甚,危害也更加深远的是,这种局面获得了底层社会各群体的普遍认同。人们开始对此形成一种默默的容忍,并遵循在这样的规则之下生存,最终形成了这种以对上层政策及法律规范的遵循与落实为表象，以利益分配的权力为轴心，以获取利益为唯一目的的异化的共识。底层对改革红利的分配，在惠及更多人的目的之下，存在产生上述问题的危机。这无疑需要引起足够的重视，给予更多的认真对待。

（三）底层社会分层的危险性

底层社会分层的逐渐发生与成型，随着仍旧不断进行着的各项惠民政策所造就的多种分配权力对这种社会分层的强化，底层社会分层的危险已经在逐步体现。

1. 基层选举的贿选现象，以及因基层选举之争而引出的暴力事件等不稳定因素频发。因可预见的利益分配权力的存在，村主任选举成为对分配权力争夺的主要领域。同样是上文所述的恶性共识，村民知道选举本身会造就分配权力，但在其无法形成竞选优势之时，也乐于将手中的选票当作一份可以交换的筹码待价而沽。因此，在贿选问题上访的人中几无普通村民，而多为竞选失败的对手就很容易被理解了。

2. 对制度权威信任的缺失。以分配权力获取利益，且相较获取的利益，其危险性并不大。无论是申请贷款的村民还是获得好处费的村主任，对于制度所持的态度，不过是将其作为一套说辞，以工具主义的态度来实现其目的。制度本身的权威受到持续而巨大的打击。对制度的信任无从谈起，遑论对制度的信仰。

（四）"显规则"被架空

恶性共识的达成，带来了新的行为模式。新的行为模式通过各类惠民政策的出台，不断地发生并自我强化。制度规范介入无果之后，在社会底层事实上形成了法治/法制的真空地带。法治/法制的共识精神、各类原则以及各项规定只是作为方便行为的口号，被打在明处的招牌、幌子，实质上已经被排斥在社会关系之外，且此类现象有不断蔓延之扩大化，以及不断更新之深入化的趋势。法治/法制在此领域渐趋具文。

（五）仅以"规范世界"形态存在的法治

按照许章润先生《汉语法学论纲》中有关法律体系的"规范世界""生活世界""意义世界"的划分模式来看，[②]当前的底层法治境遇之所以出现如今的困局，其中一个重要的因素就是法律体系在此仅仅以照拂"规范世界"的

---

② 许章润：《汉语法学论纲》，广西师范大学出版社2014年版，第4页。

作用而存在。“生活世界”对规范的排斥如前文所述已经显而易见,而“意义世界”在此处的缺失,无疑让规避法律规制的行为失去了精神和文化层面的约束力量。

法治在此问题中的困境,凸显了法治本身的问题所在。目前,法治作为一种规范形式已经成型,但仍缺少相应的价值取向,简言之,法仍然没有明确且契合国情的法的精神,以确立法的“意义世界”。一种仅仅作为提供约束之规范而存在的制度,与有价值取向和意义意涵的制度相比,必然缺乏群体对其的深层信赖。规避法律制度除了技术性的逃避惩罚之外,已经不会有什么与道德伦理层面相关的心理压力,这也是法治体系中的某些制度在底层被轻易架空掉的根本原因所在。

五、可能的应对策略

(一)具体问题的局部策略:优化政策模式,消解“寻租”空间

作为一种实际上控制社会交往模式已久的恶性共识,已经对现有各项规则有足够的“免疫力”,想要依靠现有的常规模式自上而下地加以解决,几乎是不可能完成的任务。无论是司法介入的方式,还是行政介入的方式,都很难取得明显的效果。而且,以重事实讲证据的规则模式介入,此种规避制度的行为模式几乎是无懈可击的。

意图解决此类社会交往模式,唯有从其内部,在依然以获利为目标的模式下,转变政策模式,缓冲乃至消解“寻租”空间,辅之以适时的司法介入及行政介入,以此来形成一种短期改善策略。

问题的根源在于存在权力“寻租”的空间,作为整个关系模式中的轴心,只有从此处下手,才是真正抓住了问题的要害所在。

1.将村主任一人申请的模式改为代表团申请制,由本村每10%~20%户申请贷款村民选出一名代表组成的申请团负责项目申请,提高分配透明度,增加参与核心权力的人数,以增加“寻租”难度。

2.扶贫办将项目分配标准及分配理由进行多种媒体方式的详细公示,规范获得贷款审批过程的透明度,并通过详细公示发放贷款对象审批依据的方式,扩大分配过程的监督范围。

但单纯以获利为单一核心目的的解决方法,势必难以在根本上解决问

题。且此一问题仅为底层法治困局所面临的问题之一,而非全部。因此势必需要能够以一种更为宏大的视角,观照底层社会更为广泛问题的长期策略,以期更为有效且长效地解决此类问题。而如上的短期策略,虽不能在根本上解决问题,却是能够缓慢树立制度权威,恢复制度群体预期的必要措施。

(二)重塑共识的整体策略:三种意义上的法治体系完善

如前所述,之所以称上述优化政策以消解权力寻租空间的方案为短期策略,是因为社会纷繁复杂,要应对的具体事件的复杂性和多样性,何其多也。不可能每一种制度或政策的出台都能够对具体事件的分析达致面面俱到,而一旦规则考量未能面面俱到,就会出现如本文所述农村小额贷款政策所带来的底层红利分配危机,贻害甚远。因此,需要一种在“规则世界”之外有着对“生活世界”“意义世界”均照拂到的升级版法治体系的构建,以确保其拥有足够的灵活性和适应度,来应对纷繁复杂的社会生活。唯有如此,才能够深入到社会生活内部发生作用,消解规则被具文化带来的诸多问题。

笔者尝试通过赵汀阳先生著名的“无立场”方法论对现有思想文本作粗简梳理,从而引出长期策略的具体意涵:

1.法意的注入。无论是许章润教授的《汉语法学论纲》对汉语法学的鼓与呼③,还是更早前梁治平先生的《法律何为》《法制史的视界》④等一系列著作中通过对文化及历史的梳理,所呈现的“中国法精神”,都是对法治体系“意义世界”重塑的重要尝试。用梁治平先生在其《礼教与法律:法律移植时代的文化冲突》⑤一书中的观点,法治的建设本身是一种对自身的认同以及对自身认同的调整。这种认同的核心就是一种契合本国文化的现状及发展的内在且决定着天理、国法、人情意蕴的法的精神。

2.生活世界的观照。早在20世纪80年代,费孝通先生就曾以农村盲目引入拖拉机为例论证对社会生活本身之认识的重要性:“农村引进拖拉机,必须先具备许多社会条件,不考虑这些条件,盲目地把一台拖拉机抬进

③ 参见许章润:《汉语法学论纲》,广西师范大学出版社2014年版。

④ 参见梁治平:《法律何为》《法制史的视界》,广西师范大学出版社2013年版。

⑤ 梁治平:《礼教与法律:法律移植时代的文化冲突》,上海书店出版社2013年版,第40~79页。

农村里,有些地方就只能搁在那里,根本用不上……拖拉机引进农村,不是件简单的事,先得创造使用拖拉机的社会条件。”⑥

因此对“生活世界”的深入了解,并将其作为法治之根基,是至关重要的。对“生活世界”的重视,在朱苏力先生的著作⑦及冯象先生的著作⑧中体现得尤为显著。但如何观照当下生活,却仍然是一个有待商榷的问题。稍有不慎就会导向“现状的专制”。存在即为合理,这本身就是一句既有价值,又有问题的说辞。如本文所论小额贷款问题,其存在自有其能够如此这般存在的原因,但这并不能成为其存在的正当性理由。如何去改变,需要的不仅仅是抽象法学理论的直接套入,深入细致地调查和分析应该是这一目标的开始,也是本文所努力的方向和目标所在。

3.“规范世界”的强化。事实上,作为“规范世界”的法治体系建设仍存在诸多不足,有巨大的完善空间。以季卫东教授⑨为代表的以程序为核心构建法律体系的进路,是对此的有益尝试。而如何在程序的体系性与现实复杂性之间复杂张力中寻找到一种动态的平衡,这同样需要将现实(复杂的现实)进行重新问题化的努力。

上述粗陋的文献梳理并不说明名家教授们的著作中仅就法治体系的某一个方面作了论述,而更多是某一为主,兼采其余。且因笔者阅读范围的局限,难免挂一漏万。之所以称为“整体策略”,是因理论能够对实际产生影响,进而形成一定规模,需要相当漫长的过程。事实上,上述论著有些在20世纪90年代即为学界所重,而直至今日,法治体系的此类完善和升级,仍然是一项未完成的事业,甚至可以说仅仅是刚刚起步。对当代人利益(短期策略)的关注与对多代人福祉(长期策略)的考量相互结合,是法治体系走出当前底层困境的可能进路,值得深入认识和思考。整体思考无疑要冒着陷入空泛的风险,容易走向大而无当的窘境。但任何思考都需要一种宏观

---

⑥ 费孝通:《从事社会学五十年》,天津人民出版社1983年版,第10~11页。

⑦ 参见朱苏力:《法治及其本土资源》,北京大学出版社2015年版;《送法下乡》,北京大学出版社2011年版。

⑧ 参见冯象:《政法笔记》,北京大学出版社2012年版;《木腿正义》,北京大学出版社2007年版。

⑨ 参见季卫东:《法律程序的意义》,法制出版社2004年版;《法治程序的建构》,商务印书馆2014年版;《宪政新论》,北京大学出版社2005年版。

的视野,唯此才能为细致的调查分析提供准确的自身定位,在这个意义上,这个险是值得,也是必须冒的。

(三)可能的落实方式

任何改进,在其具体落实思路上,每一处可能的疏漏都可能使本本中的体系在实际操作过程中挤压变形,差之毫厘,却与最初的设置初衷失之千里。因此,对政策将欲施行的区域深入细致的了解,对政策施行中可能出现问题的预测与防范,就成了两条实践中的基本要素。

其一,应对单向度操作的弊端。底层社会关系日趋复杂,自上而下的政策惠及,分配权力所带来的“寻租”空间的形成在此行为逻辑上已然不可避免。唯有如本文在“局部策略”中所展开的讨论般,对每项制度政策的施行进行上而下与下而上双向互动式的评估,才有可能在具体问题中解决单项度操作的弊端。

其二,应对具文化的危机。制度政策仅在表象上被谨守,而实际操作中却被搁置,仅以话语层面的工具形式存在。以谨守法律为表象,以分配利益之权力为轴心,以获利为唯一目的的畸形共识,形成并在社会生活的反复使用中不断强化。这种具文化倾向如若长期且形态顽固,对法治的伤害将不仅仅是损失些金钱的问题了。在此,唯有如本文在“整体策略”中所讨论的策略,缓慢但扎实地对底层社会业已存在的共识进行调整,方有希望解决。

其三,重新引入意识形态进行深层分析。小额贷款问题中所凸显出的底层畸形社会共识强有力的控制及其危害,意欲将其在根本上解决,如前文所述的“法的精神”的缺失,重新为法治注入“意义世界”的功能。这并不唯我国所独有,自现代以来,这就已经成为一项世界问题。无论在早期卢梭和马克思对现代性的批判,还是后来吉登斯和贝克等人有关“风险社会”的社会学方向的概念总结,包括齐泽克关于“意识形态的崇高客体”的一系列论证,都有其深刻的洞见。当我们讨论和分析这样的问题之时,对此类问题哲学形式和社会学形式的思考,是走在前面极具借鉴意义的。

因此对于法治而言,首要任务就是将本本中的体系迅速落实为行动中的体系,通过详尽地社会分析,不断地实践磨合,频繁地上下互动,多种制度方式的综合使用,迅速将理论思考嵌入社会生活之中,进而与社会生活融为一体,充分发挥其应有的作用。这也许是这份调查分析能够提供的仅有的一点微末价值。因为,重要的,从来都是行动。

Dilemma of the Rule of Law: The danger of Profit Sharing-reforming among Unprivileged Populace

Wang Xiaobing

Abstract: The policy and the oriented-situation are two key factors to make the original intention come true. The rural micro-credit project, as a policy would benefit the peasants, has been run contrary to the original situation. The deformed consensus among the unprivileged populace was not considered, which playing a major role on the damage of the legal procedures and system authority. With this policy, a few people could feather their own nest, while most expected obligee not get the help what they should have. This situation has resulted in the social instability. With observation and analysis of the forming process of the rural micro-credit projects in current social state, this study is trying to reconsider the significance of the consensus of unprivileged populace on the rules of law and social structure during transformation. By analyzing the trouble of rule of law, this study could provide a valuable theoretical basis for the consensus-rebuilding and profit sharing reforming among unprivileged populace, and finally resolve the trouble of rule of law.

Key words: power rent-seeking; the consensus of unprivileged populace; profit sharing-reforming

(作者单位:内蒙古通辽市人民检察院)

论冷冻胚胎的性质

董　磊

摘要：冷冻胚胎案二审判决的核心用语是“监管和处置”，展开对其分析，法院判决肯定对冷冻胚胎可以为占有，实则默认冷冻胚胎为物。绝对主义立法下，胚胎不是法律主体，没有权利能力。物是占有的财产，冷冻胚胎也具有财产和物的一般的属性。承认胚胎为特殊物的基础上，检讨既有理论尝试提出的“伦理物”和“人格物”等概念，其在逻辑和理论的自洽性上都存在缺陷。

关键词：占有；权利能力；人格；处分

一、法院判决“监管、处置”的规范释义

江苏宜兴一对双独夫妻因车祸身亡，二人生前曾在南京某医院做试管婴儿，并留下4枚冷冻胚胎。双方老人提起诉讼，要求医院归还胚胎，一审判决驳回原告的诉讼请求，原告不服提起上诉。这起案件颇受关注，被媒体称为“中国首例冷冻胚胎继承权纠纷案”。经过二审，无锡市中级人民法院对冷冻胚胎案的终审判决是：由沈某南夫妇和刘某法夫妇（即失独老人）共同监管和处置4枚冷冻胚胎。

本案一审判决的主要依据是《继承法》第3条（遗产

的范围),①即将冷冻胚胎案以继承纠纷来解决。二审法院为实现失独老人对亡故子女遗留胚胎归属确定的诉求,基于民法基本原理以及人伦、情感、特殊利益保护等综合因素,判决支持失独老人就其子女亡故后遗留在医院的冷冻胚胎拥有监管、处置的权利,②但无锡中院回避了发轫于冷冻胚胎主客体说之争而引起的"继承纠纷"。

二审判决依据的《民法通则》第5条、第6条和第7条都是抽象的法律原则,③法院判决明言对冷冻胚胎的"监管和处置"。一审、二审判决的具体情况见表1。

表1 一审、二审判决的具体情况

	一审	二审
案由	继承纠纷	监管、处置纠纷
裁判理由	冷冻胚胎是含有未来特征的特殊物,不能任意转让、继承	(1)发生不可预见事由,医院不得单方处置; (2)道德标准(伦理、情感、特殊利益保护),公序良俗限制; (3)部门规章的管理规定不得对抗合法权利
法律依据	《民法通则》第5条、《继承法》第3条	《民法通则》第5、6、7条
判决内容	不得作为继承标的	原、被告双方共同对冷冻胚胎进行监管、处置

(一)法院判决核心用语的分析

冷冻胚胎的性质无疑是本案的核心,无锡中院的判决也并非刻意回避对冷冻胚胎性质的认定。案后无锡法院的法官在期刊杂志上的论证,仍是围绕"监管和处置"进行的。④ 可见,"监管和处置"是法院认定冷冻胚胎的关键。"监管和处置"不是民法上的规范概念,却是认定冷冻胚胎性质的核心概念。

法院使用"监管和处置"并不规范,主要体现在三个方面:一是"监管和处置"不是规范的法律概念,虽然法院判决对冷冻胚胎的处置"不能违背公

① 参见(2013)宜民初字第2729号民事判决。

② 参见(2014)无锡民终字第01235号民事判决。

③ 参见(2014)无锡民终字第01235号民事判决。

④ 张圣斌、范莉、庄绪龙:《人体冷冻胚胎监管、处置权归属的认识》,载《法律适用》2014年第11期。

序良俗”,但没有明确“监管和处置”的规范含义;二是法院以“监管、处置权纠纷”作为案由,但这并不属于最高人民法院规定的案由;⑤三是法院判决“监管和处置”回避了对冷冻胚胎性质的认定,这虽然解决了“司法不得拒绝裁判”的问题,但却因没有回答“冷冻胚胎性质”这一核心问题而无法达到论证上的严密。

笔者认为,无锡市中级人民法院迂回的判决思路同样对冷冻胚胎性质的认定具有启示意义。法院为避免片面采用学说而引起的风险,实则是回避了对案件核心问题的回答,这不应成为回避认定冷冻胚胎性质的理由。“法律着眼于未来”,法院如此判决却为解释论留有空间,对将来的裁判实践和立法论发展也有一定借鉴意义。本文不直接展开学理之争或是盲目借鉴比较法,而以具体的案件作为背景,明确“监管、处置”的含义(尤其是法律用语的规范含义),可以在明确冷冻胚胎性质的同时,完善裁判说理并兼顾判决结果的社会效果。

(二)“监管和处置”的法律含义

相较于具有规范性的法言法语,“监管和处置”是一般用语。法律中的规范用语与一般用语,可以在一定的语境下进行互换。一定意义上,从规范用语到一般用语的转化,就是所谓狭义的法律解释,即确定法律规范含义的作业。⑥ 要理解“监管和处置”的法律含义,就是做与法律解释相反的工作——将一般用语转换为规范用语。

1. 监管与占有

《现代汉语词典》中“监管”意为监视管理;“处置”是指办理安排。对于冷冻胚胎,“监管”的含义重在管理。检索民法的诸概念,与“管”较为接近的是“占有”。且不究事实与权利的学说之争,民法通说的占有,是管领、支配、控制。⑦ “监管”侧重在“管”,“管”即需要“占有”。

---

⑤ 参见最高人民法院2011年修订的《民事案件案由规定》。当然,最高人民法院也规定在裁判实践中可以根据实际情况创设案由,但本案是否属于可以创设及如何创设,本文不作展开。

⑥ 参见梁慧星:《民法解释学》,法律出版社1994年版,第56页。

⑦ 参见史尚宽:《物权法论》,中国政法大学出版社2000年版,第342页;梁慧星、陈华彬:《物权法》(第5版),法律出版社2011年版,第351页。

“监管”是否可以理解为监护?⑧ 监护(tutela),在罗马法中与保佐(cura)一样,设立之初都是为了保护家族和法定继承人的利益。⑨ 我国《民法通则》第2章第2节专门予以规定。监护的对象是未成年人(第16条)和无民事行为能力或者限制民事行为能力的精神病人(第17条)。如果承认可以对不存在民事行为能力的冷冻胚胎进行监护,无论是出于一般社会通念还是对法律规范的理解,都是存在障碍的。

2. 处置与处分

与“监管”并列的“处置”或许与“处分”相近。“处分权能”的基本含义就是“处置”,“处置”的对象不是主体,“处分权能”的对象是所有权的客体。申言之,肯定“处分”实则是确定“所有权”。

总结上述对“监管和处置”在规范用语上的探寻,实际上“监管”“处置”的含义与物权体系中的“占有”、所有权的“处分权能”一致。法院判决所谓的“监管和处置”,实际是将“继承纠纷”引向物权归属及支配问题。“监管和处置”的规范释义,不是对胚胎的“监护”,因为我国立法规定自然人自出生才可以具备民事权利能力。

二、认定冷冻胚胎性质的法律与理论依据

(一)认定依据的缺失与确定

无锡市中级人民法院判决文书中的“监管和处置”,实际上肯定了失独老人对冷冻胚胎可以为占有。我国《物权法》规定的物权客体包括物和法律规定的权利两大类(《物权法》第2条第2款),作为占有的对象(客体)也包括物和权利。裁判文书承认双方老人对冷冻胚胎构成对物的占有,也就肯定了冷冻胚胎属于物。

逻辑上看,前文的内容是从裁判文书的核心用语逆推法院对冷冻胚胎的认识——肯定对冷冻胚胎的占有,以认定冷冻胚胎是物为前提。但是,承认对冷冻胚胎的占有,也没有找到确定冷冻胚胎性质的依据。为避免先入

---

⑧ “监管”能否与“监护”对应,可以推知法院对冷冻胚胎性质的认定。简言之,《民法通则》中监护的对象是主体,如果将“监管”理解为“监护”,那么法院在裁判中肯定了胚胎的主体地位。

⑨ 参见周枏:《罗马法原论》(上册),商务印书馆1994年版,第241页以下。

为主的混乱和完善裁判说理的不足,确定认定冷冻胚胎性质的依据才是本文的核心任务。

现行法体系存在不完全性,即法律漏洞,它不仅影响法律功能,也违反立法意图。[⑩]《物权法》《继承法》等的具体规定不能给本案提供明确的法律依据,二审判决和本文的尝试都是通过解释论等填补法律漏洞。(见表2)

表2 全文论证的两条思路

	分析起点	分析路径	结论
判决入手	二审判决的核心用语"监管和处置"	一般用语对应的规范用语	(1)肯定占有,确定胚胎为物 (2)缺乏认定的依据
论证展开	确定冷冻胚胎性质的法律和理论依据	(1)解释论在个案分析中适用 (2)"物"的否思	确定冷冻胚胎的性质

(二)个案中适用解释论的说明

民法方法论包括的解释论和立法论,都可作为工具使用,为认定冷冻胚胎性质要找寻法律和理论上的依据。解释的对象是法律,本案虽着眼于个案研究,但不可避免地也用到了解释论。我国解释论发展薄弱,意识缺乏且能力不足。有学者批评公理式的法律决定论阻碍解释学发展,经验式的案例研究的参照标本标准有待考问,提出直面异议风险的论辩型研究才是法解释发展之路。[⑪]

本文对个案探析,(1)胚胎认定的法律适用方面的缺失,为解释留有空间。分析法院缺乏说理的判决,找到规范用语以确定冷冻胚胎性质找寻法律和理论的依据,其中包含了法解释技术的运用。(2)本文也面临这样的问题:对裁判实践尤其是个案研究评判,所参照的标准本身是否经得起推敲,相关结论如何面对技术层面的挑战,能否解释裁判的正当性等问题。(3)本文并不能担负发展解释论的重任,为减少个案研究使用解释论的缺

⑩ 参见梁慧星:《民法解释学》,法律出版社2009年版,第251页。

⑪ 参见熊静波:《理解中国法解释论的三个分析框架》,载《法商研究》2010年第5期。

陷,因此选择自认为可以接受的分析路径,亦即依照归纳性经验研究的成果与相关论证理论来检验演绎性司法判断。(4)采用如此分析,合理性主要在于,无锡中院的判决在当下虽会得到普遍肯定,但字面上始终回避了承认胚胎为物的问题。通过解释的运用和理论的支撑,检验裁判实践的同时确保裁判的妥当性。总结解释论在冷冻胚胎案中适用的四个要点,与本文论证起点(分析裁判文书核心用语的规范释义)在目的上是相承的。

(三)绝对主义立法对胎儿利益的保护

确定冷冻胚胎的性质,就是回答冷冻胚胎到底是主体,客体或是其他。现行法律规范没有正面回答,因此不能找到直接的法律依据。我国《继承法》中的概念"胎儿"可以作为认定"胚胎"依据,国外关于胎儿利益保护的立法例对认定"胎儿"是否为法律主体同样有启示意义。概言之,(1)认定冷冻胚胎是否为主体,主要取决于能否在法律上肯定胚胎具有民事权利能力;(2)胎儿利益的立法主要关注胎儿利益的保护,因涉及胎儿的主体地位而有助于对胚胎的认定。

1. 一般用语中的胚胎与胎儿

以往从生物意义和社会意义探讨胎儿的性质所得出的结论并不一致(见表3),法学上的探讨主要是在社会意义上展开的。在医学上,通常认为受精之后的胚胎还不是胎儿,只有在其发育到具有初步的人形(有胎心搏动,主要器官分化形成),受精胚胎着床第八周后(第九周开始)才称为胎儿。[12] 法学标准不等同于医学标准,立法中的"胎儿"是一般用语,解释上包括胚胎。胎儿在出生后才具有权利能力(《民法通则》第9条)。

表3　传统理论对胎儿性质的探讨

	胎儿是不是人	所依据的标准
生物意义	是	医学或者生物学标准
社会意义	一切胎儿都是人 vs 一切胎儿都不是人	法律标准或者其他标准 (社会关系论、意识论等)

有的刑法学者认为部分胎儿属于社会意义上的"人",把具有宫外可存

[12] 参见丰有吉、沈铿主编:《妇产科学》(第2版),人民卫生出版社2010年版,第64页。

活性的胎儿(通过医学技术维持其生命特征并且可能最终可以脱离该人工技术发育为成人)解释为“人”,故意杀人罪保护的法益扩大,并将强制引产行为解释为故意杀人罪(保护胎儿与妇女的权益)。[13] 刑法上的这种尝试,对认定胚胎同样有启示意义:(1)具有宫外可存活性的胎儿与本案的冷冻胚胎有相似之处;(2)扩大故意杀人罪的法益,与继承法上的某些规定出发点一样在于保护胎儿利益;(3)认定冷冻胚胎的性质,关键在于确定是否具有权利能力。但继承法或故意杀人罪法益确定的目的重在胎儿利益的保护,这与单纯认定冷冻胚胎的性质有所不同。

2. 出生的标准

民法关于自然人出生的标准,存在诸多学说,居于有力说地位的是全部露出说和独立呼吸说。对胎儿权利(人格权)保护的讨论深入,出生的法律标准有待进一步明确。讨论胎儿的人格权,实则先入为主地肯定胎儿是法律主体,再来否定作为前置条件的出生标准(权利能力)。按照有力说和法律规定,胎儿没有出生,就没有权利能力。没有权利能力,当然也就不是法律主体。

3. 胎儿利益保护的立法例

作为胚胎的自然发展物,有必要先对胎儿的法律地位进行分析。对于胎儿利益的保护,有总括主义和绝对主义两种模式。(1)总括主义立法,“胎儿以将来非死产者为限,关于其个人利益之保护,视为既已出生”(台湾地区“民法典”第7条)。我国台湾地区通说对此以法定的解除条件进行解释,认为系指胎儿于出生前,即取得权利能力,倘将来死产时,则溯及地丧失其权利能力[14]。这种做法实则是为保护将来出生的胎儿的利益,且限制在于以非死产者为限。在罗马法上,当涉及胎儿利益保护时,胎儿被视为自母体受孕时具有权利能力。[15] (2)我国大陆立法采绝对主义。我国《继承法》第28条规定:“遗产分割时,应当保留胎儿的继承份额,胎儿出生时是死体的,保留的份额按照法定继承办理。”在我国的现行法律中,自然人的权利能力始于出生止于死亡,而胎儿尚未出生,故胎儿是没有民事权利能力的,并不

---

[13] 周详:《胎儿“生命权”的确认与刑法保护》,载《法学》2012年第2期。

[14] 参见史尚宽:《继承法论》,中国政法大学出版社2000年版,第74页。

[15] 参见周枏:《罗马法原论》(上册),商务印书馆1994年版,第78页。

是法律意义上的“人”,只在个别情况下由法律另行规定给予其特殊保护。

现行的法律规范,采用绝对主义立法保护胎儿利益,难以将胎儿解释为具有权利能力的自然人。胚胎相比具有生命意义的人,无论是在物理形态上,社会通念上,还是法律既定的标准中(如对自然人的权利能力、行为能力的规定)都是不同的。胎儿尚且不能完全视为“人”,更原始形态的胚胎更不可能被视为法律主体。因此,当下承认胚胎作为法律主体并不妥当。(见表4)

表4 胚胎认定与胎儿利益保护

<table>
<tr><th></th><th>胚胎</th><th>胎儿</th></tr>
<tr><td>概念</td><td colspan="2">一般用语,法律上不做区分</td></tr>
<tr><td>立法标准</td><td rowspan="2">借鉴胎儿利益保护</td><td>绝对主义</td></tr>
<tr><td>法律保护</td><td>遗产继承</td></tr>
<tr><td>是否出生</td><td colspan="2">否</td></tr>
<tr><td>法律主体</td><td colspan="2">否</td></tr>
<tr><td>权利能力</td><td colspan="2">无</td></tr>
<tr><td>目的</td><td>确定是否为主体</td><td>胎儿利益的特别保护</td></tr>
</table>

(四)胚胎性质认定的理论依据

总结已有的法律依据:(1)自然人出生才具有权利能力,胚胎还未出生,没有权利能力,不是法律主体;(2)绝对主义立法的胎儿利益保护,不能将胚胎视为法律上的“人”。不同于确定胚胎的法律依据,从正面回答冷冻胚胎是什么,就要确定胚胎性质认定的理论依据。就现有法律关系分析方法和社会通念,不存在既是主体又是客体的法律关系要素,折中说也只是将冷冻胚胎表述为“特殊客体”。因此通过法律依据排除胚胎不是主体后,冷冻胚胎只可能是法律关系的客体。

通说认为,法律关系的客体是权利义务(法律关系的内容)指向的对象(有的表述为法律主体之间建立法律关系指向的具体目标⑯),客体包括物、给付行为、智力成果和人身利益(也有的将客体分为物、非物质财富、行为

⑯ 参见付子堂主编:《法理学初阶》(第2版),法律出版社2010年版,第156页。

及其他)。[17] 按照客体的分类,冷冻胚胎只有可能属于物。胚胎与一般的物不同,法院一、二审的判决和主流的见解,都认识到了冷冻胚胎作为"物"的特殊性。

三、物的一般概念与冷冻胚胎的基本认定

如前所述,以法律关系理论作为分析工具,立足于现行的立法,得出冷冻胚胎为主体的结论并不妥当。冷冻胚胎作为客体只能是物,笔者支持冷冻胚胎为物的观点。承认冷冻胚胎为物,就需要继续回答什么是物,冷冻胚胎是什么样的物?在法学理论中物也是一个基本概念,是认定冷冻胚胎的基础,因此有必要检视关于物的基本理论。

(一)理论法学认定物的抽象性

法哲学认为,"物"是与精神相分离的外在的东西,属于客观的自然界,主体都可以通过表达给其外部的"定在"。[18] 我国法理学一般认为,"物"指法律关系主体支配的、在生产和生活上所需要的客观实体,一般满足四个条件:(1)法律认可;(2)为人所认识和控制;(3)有经济价值,即物质利益;(4)有独立性。

法理学定义的"物"是"客观实体,与法哲学中的"定在"一样,都是难以把握或者不具有可操作性的概念。其本身的抽象性也与民法和刑法对于"物"的具体性要求不符。

(二)物是占有的财产

罗马法以降,财产与物的概念在权利客体的意义上是重叠的,[19]后世关于物和财产的关系,形成了两种不同的认识。一种观点认为物可以定义财产,物是财产的属概念。《牛津法律大词典》关于"财产"的释义中,"被拥有或可能拥有的事物"也认为财产是物。[20] 法国民法基于这样的关系,将财产的种概念及总和归属于"物"。另一种观点认为物的属概念应为财产,种差

---

⑰ 参见舒国滢主编:《法理学导论》,北京大学出版社2006年版,第86页。

⑱ [德]黑格尔:《法哲学原理》,范扬、张企泰译,商务印书馆1961年版,第43节。

⑲ 参见吴汉东等:《无形财产权制度研究》(修订版),法律出版社2005年版,第25页。

⑳ 参见[英]戴维·M.沃克主编:《牛津法律大辞典》,北京社会与科技发展研究所组织编译,光明日报出版社1988年版,第880页。

为可占有。有学者提出占有说,即物是占有的财产,民法中的占有是对对象物理属性的控制,必须是全面的,并具有外观表现。[21] 有学者指出民法上的物就是财产,有人提出财产一般首先表现为某种“物”。[22]

本文认为占有说更为合理。第一,民法中的物,不是抽象的物。物是权利客体,确切地说是物权的客体。作为一个可操作的概念,当然可以把物归结到“财产”。第二,民法意义上的“物”是财产,物就是人们可支配和利用的物质财富(物质财富其实就是财产)。能够被支配和利用限制了物的范围,支配和利用就是占有。第三,财产的概念是具体的,被占有的财产体现了“物”的核心含义。因此定义法律意义中“物”,可以使用范围更广的“财产”作为核心词。物可以概括为财产,物与财产的关系是占有。

(三)冷冻胚胎是特殊的物

批判理论可以得出物是占有的财产,分析判决实际是冷冻胚胎可以被占有,那么冷冻胚胎就是可以被占有的财产。将冷冻胚胎认定为财产,就是认定冷冻胚胎的基点。对多数人而言,冷冻胚胎是一种带有“人”属性的“疑似物”(找不到更恰当的表述了),与通常认知的“财产”仍有差距。将冷冻胚胎直接表述为“财产”,与社会通念未必相符,在论证上未必严谨。冷冻胚胎也具有作为财产或者物的一般特性,当然也适用关于物的一般规则。

冷冻胚胎与一般的物或者财产有特别之处,不能将其归于一般的物,因此冷冻胚胎是特殊的物。关于冷冻胚胎作为特殊的物,理论上进行的探讨包括“伦理物”“人格物”等。冷冻胚胎是什么样的物,实际上就是具体回答冷冻胚胎是什么特殊物,在理论上就有必要认真探讨“伦理物”和“人格物”。

四、伦理物与人格物的否思

(一)人体变异物的概念

对冷冻胚胎的定性存在争议,主要是因为冷冻胚胎带有一定“人”的属

[21] 参见李锡鹤:《物的概念和占有的概念》,载《华东政法大学学报》2008 年第 4 期。

[22] 参见张俊浩主编:《民法学原理》,中国政法大学出版社 1997 年版,第 299 页;彭万林主编:《民法学》,中国政法大学出版社 2007 年版,第 49 页;郑成思:《知识产权论》,法律出版社 1998 年版,第 36 页。

性，在适当的条件下可能发展为适格的法律主体。值得注意的是，有学者将这类与人体紧密相关的物归为“人体变异物”，即从人体衍变、异化而来，具有物的形态，又包含人格利益因素的特殊物。

人体变异物主要包括三类：(1)脱离人体的器官、组织，指自人体分离、在植入新的人体之前的人体器官或组织，按用途可分为用于捐赠的和用于储存的人体器官或组织这两种；(2)人体医疗废物，即由于医疗活动而脱离人体的无生命价值或生理活性的器官、组织及人体孳生物，如胎盘、体液和结石等；(3)尸体、遗骨和骨灰。人体变异物有四个特征：(1)由人的身体变异而来(此处的变异应作最广义的理解，而不应仅限定为医学上的含义)；(2)脱离人体后或人体变为尸体后具有物的属性，为动产；(3)带有其本体的人格利益，只有当其成为另一个人人体的组成部分，其原有的人格属性才消灭，不再属于物(因已成为人的一部分了)；(4)人体变异物可设立所有权，是所有权的客体，但此类所有权时常受到限制。[23]

人体变异物的概念与前述探析法院判决“监管和处置”的规范用语，有印合之处，尤其是人体变异物作为动产，可以设立所有权，与冷冻胚胎的监管和处置是一致的(见表5)。冷冻胚胎是否为人体变异物，关键要看冷冻胚胎是否符合人体变异物的其他特征。

表5　人体变异物与冷冻胚胎性质的认定

	人体变异物	冷冻胚胎
性质	人体变异	自然结合
物的分类	脱离人体后为动产	可以为占有(监管)
权利属性	所有权	处分权能(处置)
	人格利益	

与人体变异物相比，冷冻胚胎与其主要的类型存在区别，与脱离人体的器官组织、人体医疗废物和尸体等都不尽相同：(1)冷冻胚胎虽是人体一部分结合而成，但它既非用于捐赠，也非用于储存；(2)胚胎是用于繁殖，冷冻只是技术手段(“储存”是指人体变异物本身的功能)；(3)胚胎不是器官或组织，可它具有生理活性，明显不属于尸体、骨灰之类。此外，如果肯定人格

㉓　杨立新、陶盈：《人体变异物的性质及其物权规则》，载《学海》2013年第1期。

利益的存在,冷冻胚胎繁殖到出生成为自然人的过程,与人体变异物在人格利益上的变化也是不同的。人体变异物成为另一个人人体的组成部分后,人格利益由此及彼(本体到新的主体)。冷冻胚胎的繁殖发育,其人格利益并不会由此及彼,而是其自身变成一个全新的法律主体。由此可见,冷冻胚胎与人体变异物仅是形式上有相似性,但本质上存在差异。

(二)物格与伦理物的质疑

有的学者基于物格理论,提出普通物、特殊物和伦理物的划分。[24] 法律中的人格是特定的含义,基本含义是人的资格。[25] 物格理论对"人格"的理解偏离了主体资格的基本含义,比如其总结人格的三个含义,[26]将主体与主体资格混淆;物格引出前又将人格的"格"理解为"平等"。物格制度因为起点的偏离,或许影响其建立物类型化的目的。人有人格,是肯定人作为法律主体的资格,资格是肯定主体的。在现行的法律观念中,物不能由客体颠倒为主体,因此本文认为不存在物格,物的地位平等不能使用"格",也不存在"格"。纵然人体变异物有其特殊性,但若承认其具有物格,无疑使"人"和"物"等量齐观,不分彼此,这显然是荒诞的。因此,不仅难以认定冷冻胚胎为人体变异物,甚至为体现人体变异物特殊性的物格本身都是值得商榷的。

(三)人格利益与人格物的质疑

此外学界还有"人格物"之理论,[27]但该理论是建立在人格利益的基础上的,而人格利益本身就是一个有争议的概念。人格即人的主体资格,利益只能归属于人,不可能归属到资格之上,即使是人格带来的利益也是归属于人。因此人格利益的概念,只能认为人格是修饰利益,但作为定语使用"人格的利益"是不妥当的,作为偏正短语,即使肯定中心语是利益,这导致解释为利益归属于人格的错误,因此人格利益在使用上有误。所以,不宜认定冷冻胚胎为人格物。

总结现有对冷冻胚胎认定的理论依据,从司法实践和法学理论都可证

---

[24] 参见杨立新等:《民法物格制度研究》,法律出版社 2008 年版,第 35 页以下。

[25] 董磊:《平等权与权利平等的释义》,载《法治知行》(第 4 辑),人民法院出版社 2015 年版,第 28 页以下。

[26] 参见杨立新:《人格权法》,法律出版社 2011 年版,第 24 页。

[27] 冷传莉:《民法上人格物的确立及其保护》,载《法学》2007 年第 7 期。

明冷冻胚胎属于物,但具有一定的特殊性,至于将冷冻胚胎再归类到更细化的物的分类下,目前理论尚有缺陷,并且法律规范只需区分人与物,故进一步的区分只是学理探讨,不影响法律实务。

五、余论:冷冻胚胎"监管和处置"的限制

(一)冷冻胚胎处分的限制

对冷冻胚胎上"监管、处置",一定意义上体现了权利的属性。易言之,在冷冻胚胎上可以建立权利,冷冻胚胎自然能作为占有的对象。以此,反推判决的出发点是将冷冻胚胎视为物。在冷冻胚胎作为物的基础上,也就存在所有权,那是否可以像一般的物一样对其行使处分权能呢?

由于冷冻胚胎有其特殊性,因此对于冷冻胚胎的处分权能要受到公序良俗原则的限制。现行的各种民事单行法中虽然没有对此明确规定,但近年来各种版本的"民法典"上都有类似的规定可以参考。如王利明主编的《中国民法典建议稿及说明》第128条第2款规定"自然人的器官、血液、骨髓、组织、精子、卵子等,以不违背公共秩序与善良风俗为限,可以作为物",[28]梁慧星教授主编的《中国民法典草案建议稿》第94条也有类似规定。[29] 此外,2015年4月19日,中国法学会民法典编纂项目领导小组发布了《中华人民共和国民法典民法总则专家建议稿(征求意见稿)》,第18条规定:"对体外受精胚胎的保管和处置,不得违背社会公德,不得损害公共利益。"

需要说明的是,在目前的技术条件下,冷冻胚胎能独立发展为自然人,这是器官、血液等无法实现的,既然对于器官等物行使所有权都要受到公序良俗的限制,可知对冷冻胚胎行使所有权也要受到这样的约束(甚至更严格)。

(二)公序良俗的具体限制

违反公序良俗原则的行为类型主要包括以下十种:(1)危害国家公序;(2)危害家庭关系;(3)违反性道德;(4)射幸行为;(5)违反人权和人格尊

---

[28] 参见王利明主编:《中国民法典草案建议稿及说明》,中国法制出版社2004年版,第21页。

[29] 参见梁慧星:《中国民法典草案建议稿》,法律出版社2003年版,第19页。

重;(6)限制经济自由;(7)违反公正竞争;(8)违反消费者保护;(9)违反劳动者保护;(10)暴利行为。结合实际情况,对冷冻胚胎行使所有权涉及的违反公序良俗的类型是特定的。

此外,不得危害家庭关系,禁止对冷冻胚胎实施代孕。虽然冷冻胚胎是物,但其具有发展为民事主体的潜力,在这一点上与其他物有着重大区别,因此,对冷冻胚胎行使所有权还需考虑人格尊严及法律规范等因素,故裁判文书中的"处置"应该不完全等同于民法上的可以自由决定其归属的"处分权能",不得买卖、赠送冷冻胚胎等。

(三)代孕和处分的限制

本案中,冷冻胚胎只能成为双方老人的情感寄托,由于形成该胚胎的生殖细胞的供体都在车祸中罹难,若要其实现医学上的目的——发展为自然人,在目前的技术条件下,进行代孕是比较现实的选择。原卫生部颁布的《人类辅助生殖技术管理办法》(以下简称《办法》)第3条规定,"医疗机构和医务人员不得实施任何形式的代孕技术",虽然这是对医疗机构和医务人员的限制性规定,但也彻底否定了在我国使该冷冻胚胎发展为自然人的可能性。

对冷冻胚胎处分的限制,《办法》有明确规定:"禁止以任何形式买卖配子、合子、胚胎。"此外,考虑社会伦理等,同样不应允许利用冷冻胚胎实施商业活动(如展览)等。

On the Properties of Frozen Embryos

Dong Lei

Abstract:The core of the two cases of frozen embryos is the judgment and disposal of the trial, the expansion of its analysis, the court ruled that the frozen embryos can be occupied, but in fact the default frozen embryos for objects. Under the legislation of absolutism, the embryo is not a legal subject and has no power. The frozen embryo also has the property of the property and the thing. On the basis of the recognition of the embryo as a special object, this paper reviews the concepts of " ethical object " and " personality ", which have been proposed by both theories. Prohibit surrogacy and dispose of the restrictions, the specific requirements of public order and good morals, to reveal the harm of family relationship risk prevention.

Key words: possession; right capacity; personality; punishment

（作者单位：云南省昌宁县烟草专卖局）

抽象符合说之破冰与主张

陈文昊

摘要：刑法中的错误理论是德日的"舶来品"，在抽象事实认识错误的场合，法定符合说在移植入我国的过程中存在各种问题。它不仅违反罪刑均衡原则，而且与我国司法实践相脱嵌，另外，在我国立法技术尚待完善的情况下对构成要件的界定并不明确。抽象符合说对以上问题的解决有所裨益，应当采用其中的分类评价说，认定轻罪的故意的既遂犯。关于抽象符合说违法罪刑法定的诘难，可以通过构成要件实质解释与降格评价化解；关于抽象符合说违反责任主义的诘难，可以通过概括故意与间接故意的认定化解。只要构成要件之间具有罪质同一性，就不阻却犯罪故意。

关键词：抽象符合说；分类评价说；罪刑均衡；罪刑法定；责任主义

一、问题意识

刑法中的错误理论在很大程度上源自德日的"舶来品"。在我国之前的传统理论中，关于错误论的阐明仅仅是粗枝大叶的几笔勾勒，将事实认识错误划分为客体的错误、对象的错误、因果关系的错误三类，[①]而未对

① 参见高铭暄、马克昌主编：《刑法学》（第6版），北京大学出版社2014年版，第123～125页。

“多大程度上的错误阻却故意”这一核心命题进行深刻的剖析与挖掘。

近年来，随着德日刑法理论对我国大刀阔斧、高歌猛进地全面渗透，错误论中开始出现了具体符合说、法定符合说、抽象符合说这三种学说，在具体事实认识错误的领域，存在具体符合说与法定符合说之争；而在抽象事实认识错误的领域，存在法定符合说与抽象符合说之争。一般认为，“在抽象事实认识错误的问题上，处于通说地位的是法定符合说”。②

然而，值得反思的问题是，这里所说的“通说”到底是德日理论的通说还是我国的通说？诚然，错误论在德日刑法理论当中经过旷日持久的争论、修正与实践检验之后，法定符合说日臻成熟、逐步处于通说地位。但问题在于，在尚未于我国历经发展的情况下，法定符合说堂而皇之地迈入我国的刑法理论当中，并一跃成为通说，恐怕是存在问题的。换言之，这场学派之间的战争还没有打响就以法定符合说的胜利终结了，这应当引起我们的深思。

本文以抽象事实认识错误为立足点，探讨法定符合说与抽象符合说之争背后的价值选择，反思现有理论对抽象符合说视为寇雠背后的立论点能否证立，并通过对抽象符合说的限缩对其本土化提出建言。

二、抽象事实认识错误下法定符合说的缺陷

抽象事实认识错误，是指行为人认识到的事实与客观事实分属不同构成要件的情形。例如，行为人将他人占有之物当作遗失物取走，将活人当作尸体“强奸”，枪击被害人时子弹偏道射中贵重财物的情形，都属于抽象的事实认识错误。

如前所述，在抽象事实认识错误的问题上，通说的观点是认为“不同构成要件的错误阻却故意”，③也就是“法定符合说”，该说认为，行为人所认识的事实与实际发生的事实在法定构成要件之内一致时，才成立故意的既遂犯。因此，在抽象事实认识错误的场合，定罪上的逻辑构造就变成了“未遂犯＋过失犯”的形式。例如，误将人当作名贵宠物杀害的场合，就成立故意毁坏财物罪的未遂与过失致人死亡罪，从一重罪论处。然而，法定符合说的

② 周光权：《刑法总论》（第2版），中国人民大学出版社2011年版，第132页。

③ 陈兴良：《教义刑法学》，中国人民大学出版社2010年版，第466页。

结论无论是从逻辑推演上,还是从司法效果上,都可谓疑窦丛生。

(一)罪刑均衡原则的公然违反

抽象事实认识错误下的法定符合说违背罪刑均衡原则已经得到了多数学者的承认和关注。对此,山口厚教授指出:"认识到对象是人却射杀了人所饲养的狗的场合,比认识到对象是人所饲养的狗的场合存在'更恶劣的意思',反而不能成立故意犯的话,难道不是不妥当的吗?"④国内学者黎宏教授也指出,"如果黑包的主人忘记了黑包的所在,失去了对黑包的控制,行为人以为遗失物拎走的行为成立侵占罪;如果主人没有失去对财物控制的话,行为人以为遗失物拎走的行为最终被评价为无罪,这从罪刑均衡的角度来看,无论如何都是难言妥当的"。⑤

所谓罪刑均衡,是符合一般民众法感和直觉的必然原则,它与积极一般预防理论相勾连,具有安抚被害人以及消除社会不良影响的重要作用。正如有学者指出的,"积极一般预防理论则将民众作为规范维持的社会心理基础,将民众心理的安抚作为刑罚的目标"。⑥ 在罪刑均衡原则的运用中,基本的推理逻辑是:如果刑法将较轻的行为A规定为犯罪,那么,比A更严重的B行为,应当构成犯罪。例如,侵害生命法益的犯罪要比侵害其他人身法益的犯罪更重,侵害人身法益的犯罪要比侵害财产犯罪的法益更重,这是根据公众法感得出的必然结论。至于位阶关系模糊的罪名,例如侵犯人身自由的犯罪与侵犯名誉的犯罪之间,就不存在一个公认的孰轻孰重的位阶关系。因此,本文所讨论的抽象符合说的适用,限于存在明显位阶关系的罪名之间,例如故意杀人罪与故意毁坏财物罪之间。

不难发现,在罪刑均衡的标尺之下,法定符合说确实显得捉襟见肘。倘若将抽象事实认识错误中的情形进行类型化,无非可以划定为:(1)意图实施重罪,实施了轻罪;(2)意图实施轻罪,实施了重罪;(3)意图实施此罪,实施了分属不同构成要件的同质彼罪三种情况。在前两种情况下,就存在罪刑不均的问题。法定符合说之下,将(1)的情况用公式表达,可

④ [日]山口厚:《刑法总论》(第2版),付立庆译,中国人民大学出版社2011年版,第220页。

⑤ 黎宏:《刑法总论问题思考》,中国人民大学出版社2007年版,第315页。

⑥ 陈金林:《积极一般预防理论研究》,武汉大学出版社2013年版,第108页。

以写作：

公式1：重罪的主观＋轻罪的客观＝重罪的未遂＋轻罪的过失犯（想象竞合）

同时，根据主客观相一致的原则，以下的公式2也是可以轻易推导出来的：

公式2：轻罪的主观＋轻罪的客观＝轻罪的既遂

对比公式1与公式2不难发现，公式1中行为人的主观恶性比公式2中更高，原理上应当受到比公式2中行为人更重的处罚，这是罪刑均衡原则的必然要求。但是在处罚上，倘若重罪的未遂以及轻罪的过失犯均不可罚，或者认定未遂犯的法定刑要低于轻罪的既遂犯，就会出现罪刑不均的现象。

同样，在情况（2）中，也可以推导出以下公式3：

公式3：轻罪的主观＋重罪的客观＝轻罪的未遂＋重罪的过失犯（想象竞合）

将公式2与公式3对比，公式3中行为人造成了更为严重的客观结果，因此应当受到更严厉的处罚，但在重罪的过失犯法定刑低于轻罪既遂法定刑的场合，就会出现罪刑不均的现象。

由此可见，在抽象事实认识错误的情况下，采取法定符合说本身面临了违反罪刑均衡的风险，而这一缺陷是毁灭性的。众所周知，罪刑均衡是刑法大厦得以稳固的根基。早在唐代，《唐律疏议》就规定，在"断罪而无正条"的情况下，可以按照"其应入罪者，则举轻以明重"以及"其应出罪者，则举重以明轻"的原则定罪，⑦其中体现的便是罪刑均衡的思想。贝卡利亚也指出，"公众所关心的不仅是不发生犯罪，还包括犯罪对社会造成的危害最小。因而，犯罪对公共利益的危害越大，制止人们犯罪的手段就越应当强有力。这就要求刑罚与犯罪均衡"。⑧ 诚如所言，刑法体系正是以罪与刑相互协调的梯度关系为核心展开的，这种关系一旦遭到破坏，刑法的一般预防效果就无法得以实现。从消极一般预防来说，重罪轻判、轻罪重判使公民试图投机取巧、偷尝禁果，难以起到刑法需要的威慑效果；从积极一般预防来看，罪刑不均导致刑法消灭被害人复仇心，满足公民"一种天生的追求对等性

⑦ 王立民：《中国法制史》（第2版），上海人民出版社2007年版，第194页。

⑧ 刘艳红主编：《刑法学》，北京大学出版社2016年版，第161页。

(Recigocity)的本能"⑨的机能无法实现,致使私刑泛滥。这一点非难是法定符合说的主张者必须直面的。

(二)本土司法实践的困惑丛生

已如前述,在抽象事实认识错误的问题上,我国对法定符合说通说地位的承认可谓"拿来主义",并未认真反思过我国立法现状与司法实践中的特点,兹事体大矣。

举一例说明,我国《刑法》中根据走私罪的对象不同,将其区隔为不同的罪名。根据法定符合说,走私武器与走私淫秽物品分属两个构成要件,因此,将淫秽物品误认为武器走私的,只能成立走私淫秽物品罪的未遂与走私武器罪的过失犯,二者均不可罚,因此得出无罪的结论。⑩ 但是在司法实践中,行为人仅仅负责运输货物,对自己走私的货物性质往往不得而知,这种情况下,想要明确认定行为人主观上以为的走私对象可谓难以实现。正如有学者指出的,"行为人因受蒙骗而对走私对象发生认识错误的就不按走私定罪,那么实务上会发生困难"。⑪

考虑到这一点,2002年《办理走私刑事案件适用法律若干问题的意见》指出:走私犯罪嫌疑人主观上具有走私犯罪故意,但对其走私的具体对象不明确的,不影响走私犯罪构成。这便是运用抽象符合说达成刑法理论与司法实践的对接。

实际上,考察我国刑法条文中的规定,类似于走私罪中"不同对象分属不同构成要件"的立法模式并不少见。例如,《刑法》第140条到第148条所规定的生产、销售伪劣商品罪。再如,《刑法》第125条规定的枪支、弹药、爆炸物等客体。这些罪名中的客体呈现分裂的样态,缺乏一个共同的上位概念。倘若将《刑法》第151条到第153条的走私罪名整合为一个整体的走私物品罪,就不会导致实践中难以处理的困惑。同样的道理,如果立法将

---

⑨ 陈兴良:《走向哲学的刑法学》,法律出版社1999年版,第285页。

⑩ 也有部分学说认为,在这种情况下,成立走私普通货物、物品罪的既遂。但是,认定为走私普通货物、物品罪的处罚过轻,因为走私普通货物、物品罪的基本刑只有3年以下有期徒刑,而走私武器罪的基本情节是7年以上有期徒刑,走私淫秽物品罪的基本刑是3年以上10年以下有期徒刑。如果仅认定为走私普通货物、物品罪,有量刑畸轻之嫌。

⑪ 苗有水:《〈最高人民法院、最高人民检察院、海关总署关于办理走私刑事案件适用法律若干问题的意见〉的理解与适用》,载最高人民法院编:《刑事审判参考》,法律出版社2002年版。

《刑法》第140条到第148条整合为“生产、销售伪劣商品罪”这样一个一般罪名,适用法定符合说也就不存在问题。但事实是,我国存在大量不同于德日刑法理论的罪名设置模式,在实践中采用法定符合说难以处理、进退维谷。

在日本刑法理论中,偶尔也会出现“不同对象分属不同构成要件”的情况,而对于此类现象的处理似乎在结论上没有争议,只不过解释的进路不同而已。例如,在日本刑法中,持有海洛因与持有麻醉药品是由不同法律规定的犯罪,且在构成要件之间不存在特别的关系。如果行为人将海洛因误以为是麻醉药品而持有的,绝大多数学者主张认定故意的成立。对此,山口厚教授认为,海洛因与麻醉药品的种类差别不甚重要,因此符合同一构成要件;林幹人教授主张,由于法益的一致性,可以认定为合成的犯罪类型;町野朔教授提倡,将客观上的构成要件修正为主观上轻罪的构成要件,就此肯定故意;福田平教授则是直接主张抽象符合说的适用。⑫ 毫无疑问,以上这些观点都是采用了抽象符合说或者改头换面的抽象符合说得出的结论。

不难发现,在抽象事实认识错误的问题上,日本学界虽然以法定符合说为通说,但那是建立在日本刑事立法中鲜有我国刑事立法中“不同对象分属不同构成要件”情况的基础之上的。在出现“不同对象分属不同构成要件”的情形时,日本刑法理论还是会出于司法实践的考虑采纳或者变相抽象符合说。我国现行理论将日本理论中的“法定符合说”这一成果生硬地移植到了我国,却忽视了日本的刑事立法这一母体。由于割断了概念与母体间的“脐带”而显得格格不入。

(三)“不同构成要件”难以判定

法定符合说的核心命题在于“不同构成要件”的界定。问题在于,何为“不同构成要件”,在我国并非一个不言自明的问题。例如,《刑法》第151条规定了走私武器、弹药罪、走私核材料罪、走私假币罪;走私文物罪、走私贵重金属罪、走私珍贵动物罪、走私珍贵动物制品罪;走私国家禁止进出口的货物、物品罪,其中共计一个条文、三款、八个罪名、九个客体,何为“构成要件内”,何为“构成要件外”,并没有一个清晰的标准,而且无论采用何种标准都是存在问题的。

---

⑫ 参见张明楷:《外国刑法纲要》,清华大学出版社2007年版,第229页。

例如,以一个罪名作为一个构成要件的话,误将武器当作弹药走私的不阻却故意;误将武器当作核材料走私的由于跨越了构成要件从而阻却故意。但是,这样的结论难以令人信服,因为无论武器、弹药、核材料本身就是属于同种类型的物品,不能仅仅因为规范条文,从形式上将走私武器与走私弹药规定为一罪,将走私核材料规定为另一罪,就此得出上述的结论。事实上,刑法规范将何种对象归为一类加以规定,只是一种立法技术而非真理,因此并不重要。例如,根据法定符合说,由于日本刑法中持有海洛因和持有麻醉药品分属不同罪名,行为人将海洛因误以为是麻醉药品而持有的,阻却故意;而在我国,因为海洛因和麻醉药品都可以被评价为毒品,行为人将海洛因误以为是麻醉药品而持有的,不阻却故意。然而这样的处理结论并没有道理。考虑到这一点,日本刑法理论对于这一问题采纳了抽象符合说的分析框架和结论。

可以说,法定符合说将以构成要件作为在抽象事实认识错误情况下故意成立的壁垒可以说是作茧自缚,尤其在我国立法技术不甚完善的情况下,在抽象事实认识错误的场合以构成要件的符合与否作为判断标准存在极大的缺陷,这是我们值得反思的问题。

三、抽象符合说的路径选择

抽象符合说正是基于法定符合说的以上种种问题诞生的。对此,西田典之教授指出:"明明是因为违法的故意行为导致了违法的结果,却不构成故意犯罪的既遂,这并不合理。从而以此为理由进一步主张摆脱构成要件制约成立某种故意的观点就是'抽象符合说'。"⑬因此,抽象符合说的主要立场是,在行为人所认识的构成要件事实与现实发生的构成要件事实相一致的限度内,承认故意犯的既遂。

抽象符合说内部存在不同的立场,以牧野英一的分类评价说;植松正、宫本英脩的合一评价说;草野豹一郎的未遂例外说为代表分为三大阵营。

⑬ [日]西田典之:《日本刑法总论》(第2版),法律出版社2013年版,第204页。

（一）抽象符合说内部观点及其结论

1. 分类评价说

牧野英一教授主张在轻罪的范围内承认故意，在以轻罪的故意实施重罪的场合，成立轻罪的既遂与重罪过失犯的竞合；在以重罪的故意实施轻罪的场合，成立轻罪的既遂与重罪未遂犯的竞合。前者例如，以毁坏器物的故意造成了他人死亡的结果，成立器物损坏罪的既遂与过失致死罪的观念竞合。[⑭]

2. 合一评价说

植松正教授的合一评价说认为，错误论的核心命题在于矫正刑罚不均衡的现象。因此，应当排除观念竞合，进行合一评价，以一重罪论处。[⑮] 这一点宫本英脩与植松正教授在问题的处理结论上是一致的。宫本英脩教授指出，行为人以犯甲罪的意思实现了乙罪的场合，承认乙罪的故意的既遂犯，在《日本刑法典》第 38 条第 2 款[⑯]的范围之内处罚。[⑰] 因此，以毁坏财物的故意致人死亡，成立杀人罪的既遂，但基于《日本刑法典》第 38 条第 2 款的规定，只能在器物毁坏罪既遂的刑罚限度以内处罚。相反，以杀人的故意导致器物毁坏的，按照杀人罪的未遂处断。

3. 未遂例外说

草野豹一郎教授指出，以轻罪的故意发生了重罪的事实，成立轻罪未遂与重罪过失犯的观念竞合，无论刑法中是否规定处罚轻罪的未遂，都按照轻罪的未遂处罚。相反，以重罪的故意发生了轻罪的事实，成立重罪未遂与轻罪过失犯的观念竞合。在此情况下，如果重罪有处罚未遂的规定，按照重罪的未遂论处，如果没有处罚重罪未遂的规定，按照轻罪的既遂处罚。[⑱]

（二）观点评析

不难发现，抽象符合说内部的三种观点对于法定符合说流弊的克服都是有所裨益的，但是从结论上来看，三种学说又存在差异。（见下表）

---

⑭ 参见［日］牧野英一：《刑法总论》（下卷），有斐阁 2001 年版，第 575 ~ 578 页。

⑮ 参见［日］植松正：《再订刑法概论 I》（总论），劲草书房 1974 年版，第 282 页。

⑯ 《日本刑法典》第 38 条第 2 款规定：实施了本应属于重罪的行为，但行为时不知属于重罪事实的，不得以重罪处断。

⑰ 参见［日］宫本英脩：《刑法大纲》，弘文堂 1935 年版，第 143 页。

⑱ 参见［日］草野豹一郎：《刑法要论》，有斐阁 1956 年版，第 95 ~ 97 页。

抽象符合说三种观点的结论

	重罪故意造成轻罪结果	轻罪故意造成重罪结果
分类评价说	轻罪既遂与重罪未遂竞合	轻罪既遂与重罪过失犯竞合
合一评价说	重罪未遂	重罪既遂,在轻罪既遂以内处罚
未遂例外说	重罪未遂	重罪未遂可罚:重罪未遂 重罪未遂不可罚:轻罪既遂

审视抽象符合说内部的观点,可以发现以下特点:

第一,论断为主,缺乏论证。无论是分类评价说,还是合一评价说,抑或是未遂例外说,都在一定程度上解决了法定符合说罪刑不均的痼疾,在结论上更为合理。但问题在于,将原本没有杀人故意的情形视为具有故意,将原本没有杀人结果的情形视为具有结果,并且在与责任主义以及罪刑法定原则相抵牾的情况下缺乏论证,难怪张明楷教授会对此批评说"结论的得出没有任何理论根据"。⑲

第二,草野豹一郎教授的结论在我国的语境下谈论,实质上与法定符合说的结论相差不大。《日本刑法典》第44条规定了处罚未遂由分则规定,从而确定了未遂犯处罚法定的基调。但在我国,应当考虑到未遂犯的处罚至少在刑法理论中还是普遍的。因此,我国对于未遂犯普遍处罚的做法在一定程度上缓解了罪刑不均的现象,没有必要通过未遂例外说进行修正,这是考虑到我国的立法与司法现状得出的结论。

浅田和茂教授对抽象符合说内部的各种观点进行了批评,认为牧野说忽视了构成要件的特性因而违反罪刑法定原则;宫本说不当扩大了可罚的范围;植松说对于没有故意的行为也认定故意,因而违反了责任主义原则;草野说对刑法没有规定未遂犯的行为也进行处罚,因而违反了罪刑法定原则。⑳

不得不说,浅田和茂教授的这一批评还是相当中肯的,在行为人以重罪故意造成轻罪结果的场合下,将行为人评价为具有轻罪故意,成立轻罪,似乎违反了责任主义原则;在行为人以轻罪故意造成重罪结果的场合下,将行

⑲ 张明楷:《外国刑法纲要》,清华大学出版社2007年版,第231页。

⑳ [日]浅田和茂:《刑法总论》,成文堂2007年版,第321页。

为人评价为造成轻罪结果,成立轻罪,似乎又违反了罪刑法定原则。因此,要为抽象符合说正名化,这两个障碍是必须通过理论加以消除的。

至于合一评价说指出的"成立重罪既遂,但在轻罪既遂以内处罚"的做法,以及未遂例外说考察"重罪未遂是否可罚"的做法,在笔者看来更多是考虑到了刑事政策的因素做出的处理方案,这无疑对于司法实践解决问题大有裨益,但很难在理论上加以证立,因此难言妥当。另外,我国目前的刑事立法尚不完善,例如《日本刑法典》第 38 条第 2 款规定的原则在我国还未确立,在这种情况下,必须考虑到我国对外来理论的接受程度。因此,笔者赞成分类评价说的结论,只要对其能够在逻辑上加以论证,这一学说对我国而言是极富借鉴意义的。

四、分类评价说的合理性证成

已如前述,对于抽象符合说非难的火力主要集中在违背罪刑法定与违背责任主义这两点之上,还有学者认为罪刑不均的现象没有必要通过抽象符合说加以解决,通过修改立法也可以周延。笔者针对以上三种观点进行回应,以证成抽象符合说的合理性。

(一)关于"违反罪刑法定"

大谷实教授指出:"只要在抽象的犯罪意思上一致的话就能成立故意,但这样会无视构成要件而不当扩大故意成立的犯罪。"㉑松原芳博教授也指出:"明明没有损坏器物,却要成立损坏器物罪,这有违罪刑法定原则。"㉒在我国,抽象符合说同样受到了批判,例如张小虎教授指出:"抽象符合说过于柔韧,片面注重行为人主观预见的事实与客观实际发生的事实的抽象符合性,对于构成要件的要求过于松弛。"㉓

在笔者看来,以上的批判并不成立:

首先,罪刑法定原则本身具有极强的弹性和可软化性,正如白建军教授

㉑ [日] 大谷实:《刑法讲义总论》(新版第 2 版),黎宏译,中国人民大学出版社 2008 年版,第 165 页。

㉒ [日] 松原芳博:《刑法总论重要问题》,王昭武译,中国政法大学出版社 2014 年版,第 186 页。

㉓ 张小虎:《刑法学》,北京大学出版社 2015 年版,第 133 页。

所称的“坚硬的理论,弹性的规则”[24]。与文学作品的解读一样,对作为文本的法律规范的理解总存在着多种可能,这是因为,意义的构建并非取决于文本本身,更决定于读者和具体语境,这需要通过大量的制度性实践构建起来。[25] 实际上,规范的语句在一个训练有素的法学家眼中的含义应当是不同于一般人的。例如,在一般人的眼中,“杀人”可以通过火烧、水淹、刀砍、绳勒等方式进行。然而他们也许无法接受,“不予救助”的不作为行为,“唆使”的教唆行为,“提供刀具”的帮助行为,“利用他人作为工具”的间接实行行为,都可以被评价进“杀人”的语义射程。从另一角度上来说,不作为犯制度、共犯体系、间接正犯制度的构建并非因为不作为犯、共犯、间接正犯可以纳入规范当中加以评价,而是出于严密法网的需要。因此,不能认为不符合一般人认知的解释进路都是错误的。

其次,“任何一种解释结论的正义性,都只是相对于特定的时空、特定的生活事实而言,生活事实的变化总是要求新的解释结论”。[26] 既然罪刑法定是一种柔性的规制,那么就必须需要较为硬性的归责作为具体的规制填充,这其中就包括罪刑均衡原则。“罪刑法定、罪刑相适应、平等适用原则相互联系、各有侧重、相互制约、相互作用形成有机整体,而罪刑法定在其中处于核心位置”。[27] 换言之,虽然罪刑法定与罪刑均衡从表面上看是两个不同的原则,但实际上,罪刑均衡原则是作为罪刑法定原则的子原则存在的,这体现在,罪刑法定不仅具有形式上的侧面,同时也具有实质侧面。运用罪刑法定原则在对分则条文含义的具体理解中,必须满足罪刑均衡原则,否则就会弱化对罪刑法定原则实质侧面的型构。例如,军警人员自己抢劫比他人假冒军警人员抢劫的社会危害性更高,应当受到更高的处罚,于是,在加重情节中的“冒充”应当解释为“假冒、充当”,将军警人员自身抢劫的情形囊括于内,才能做到罪刑均衡。从日常语义上理解“冒充”的解释进路因为

㉔ 白建军:《坚硬的理论,弹性的规则——罪刑法定研究》,载《北京大学学报》(哲学社会科学版)2008年第45卷第6期。

㉕ 参见[美]道格拉斯·凯尔纳、斯缔文·贝斯特:《后现代理论——批判性质疑》,张志斌译,中央编译出版社1999年版,第192页。

㉖ 张明楷:《刑法分则的解释原理》(上)(第2版),中国人民大学出版社2011年版,第11页。

㉗ 杨春洗等:《中国刑法论》(第5版),北京大学出版社2011年版,第20页。

违反了罪刑均衡,因而对罪刑法定原则的实质侧面有所减损。因此,法定符合说因为违反了罪刑均衡原则,也不能说符合罪刑法定原则的实质层面。

再次,在构成要件的解释上,应当充分发挥构成要件的解释机能,将符合轻罪构成要件的要素解释进重罪的构成要件当中。还是以杀人罪与器物毁坏罪为例,西田典之教授指出:"要认定构成器物毁坏罪的既遂,并非完全没有可能,但将人解释为器物的做法难免牵强。"㉘但实际上,为了实质正义将人评价为财物不能认为一律违反了罪刑法定原则。例如,抢妇女怀中婴儿的财物导致婴儿死亡的构成抢劫罪的加重情节,最高可以处死刑。相比而言,为了自己抚养抢妇女怀中婴儿导致婴儿死亡的情形,在可罚程度上更高,因此必须要认定为挂有死刑的罪名,这是罪刑均衡原则的必然要求,也是"以刑制罪"原则的充分例证。因此,在后一种情况中,行为人的性质不能界定为不挂死刑的拐骗儿童罪,只能在拐卖儿童罪、绑架罪、抢劫罪这三个挂有死刑的罪名当中择一适用,才能起到抚恤民众和一般预防的刑法机能。这种情况下,恐怕最合理的解释就是将婴儿评价为财物,以抢劫罪定罪。在笔者看来,与其认为婴儿不可评价为财物,在纸面上保护这一群体的利益,不如将这种行为合理定罪,通过威慑保护民众来的有效。由此可见,在解释上拘泥于形式的语词泥潭,缺乏机能性与实质性的考察,对问题的解决并无裨益。

最后,在无法通过构成要件解释的情况下,通过对要素的降格评价入罪也是可以考虑的进路。张明楷教授虽然采用的是法定符合说,但在具体问题的解决上,抽象符合说的思维可见一斑。例如他指出:"行为人误将活人当做尸体强奸的成立侮辱尸体罪的既遂。因为既然奸淫真正的尸体都成立侮辱尸体罪,就没有理由认定本案成立侮辱尸体罪未遂。况且,人体与尸体具有重合的要素。"㉙张明楷教授的思路可以进行这样的剖析:首先,把活人当尸体"强奸"的客观行为比"强奸"尸体的客观行为严重,因此前者的行为需要通过既遂犯处罚,这是运用罪刑均衡原则得出的结论。其次,张明楷教授认为强奸活人可以评价为"强奸"尸体,因为人体和尸体具有重合要素,从而认定侮辱尸体罪的既遂犯。这无异于还是将尸体解释到"人"当中,在

㉘ [日]西田典之:《日本刑法总论》(第2版),法律出版社2013年版,第204页。

㉙ 张明楷:《刑法学》(第4版),法律出版社2011年版,第256页。

整套论证的逻辑背后还是抽象符合说的思维。并且,这里所谓的"重合的要素"不过就是指活体相比尸体而言具有活性和生命力,在人与器物的场合,同样可以作这样的理解。由此可见,法定符合说的阵地当中其实已经渗透了大量的抽象符合说,或者说,二者的界限已经并非泾渭分明。

综上所述,针对抽象符合说"违反罪刑法定"的诘难并非难以解决,可以通过构成要件的实质解释与降格评价得以缓解。

(二)关于"违反责任主义"

另外,抽象符合说被指摘违反了责任主义原则。例如,刘艳红教授指出:"抽象符合说完全不顾轻罪与重罪之间的区别,强行认定对于轻罪的故意,违反了责任主义原则。"㉚黎宏教授也指出:"抽象符合说认为,只要在犯罪意思上具有抽象的一致就成立故意,这无疑会无视构成要件的限制故意机能而不当扩大故意的成立范围。"㉛

笔者认为,化解"违反责任主义"的非难并非不存在途径:

第一,责任主义原则仅仅是框架,其填充的内容并不明确。责任主义原则被古典犯罪阶层体系表述为"没有故意或过失的行为,不得作为犯罪处罚",责任就是"行为人对于行为的主观心理关系"㉜。对此,陈兴良教授指出:"在刑法中,尤其是犯罪构成中的主客观相统一,指的是犯罪的客观要素与主观要素的统一。这里的统一实际上是指同时具备、缺一不可。"㉝但问题在于,所谓的"统一"是指在何种程度上的统一呢?责任主义原则本身并不能解决这样一个问题。诚然,世界上不存在两片完全相同的叶子,从心理学上来看,行为人的认识与客观发生的事实总归会发生一定的偏差,所不同的仅仅是,偏差的大小不同决定了能否阻却故意。例如,法定符合说认为,将甲当作乙杀害不阻却故意,将人当作动物杀害就可以阻却故意,但这只是基于规范而非真理得出的结论。不能认为将偏差的容许范围扩大到了构成要件之外就是违反责任主义原则的。

第二,法定符合说并不能直接从责任主义原则当中导出,而是受到司法

㉚ [意]切萨雷·贝卡利亚:《论犯罪与刑罚》,北京大学出版社2014年版,第118页。
㉛ 黎宏:《日本刑法精义》(第2版),法律出版社2008年版,第195页。
㉜ 林钰雄:《新刑法总则》,台湾元照出版有限公司2006年版,第279页。
㉝ 陈兴良:《刑法知识论》,中国人民大学出版社2007年版,第277页。

实践浸染渗透的结论。不妨将视野拉到具体事实认识错误的场合,存在具体符合说与法定符合说之争,具体符合说在日本刑法理论中多年处于通说地位,但在近年来被法定符合说动摇。究其原因,就是因为具体符合说对对象的要求太过具象和刻板,在司法实践中难以认定。例如,被害人左手与右手各提着一台电脑,行为人原本想毁坏被害人左手的电脑,却因为子弹打偏毁坏了行为人右手的电脑,在这种情况下,根据具体符合说,只能认定为故意毁坏财物的未遂,这便不当缩小了故意的成立范围,得出了不当的结论。[34] 在这种情况下,刑法理论只得采取法定符合说,认为只要行为人知道毁坏的是"财物",并且造成了"毁坏财物"的结果,就可以认定其故意。由此可见,从具体符合说到法定符合说,更多是出于刑事政策与司法实践的考量,为了扩张处罚范围得出的结论。这并不能说明以法定的要素对故意的疆域进行限定本身是合理的,正如有学者指出的,从法律规范中并不能推导出故意的细致标准。[35]

第三,在对象具有同一性的情况下,采用"概括的故意"学说不仅在实践问题处理上更为合理,而且在理论上的结论也更加妥当。如上文所述,我国有大量的"不同对象分属不同构成要件"立法模式,造成司法实践中的困惑。对此,有学者指出,"行为人主观上具有走私的犯罪故意,但对其走私的具体对象不明确的,理论上可以认定为'概括的故意'"。[36] 笔者对此是赞同的,并且不能说就此违反了责任主义原则。这是因为,行为人的主观心理瞬息万变,且难以通过证据链加以捕捉。例如,行为人认为自己走私的是武器,但实际上是核材料,这并不能仅仅因为走私武器罪和走私核材料罪分属不同构成要件就此阻却行为人的主观故意。毫无疑问,武器与核材料的界分是专业的,而行为人的认识却是站在一般人的视角,因此只要他具有走私"广义上武器"的概括故意,就应当认定故意的成立。

第四,可以运用间接故意原则对此类问题进行合理解释。事实上,重罪的故意中本身可以包含轻罪的故意,例如,行为人开枪杀人的同时打坏了被

---

[34] 张明楷:《刑法学》(第4版),法律出版社2011年版,第250页。

[35] 郑勋勋:《论具体打击错误的处理方法——从错误论与故意论的关系切入》,载《刑事法评论》2014年第34卷。

[36] 苗有水:《〈最高人民法院、最高人民检察院、海关总署关于办理走私刑事案件适用法律若干问题的意见〉的理解与适用》,载最高人民法院编:《刑事审判参考》,法律出版社2002年版。

害人的名贵西服的场合,同时符合故意杀人罪与故意毁坏财物罪的构成要件。这种情况下,之所以认定行为人具有故意毁坏财物的故意,是因为在故意杀人的罪质重于故意毁坏财物罪的情况下,在一般人看来,行为人的杀人故意中就应当包含了毁坏财物的故意。此时,即使行为人没有在事实上认识到杀人的同时会导致被害人随身携带财物的损毁,但在规范上不影响其间接故意的成立。因此,将杀人的故意降格评价为毁坏财物的故意在逻辑上可行,并未违反责任主义原则。

综上所述,对抽象符合说“违反责任主义原则”的非难也难以成立。

(三)关于“留待立法说”

有学者指出:“抽象符合说所解决的罪行不均衡现象毕竟是极少的,而且可以通过立法技术和修改刑法条文避免,毕竟一种理论的正确性和完整性都是相对的。”[37]也有学者指出,对此类问题的解决,应当认为是法律的不完备,应当在立法论上考虑订立补充它的构成要件。[38] 并且,随着立法的完善,抽象符合说的立法意图以及对法定符合说的批判就失去了成立的理由。[39]

笔者不赞成这样的观点。“留待立法说”的假定前提在于,存在完美的立法,可以在法定符合说的框架之下解决所有问题。但是,这一设想并不成立,因为即使在德日刑法中,法定符合说导致的罪刑不均仍然是一个无法破解的困局。实际上,仅仅通过立法无法做到法定符合说框架下的罪刑均衡。例如,在以杀人故意毁损器物的场合,造成罪刑不均衡的根本原因在于故意犯理论和未遂理论所推导的结果,而非单凭立法可以解决的。

更为重要的是,与其主张修法,不如通过合理的解释使罪刑均衡能够达成。正如张明楷教授所说,并非只有批判法条才有利于完善成文刑法,解释刑法本身也同样可以起到这样的作用。刑法理论应当将重心置于刑法的解释,而非批判刑法。换言之,刑法学的重心是解释论,而不是立法论。[40] 因此,与其在得出非正义的解释结论后批判立法,不如合理运用解释方法得出

---

[37] 禹鑫:《论刑法上的认识错误》,西南政法大学2010年硕士学位论文,第25页。

[38] 参见[日]大塚仁:《犯罪论的基本问题》,冯军译,中国政法大学出版社1993年版,第210页。

[39] 参见冯军:《刑事责任论》,法律出版社1996年版,第194页。

[40] 张明楷:《刑法学》(第4版),法律出版社2011年版,第2页。

正义的解释结论；与其怀疑刑法规范本身，不如怀疑自己的解释能力与解释结论。[41] 车浩教授也指出：如果说学者动辄批判刑法、建议修改是放弃学者的解释使命，那么立法者动辄修改刑法更是“以身作则”地轻视自己先前所立之法。[42] 因此，作为一个解释者应当在现有文本的基础之上作出符合罪刑均衡的解释，而非双手一摊，将问题留待立法解决。

五、抽象符合说的限缩适用与本土化

一般认为，“根据抽象符合说，即使行为人所认识到的犯罪事实与现实发生的犯罪事实罪质不同，也不阻却故意的成立”。[43] 问题在于，如何理解这里的“罪质不同”，是存在疑问的。其实，采用抽象符合说也好，采用法定符合说也好，解决的不过是“多大程度上重合不阻却故意“这样一个问题，而判断的核心标准则是是否跨越了构成要件。在此意义上说，存在很多“披着法定符合说外衣”的抽象符合说。

纵览德日刑法中法定符合说的发展，不难发现是一个从具体到抽象的演变过程。最早的严格符合说认为，只有当刑法法规具有法条竞合的情况时才属于构成要件的重合。[44] 这意味着，在中国的立法语境下，误将枪支当作普通财物盗窃的，也成立盗窃罪。严格符合说过分狭隘地理解了重合的范围，造成了司法实践中犯罪故意认定的困难，因此开始向形式的符合说演变。形式的符合说认为，具有重合与派生、加重与减轻关系的构成要件之间也可以达成重合，例如盗窃罪与侵占罪之间，即使分属不同构成要件，也没有法条竞合关系，但基于加重与减轻的罪名关系，因而在相当部分具有实质的共通性。[45] 因此，误将他人占有之物当做遗失物取走的，不影响侵占故意的成立。形式的符合说虽然在严格符合说的基础上扩大了故意的成立范围，但还是相对狭窄，基于此，出现了实质的符合说加以修正。实质符合说

[41] 张明楷：《刑法分则的解释原理》(上)，中国人民公安大学出版社2011年版，第3页。

[42] 车浩：《从间接正犯到直接正犯——评〈刑法修正案(七)〉关于内幕交易罪的修改》，载《政法论坛》2009年第27卷第3期。

[43] 陈家林：《外国刑法通论》，中国人民大学出版社2009年版，第258页。

[44] [日] 香川达夫：《刑法讲义总论》，成文堂1995年版，第268页。

[45] [日] 团藤重光：《刑法纲要总论》，创文社1990年版，第426页。

从“法益”和“行为样态”的角度出发,考察不同构成要件是否符合社会观念上的共通的类型。[46] 如此一来,由于强奸与强制猥亵罪所侵犯的法益具有同一性,因此在这两个构成要件之间的错误不影响故意成立。相比而言,更为抽象的实质的同质性说则是跨越了法益的藩篱,考察罪名之间的实质同一性,例如,在日本刑法理论的语境之下,虽然持有麻醉药品与持有海洛因被规定在不同的单行刑法当中,但也被认识是实质上的构成要件的符合。[47]

由此可见,法定符合说随着刑法理论的发展已经逐渐跨越了构成要件的鸿沟,向抽象符合说步步逼近,这已经是一种必然的趋势。可以说,实质的同质性说已然与抽象符合说差异不大。

那么,在中国的语境之下,抽象符合说将如何适用呢?这需要综合考察本土的国情与立法现状得出结论:

首先,在抽象事实认识错误的场合,根据罪质的轻重进行降格评价,或将重罪的构成要件要素解释进轻罪当中,成立轻罪的既遂。例如,行为人将处于公共场所的房屋误以为是只有被害人居住的房屋,为了杀害被害人而放火的,应当认定放火罪与故意杀人罪之间的同质性,将放火的行为降格评价为故意杀人的行为,成立故意杀人罪的既遂。至于何为“罪质的轻重”,则要考察行为样态、法益侵害程度与法定刑的差异等诸多因素。例如,在对只有被害人居住的房屋放火与对公共场所建筑物放火的场合,因为后者的被害对象更为广泛和不特定,因而在罪质上更为严重。

其次,在罪质具有同一性的场合,可以认定概括的故意,成立犯罪既遂。如上文所述,走私罪虽然根据不同的对象规定了不同的条文与构成要件,但在行为人主观上在对象之间发生认识错误的情况下,并不阻却故意的成立。在这种场合,认定的是“概括的故意”,而非对具体对象的走私故意。这样的处理是基于我国立法中“不同对象分属不同构成要件”的现象做出的,有利于与我国司法实践的现实相接洽。

---

[46] [日]大塚仁:《刑法概说》(总论)(第4版),有斐阁2008年版,第197页。

[47] [日]平野龙一:《刑法总论Ⅰ》,有斐阁1972年版,第178~180页。

The Promote of Abstract Conformation in the Local Scene

Chen Wenhao

Abstract: The mistake theory is the exotic of Japanese and German theory, in the scene of abstract mistake, the transfer of legal conformation has many problem. It violates balance of responsibility and crime, and divorced from practice, and also has dispute of defining components in the scene of legislation in our country not improved. Abstract conformation has benefit to these problems, and the theory of classified evaluation should be taken to conform the accomplished offense of light crime. The censure of violating nullum crimen sine lege can be solved by substantial explanation and degraded evaluation. The censure of violating schuldprinzip can be solved by the theory of general intention and indirect intention. The intention can not be denied if the components are identical.

Key words: abstract conformation; classified evaluation; balance of responsibility and crime; nullum crimen sine lege; schuldprinzip

（作者单位：清华大学）

容留他人吸毒罪量刑问题实证研究

——以2014年C市容留他人吸毒案的裁判文书为分析样本

祁火青

摘要: 毒品对个人、家庭与社会的危害难以估量,当今世界范围内的毒品犯罪形势严峻,传统意义上的毒品在毒品市场上根深蒂固,新型毒品更是层出不穷。由于历史原因和毒品本身的特性,我国对毒品犯罪历来采取"严打"的刑事政策。虽然容留他人吸毒罪在1997年才被纳入我国刑法规制的范围,但是随着案件数量的接连攀升,以及越来越多的社会公众人物涉嫌本罪,本罪在法学领域和社会民众间都引发了持续的关注与热议,同时越来越多的人对本罪的量刑问题也提出了质疑。在我国刑事立法中,容留他人吸毒罪以简单罪状的形式存在,主刑跨越幅度较大,罚金刑则没有规定任何范围,这种法定刑设置模式实际上赋予了裁判者过大的量刑裁量权,实践中或是缺乏统一的量刑标准,或是根本没有任何标准,最终导致罪刑失衡,影响司法裁判公正。因此,针对本罪的立法现状,有必要出台类似司法解释性质的量刑指导意见。本文主要从司法实践中的实例出发,运用数据分析和数学模型来发现问题,再结合刑法理论与实践分析问题,最后结合国内外前沿立法提出解决问题的思路。

关键词: 容留他人吸毒罪;困境;量刑

一、序言

我国毒品泛滥严重,毒品犯罪更是日趋增长。毒品所带来的社会危险是累积式的危险,这种危险累积到一定程度,所造成的将是社会秩序的彻底混乱,引发诸多社会群体问题。鉴于历史原因与毒品本身的严重社会危害性,我国对毒品犯罪一直采取严厉打击的刑事政策。我国对走私、运输、贩卖、制造等毒品犯罪在刑事立法、刑事司法等方面一直给予较高的关注,这些类型的毒品犯罪在立法上较为详细完备,在司法实践中也有成体系化的司法解释与立法相互配合。可以看出立法者的立法意图是强调毒品犯罪的泛滥应该从源头上予以遏制。笔者则不同意这种观点,实际上,以经济学的观点来看,市场是一个商品得以生存发展的关键,市场的需求是商品生存的条件,同时也是刺激商品发展的动力,毒品的消费与毒品的制造、贩卖等也存在这样的关系。并且毒品存在高额的利润,致使更多的人愿意铤而走险,英国工会活动家托·约·登宁说过:"一旦有适当的利润,资本就胆大起来。若果有百分之十的利润,他就保证被到处使用;有百分之二十的利润,它就活跃起来;有百分之五十的利润,它就铤而走险;为了百分之一百的利润,它就敢践踏一切人间法律;有百分之三百的利润,他就敢犯任何罪,甚至冒绞首的危险。"①同理,因为毒品有庞大的消费群体,从而导致走私、运输、贩卖、制造毒品能获取高额利润,最终引发源源不断的毒品犯罪。

毒品犯罪的遏制不仅仅要从源头上来遏制,还应注重控制吸毒行为本身,2014 年全国登记在册的吸毒人员有 295.5 万人,同比 2013 年增长 46.3 万人,增长率为 18.6% 。② 但是按照世界公认的每一个显性吸毒者背后有 4~7 个隐形吸毒人数的规律,我国目前实际吸毒人数在 800 万~1000 万。在我国,单独的吸毒行为并不入罪,而容留他人吸毒这一行为无疑很大程度上推动、助长了吸毒人数的增长,这从近几年我国容留他人吸毒罪案件数量的快速增长可以看出。我国刑事立法对容留他人吸毒罪的规定采用简单罪

① [英]托·约·登宁:《工联与罢工》,1860 年伦敦版,第 35~36 页。转引自《马克思恩格斯全集》(第 5 卷),人民出版社 2008 年版,第 245 页。

② 国家禁毒委员会办公室:《2014 年中国禁毒报告》,载 http://www.cadapt.com.cn/,最后访问时间:2014 年 6 月 26 日。

状的形式,立法简约粗放,相关司法解释也不完备,在司法实践中难以区分不同容留行为的量刑幅度,这样导致的是因地域不同、裁判者不同而量刑标准千差万别,从而直接造成罪责刑不相适应,影响司法公正。因此,在保有原有立法的情况下,借助司法解释这个平台,出台相关司法解释或是量刑规范是必要的。

二、容留他人吸毒罪概述

(一)国内外容留他人吸毒行为的立法现状

1. 我国目前有关容留他人吸毒罪的立法及分析

容留他人吸毒罪在1997年才写入刑法,与刑法已有的毒品类犯罪罪名及规定相互补充。立法者在立法的过程中综合考虑到社会上容留他人吸毒行为频发、社会危害性严重,已有法律存在漏洞,不能有效打击该类行为等情况,遂正式将该类行为纳入刑法规制的范畴。在1997年之前,容留他人吸毒的行为一直是由全国人民代表大会常务委员会制定的《关于禁毒的决定》予以规制;[③]后来在2007年制定的《中华人民共和国禁毒法》(以下简称《禁毒法》),1986年制定的《中华人民共和国治安处罚条例》(以下简称《治安处罚条例》)也对未入罪情形的容留他人吸毒的行为予以规定;后为解决容留他人吸毒行为的入罪标准,于2012在《最高人民检察院、公安部关于公安机关管辖的刑事案件立案标准三》中规定了容留他人吸毒罪的统一入罪标准,2016年4月11日起实施的《最高人民法院关于审理毒品犯罪案件适用法律若干问题的解释》则是再次明确、细化入罪标准;后针对娱乐场所等涉毒、涉黄案件频发,国务院于2006年出台了《娱乐管理条例》,该条例对娱乐场所容留他人吸毒进行了规定。

容留他人吸毒罪伴随着该类行为的社会危险性及我国刑法体系不断完备而产生,在该行为纳入刑法规制时,是以简单罪状的形式存在,入罪标准与量刑标准缺失。但是从刑法的本质属性上可以看出刑法应该根据一定的规则控制处罚范围与处罚程度,这也是刑法谦抑性原则的要求。[④] 容留他

---

③ 全国人民代表大会常务委员会《关于禁毒的决定》于1990年12月28日通过,2007年通过的《中华人民共和国禁毒法》以明示的方式废止了该法律文件。

④ 张明楷:《刑法格言的展开》,法律出版社2003年版,第289页。

人吸毒行为入罪后不得不制定其他的法规与刑法已有的规定相互配合,以弥补立法之初就存在的法律漏洞。关于目前已经存在的规制容留他人吸毒行为的法律依据,大体上分为两大类:第一类即刑法规制范畴,主要是《刑法》的第354条、第356条,最高人民法院《关于审理毒品犯罪案件适用法律若干问题的解释》第12条,最高人民检察院、公安部《关于公安机关管辖的刑事案件立案标准(三)》,以上规定的是入罪时适用的法律和司法解释;第二类非刑法规制范畴,主要是《禁毒法》《治安处罚条例》《娱乐管理条例》,以上是当容留他人吸毒这一行为达不到刑法入罪标准时适用的法律。

对任何一种违法犯罪行为的规制,不是仅仅依靠一种法律法规就能解决,而是需要依靠不同类型与不同位阶的法规相互弥补配合,特别是针对毒品犯罪这种受刑事政策影响很大的犯罪行为。我们应该把握一个准则:基于刑事政策一体化的考虑,刑法与侵权行为法、行政处罚法等共同构筑防范犯罪的法律堤坝。⑤ 综上,针对容留他人吸毒的行为,目前的法律已经解决了入刑问题、入罪标准,现在还缺失具体量刑规范就可以形成较为严密的体系。

2. 国外及中国港台地区有关容留他人吸毒罪的立法及分析

针对毒品犯罪,世界各国家和地区对制造、贩卖、运输都基本上采取严厉的刑事法规予以规制,但是针对个人吸毒行为,有的国家和地区不认定吸食软性毒品行为违法,例如荷兰;有的国家和地区则认定凡是吸食毒品即属违法行为,但不纳入刑法领域规制,又如我国大陆;有的国家和地区则是直接将个人吸毒行为纳入刑法规制的范畴,再如日本和中国台湾地区。基于不同国家和地区对个人吸毒行为是不是违法、是一般违法、还是刑事违法的定位不同,导致不同的国家和地区的法律对容留他人吸毒行为的处罚范围与罪名认定上有所区别。

(1)中国台湾地区立法概况

在中国台湾地区,个人吸毒行为被纳入刑法规制的范畴,台湾地区“刑法”将个人吸毒行为规定为吸用烟毒罪,而非出于牟利为目的的提供馆舍或毒品帮助吸食毒品的行为规定为吸食烟毒罪的帮助犯来处理。针对出于牟利为目的的提供馆舍或毒品的行为则规定一个单独的罪名,即帮助吸食

---

⑤ 陈兴良:《刑法理念导读》,中国检察出版社2008年版,第164页。

烟毒罪。台湾地区“刑法”第259条规定:“意图营利,为人施打吗啡,或以馆舍供人吸食鸦片或其化合质料者,处一年以上七年以下有期徒刑,得并科一千元以下罚金。”⑥台湾地区将牟利为目的的提供馆舍供人吸毒和提供毒品的行为规定为帮助吸食烟毒罪,与大陆的容留他人吸毒罪是相对应的,只是大陆的入罪标准更低,不以牟利为必要条件。台湾地区由于将个人吸毒行为已经入罪,所以针对不以牟利为目的的容留行为必然也要入罪,而牟利为目的的容留则另行构罪,法定刑也更重,这也是罪刑均衡的一种体现。

(2)中国香港地区立法概况

中国香港地区对毒品犯罪主要通过《危险药物条例》予以规制,该条例的第35条规定了经营烟窟罪,即“(1)任何人不得开设、经营、管理或者协助管理烟窟……(2)任何人违反第(1)款的任何规定,即属犯罪,可处以下罚则,(a)循公诉程序定罪后,可处罚款5000,000元及监禁15年,(b)循简易程序定罪后,可处罚款500,000元及监禁3年。”⑦香港地区的法律主要规制的是经营烟窟的行为,对犯罪构成的主体作了特殊规定,只有以牟利为目的的开设、经营、管理或者协助管理烟窟的行为才入罪,其他容留行为则不在该法规的规制范围。香港地区经营烟窟罪重点处罚为牟利经营烟窟的行为,这种行为的社会危害性更大,所以量刑也较重,这与内地区别比较明显。可以说内地订立容留他人吸毒罪时也是为重点打击以牟利为目的娱乐场所、经营性场所等场所容留他人吸毒的行为,但是由于司法实践中对牟利为目的的娱乐场所、经营场所管理者以不作为的方式容留他人吸毒认定上存在困难,所以司法实践中以牟利为目的在经营性场所容留他人吸毒的案件很少。例如,作为本文分析样本的C市2014年在裁判文书网上公布的已经判决的容留他人吸毒定罪的案件总数为57个(本次研究范本共59个案例,其中2个案件以贩卖毒品定罪),其中有四个案件是以牟利为目的,占案件总数的7%。

(3)日本立法概况

日本对于毒品犯罪的规制主要是通过《日本刑法典》与一系列的单行刑事法规,日本刑法有专章即鸦片烟罪来规制毒品犯罪。《日本刑法典》第

---

⑥ 林山田:《刑法通论》,北京大学出版社2012年版,第238页。

⑦ 赵秉志:《香港刑法》,北京大学出版社1996年版,第143页。

139 条规定:“吸食鸦片烟的,处三年以下惩役。提供建筑物或者房间供他人吸食鸦片烟以图谋利的,处六个月以上七年以下惩役。”[8]日本刑法规定了吸食鸦片烟罪与提供吸食鸦片烟场所罪,可见日本刑法没有明确的容留他人吸毒罪这样的罪名存在,日本刑法将是否以牟利为目的提供场所吸食毒品区别对待,以牟利为目的提供场所的行为定性为提供吸食鸦片烟场所罪,不是以牟利为目的提供场所的行为则定性为吸食鸦片烟罪的帮助犯。可见,日本刑法中的提供吸食鸦片烟场所罪与我国的容留他人吸毒罪相对应,但是入罪标准更严格,要求以牟利为目的,而我国的容留他人吸食毒品罪不要求以牟利为目的。

日本的刑法对容留他人吸毒这一行为的规定,从法律条款本身来讲内容不是很多,但是却对容留他人吸毒行为的不同情形进行了规定。《日本刑法》第 139 条本身包含两个罪名,不仅以牟利为目的提供场所吸食毒品行为被入罪,而且个人吸食毒品行为也被入罪。该条法规明确规定提供吸食鸦片烟场所行为入罪的标准,虽然对具体的量刑标准问题还未进行规定,但是比起我国的相关规定,要更加细致。

(4)越南立法概况

越南同中国一样,地处东南亚,紧连世界主要鸦片生产基地的“金三角”地区,深受毒品的侵害。2014 年缅甸和老挝鸦片种植面积达到 63,800 公顷,占全球鸦片总量的 22%。[9] 越南与中国成为“金三角”地区产出毒品的重要消费地与中转、运输、加工地。基于上述的原因,越南对毒品犯罪的打击也采取严打的政策。《越南刑法典》第 198 条规定:“1. 任何人出租、出借场所或者以其他任何形式容留他人违法使用麻醉品的,处二年以上七年以下有期徒刑;2. 有下列情节之一的,处七年以上十五年以下有期徒刑:(1)利用职权的,(2)多次为之的,(3)对儿童为之的,(4)对多人为之的,(5)危险累犯的;3. 对犯罪嫌疑人还可以处五千万盾以上两亿盾以下罚款,没收部分财产和全部财产。”[10]这是越南刑法中规定的容留非法使用麻醉品

---

⑧ 《日本刑法典》,张明楷译,法律出版社 2006 年版,第 52 页。

⑨ 联合国毒品和犯罪问题办公室:《2014 年东南亚鸦片调查报告》,载 http://www.un.org/zh/aboutun/,最后访问时间:2014 年 12 月 8 日。

⑩ 《越南刑法典》,米良译,中国人民公安大学出版社 2005 年版,第 37 页。

罪,该罪在越南属于重罪。越南刑法对该罪在入罪与量刑上都规定得很详尽,从入罪标准上看,凡是有容留行为都构罪,从量刑标准上看,针对不同的容留行为与容留对象规定了不同的主刑与罚金刑。这样的规定即明确了入罪标准,又明确了不同程度的容留行为的量刑幅度,防止过度地自由裁量,做到罪刑均衡,这样的立法模式是值得我们借鉴的。

综上,参考我国港台地区和其他国家的相关规定,可以发现:凡是把容留他人吸毒行为入罪的地区,或是对不同的容留行为制定不同的法定刑,或是仅仅规定单一的容留行为入罪,或是区分容留行为是否以牟利为目的,从而将其规定为不同的犯罪,并且量刑明确。我国由于刑法的规定比较笼统,导致对容留他人吸毒的此种情况与彼种情况的量刑没有明确的区分。实践中不同地区,甚至不同的法律工作者对不同程度的容留行为的量刑标准都不统一,这样不仅影响审判工作,同时也不利于罪刑均衡,甚至激化社会矛盾。所以为确保司法公正,有必要制定容留他人吸毒罪的统一量刑标准。

(二)我国容留他人吸毒罪的基本概念

容留他人吸毒罪在中国刑法中是简单罪状,法律条款只写出罪名与处罚范围,而未进行具体描述。法律条款仅以以下文字予以概述该罪:“容留他人吸食、注射毒品的,处三年以下有期徒刑、拘役或者管制,并处罚金。”立法者以简单罪状的形式描述容留他人吸毒罪,是因为立法者在最初立法时认为容留他人吸毒罪简单易懂,不存在争议,但是在司法实践中,对容留他人吸毒罪基础概念的内涵与外延就有很多争议,而这样的争议又恰恰关系到罪与非罪的认定。因此明确基础概念的内涵与外延是探讨入罪与量刑之前的首要任务。

1.关于“容留”的内涵与外延

容留并不是一个生活化的概念,根据《现代汉语词典》的解释:“容留是指容纳、收留,容纳是指在固定的空间或范围内接受(人或事物);收留是指把生活困难或有特殊要求的人接受下来并给予帮助。”⑪这是以文义解释的方法得出的结论。结合该词在具体的刑法语境中进行解释,笔者认为:容留

⑪ 中国社会科学院语言研究所词典编辑室编:《现代汉语词典》,商务印书馆2005年版,第1154页、1252页。

一词在容留他人吸毒罪这一具体罪名中应该包含两层意思。第一是指提供场所进行的容留，第二是以提供场所以外的形式进行容留，例如提供注射毒品的注射器、提供毒品等。目前司法实践中对“容留”一词的理解通说认为，容留是指提供场所的行为，例如张明楷教授认为：“容留，是指允许他人在自己管理的场所吸食、注射毒品或者为他人吸食、注射毒品提供场所的行为。”⑫针对提供场所以外的帮助行为一般不认定为容留。参考域外国家和我国香港、台湾地区，或将提供场所以外的帮助行为涵盖入容留行为中，或是单独成立新的罪名，或是以吸食毒品罪的帮助犯来处理。笔者认为，将提供场所以外的帮助行为涵盖入容留行为中则更加适合，一方面使个罪内涵上更加严密；另一方面更加有利于惩罚犯罪，否则针对提供场所以外的帮助行为将无法进行追诉，致使一部分人钻法律漏洞，破坏社会管理秩序。

2. 关于“提供场所”的认定

（1）关于“场所”的认定

目前司法实践中通说的观点将容留定义为提供场所以帮助吸食、注射毒品的行为，那么如何认定容留他人吸毒罪中的提供场所呢？首先对场所的认定，目前对容留他人吸毒罪中的场所有广义的场所与狭义的场所两种观点，广义的场所指行为人拥有实际控制力的可被利用的一切空间，狭义的场所指行为人拥有实际控制力的较为固定的相对密闭的空间。⑬以上两种观点中，笔者同意在容留他人吸毒罪中对场所作广义的解释，笔者认为作狭义的解释将会导致入罪标准过窄，无法全面规制容留他人吸毒的行为，实际上为容留他人吸毒提供的场所不必是较为固定或相对密闭的场所，否则在司法实践中针对在宾馆容留或是在桥洞下容留他人吸毒的行为将无法入罪。因此，笔者赞同在容留他人吸毒罪中对场所作广义的解释。

（2）关于行为人对“场所”的控制权的认定

对提供场所的人无论从广义上理解，还是从狭义上理解都要求行为人对该场所有实际控制力，这种对提供场所的实际控制力并不以行为人拥有该场所的所有权为必要条件，只要行为人对该场所在行为发生的时间内有一定的管理权或是使用权即可，笔者认为对场所的管理权或使用权不要求

---

⑫ 张明楷：《刑法学》，法律出版社2011年版，第1019页。

⑬ 黄曙、陈艳、张新新：《容留他人吸毒罪的法律适用》，载《人民检察》2011年第6期。

一定是合法合理的,可以是事实上的管理或使用。例如长时间在桥洞里生活的拾荒者在自己生活的桥洞里容留他人吸毒,虽然拾荒者对该桥洞没有法律上的管理权或使用权,但是他对该桥洞却是事实上的占有,笔者认为该拾荒者的行为同样构成容留他人吸毒罪。因此,笔者认为,容留他人吸毒罪中行为对场所只要在行为发生时具有一定的控制权即可,一般来说这种控制权包含所有权、使用权、管理权等占有性权利。

三、容留他人吸毒罪量刑的基本方法与司法困境

(一)刑事审判中量刑的基本路径

1.刑法学中量刑的基本路径

刑法学中已经确立的量刑路径是所有罪名量刑的基本方法,在对具体的个案进行量刑之前,首先要明确的是个罪的法定刑并在法定刑幅度内确定起点刑,其次是确立基准刑,最后才是宣告刑的确立。法定刑确立的依据是刑法的基本规定,刑法在解决入罪问题的过程中,已然解决了量刑中的法定刑问题。刑法对法定刑的规定有的仅有单一幅度的法定刑,例如作为本次研究对象的容留他人吸毒罪;有的规定多层次的法定刑幅度,例如盗窃罪就有多个幅度的法定刑。针对只有单一幅度法定刑的罪名在量刑过程中不可避免地会出现裁判者自由裁量权过大的问题,因为无论个案有怎样的差异性,只要在法定刑幅度以内量刑都未违反法律的强制规定,这导致的一个最直接的问题就是罪刑失衡,怎样解决这个问题,笔者将会在下面一个部分进行论述。

基准刑是在量刑起点的基础上确定的,基准刑的确定分为两个步骤:首先是准确确定量刑起点,其次是准确确定增加的刑罚量。起点刑的确立自由裁量空间较大,需要考量具体行为的社会危害性予以确定,唯一可以确定的是起点刑一定是在法定刑幅度以下,而增加的刑罚量相对要考虑的因素较多。在量刑起点上确立增加的刑罚量,这个刑罚增加量是结合其他影响犯罪构成的犯罪数额、次数、人数、犯罪后果等进行确立的,这种增加的刑罚量在量刑过程中是可以进行调整的,具有一定的灵活性,但却又受到幅度的限制。在量刑过程中,当基准刑已经确立的基础上,最后就是确定宣告刑,即具体执行的刑期。此时需要考虑的是在基准刑的基础上考虑法定与酌定

的量刑情节，调整刑罚量，通过一般的数学计算方法就可以得出宣告刑。

2. 确立不同程度容留他人吸毒罪量刑幅度的基本方法

刑法学从实践层面来讲归根结底要解决的就是入罪与量刑的问题，而我们要探讨量刑问题，首先必须厘清量刑的根据，即影响量刑的基本因素，然后再纳入个罪进行探讨。量刑与入罪相比，量刑的自由裁量权更大，这就需要对量刑的根据予以明确。量刑的基本依据是犯罪的事实、性质、情节、社会危害程度，就犯罪事实与情节来讲具有个案的差异性，要根据具体的案件来分析；而犯罪的性质指的是犯罪行为的法律性质，不同性质的犯罪，其法益侵害程度不同，处罚的轻重也有所区别，这是量刑的一个重要因素。但是从实际量刑的角度来分析就会发现，犯罪性质的不同实际上在法定刑上已经作出区分，例如盗窃罪，针对犯罪性质的不同规定了不同幅度的法定刑；而评价一个行为的社会危害程度，会综合考虑一个国家或地区的刑事政策、社会文明发展概况、法治发展进程等因素，这些因素是相对容易改变的。在量刑过程中，当犯罪的事实、性质、情节都已经客观存在的时候，就需要根据犯罪行为的社会危害性，在已有的法定刑的范围内，对法定刑的范围作出一次分类，这样会使量刑更加合理、科学、精细化。

解决容留他人吸毒罪只有单一幅度的法定刑，在量刑的过程中很难规范化、精细化的问题，笔者认为可以将已有的单一幅度法定刑在已有法定刑的基础上再进行一个细化和分类限定。那么根据什么标准来再次细化法定刑呢？笔者已经论述过影响量刑的因素中从社会危害性这一标准来进行划分量刑的起点是较为客观、公正、稳定的。就容留他人吸毒罪而言，结合《刑事案件立案标准(三)》、最高人民法院《关于审理毒品犯罪案件适用法律若干问题的解释》[14]可以看出，针对单纯的容留他人吸毒行为、为牟利而容留他人吸毒行为、容留未成年吸毒行为的社会危害性是不一样的，同时刑法也是要分侧重点地打击不同程度容留他人吸毒的行为。在本文的下一部分笔者将详细论述不同类型容留他人吸毒行为的社会危害性。

(二)容留他人吸毒行为的类型及其社会危害性

容留他人吸毒根据容留次数、对象等可以分为不同的容留行为，对容留

---

⑭ 最高人民检察院、公安部于2012年5月28日联合印发《关于公安机关管辖的刑事案件立案追诉标准(三)》；最高人民法院2016年4月6日公布《关于审理毒品犯罪案件适用法律若干问题的解释》，该解释于2016年4月11日起实施。

他人吸毒行为进行精细的分类是进行量刑的首要步骤。目前在中国的司法实践中,通说的分类是将容留行为分为三类:“第一类,单纯的容留行为;第二类,以牟利为目的的容留行为;第三类为贩卖毒品的容留行为。”⑮这种分类是一种宏观的分类,在立法研究上没有问题,但是针对司法实践中的量刑确是极为不恰当的,因为这种分类过于笼统,不利于量刑的公正。博登海默曾说:“正义有着一张普罗米修斯的脸,变幻无常,随时显现不同的形状并具有极不相同的面貌。”⑯量刑上的公平正义也是这样,因为个案的差异,要实现量刑的公平正义也很难,从法规的精细化上入手是一个最佳途径,因此在量刑的过程中,应该对通说的三种情形进一步予以细化与补充。

《刑事案件立案标准(三)》、最高人民法院《关于审理毒品犯罪案件适用法律若干问题的解释》解决了容留他人吸毒罪的入罪标准,并将入罪的情形分为六种,即一次容留多人、两年内多次容留、两年内曾因容留他人被行政处罚、容留未成年人、为牟利容留他人、造成其他严重后果或者其他情节严重。为保证入罪标准与量刑规范的契合,笔者认为量刑过程中可以将上述宏观上的三种分类作为基础,同时吸收入罪标准的分类并进行进一步的补充修改,这样既保留了已有立法,又解决了量刑问题。

1. 单纯容留他人吸毒行为及社会危害性

单纯的容留他人吸毒行为是指不以牟利为目的而容留他人吸毒的行为,在司法实践中单纯的容留他人吸毒行为一般包含两种情形:第一种即吸毒人员之间的相互容留,这种情况一般是吸毒人员之间相互邀约进行吸毒;第二种即不吸毒的人容留吸毒的人员吸毒,这种情况大多数是与吸毒人员有亲人、朋友、共同居住者等密切关系的人对吸毒人员的容留。

第二种情况在司法实践中有很多争议点:首先,这种容留是否需要以明示的方式作出?笔者认为就容留他人吸毒行为这一个罪的成立都不需要容留方以明示的方式作出,只要容留方明知吸毒者在自己控制、管理的场所吸食、注射毒品而不采取任何措施予以阻止就符合容留他人吸毒罪的构成要件。其次,针对共同居住一方明知另一方在共同居住空间内吸毒的行为是

---

⑮ 赵秉志、于志刚:《毒品犯罪》,中国人民公安大学出版社 2009 年版,第 212 页。

⑯ [美] E. 博登海默:《法理学——法律哲学与法律方法》,邓正来译,中国政法大学出版社 1999 年版,第 252 页。

否构成犯罪？笔者认为,这要充分考虑到期待可能性的问题。假设是一般共同合租的人,具有期待可能性,而针对共同居住的配偶、近亲属等关系密切的人则不具备期待可能性。

在三类容留行为中,单纯容留他人吸毒的主观恶性最小,但案件占比却是最大的。例如图1所示C市2014年有59件(包含两件以贩卖毒品进行定罪)容留他人吸毒案件,其中单纯容留他人吸毒的有53件,占该类型案件总数的90%。单纯容留他人吸毒行为中行为人自己也吸食毒品的,还存在再犯可能性比较大问题,由于吸毒人员对毒品生理上、心理上的依赖性,短暂戒毒之后会再次复吸。这类型的案件会出现多次容留多人吸毒的情形,针对这样一种情形,虽然容留他人吸毒的行为是在隐蔽的环境中发生,社会公众并不知晓,但是多次容留多人吸毒的情况下,主观恶性与社会危害性逐步增大,量刑时应该充分予以考虑。

2. 以牟利为目的容留他人吸毒行为及社会危害性

以牟利为目的容留他人吸毒是指出于经济利益或其他利益的考虑而容留他人吸毒的情形。笔者认为以牟利为目的容留他人吸毒行为应该排除为贩卖毒品而容留他人吸毒这种行为,因为我国司法解释已经在定性上对为贩卖毒品容留他人吸毒的行为进行单独规定,量刑上也有了明显区分。2016年4月11日以前,在我国刑法司法实践中对为贩卖毒品而容留他人吸毒的情形以贩卖毒品罪定罪处罚,当时论界也持这样的观点:"对于容留他人吸食、注射毒品并出售毒品的,应当认定为贩卖毒品罪。"[17]2016年4月11日起实施的最高人民法院《关于审理毒品犯罪案件适用法律若干问题的解释》则明确规定,向他人贩卖毒品后又容留他人吸毒或是容留他人吸毒并向其贩卖毒品的,以贩卖毒品罪和容留他人吸毒罪数罪并罚。虽然2016年4月11日前后对为贩卖毒品容留他人吸毒行为的认定有不一致的地方,但是两种认定都将为贩卖毒品容留他人吸毒行为与为牟利容留吸毒行为在定性上进行了区分,两者在刑罚上也有所区分。笔者也认同这种区分,认为我国以牟利为目的容留他人吸毒行为主要就是指非以贩卖毒品为目的的容留行为。同时笔者认为,在适用相关司法解释、入罪标准时不应该将为贩卖毒品容留他人吸毒行为包含在为牟利容留他人吸毒行为中,避免重复评价,

---

⑰ 同注⑫。

量刑不当。

虽然在司法实践中以牟利为目的容留他人吸毒的案件数量不多,但该种行为社会危害性较大,社会影响恶劣。例如图1所示,C市2014年共有59件容留他人吸毒案件(包含两件以贩卖毒品进行定罪),其中以牟利为目的的容留他人吸毒的有4件,占该类型案件总数的7%。但是该类型案件涉案人数众多,行为人主观恶性大,社会波及面广,造成的社会影响巨大,第一,该种行为将会极大地破坏社会管理秩序,形成负面社会导向,造成为钱财可以不择手段,有钱可以任意妄为的错误社会观念;第二,引发大量聚众吸毒行为,败坏社会风气,甚至诱导未成年人吸毒;第三,引发大量人为牟利而效仿,为私人利益容留他人吸毒。

3. 为贩卖毒品容留他人吸毒行为及社会危害性

鉴于中国对毒品犯罪的严厉打击,同时因考虑到为贩卖毒品而容留他人吸毒行为本身的巨大社会危害性,2016年4月11日实施的最高人民法院《关于审理毒品犯罪案件适用法律若干问题的解释》明确规定,向他人贩卖毒品后又容留他人吸毒或是容留他人吸毒并向其贩卖毒品的,以贩卖毒品罪和容留他人吸毒罪数罪并罚。在司法实践中为贩卖毒品容留他人吸毒而入罪的案件数量并不多,例如图1所示,C市2014年共有59件(包含两件以贩卖毒品进行定罪)容留他人吸毒案件,其中以贩卖毒品为目的的容留他人吸毒的有2件,占案件总数的3%,所占比例很小,但是社会危害性很大,可以说这种行为加速了毒品流向社会的速度,侵害了社会公众及社会管理秩序。为贩卖毒品容留他人吸毒行为被认定为贩卖毒品罪与容留他人吸毒罪数罪并罚,究其原因,主要是:第一,为贩卖毒品而容留他人吸毒加速毒品流通,客观上引发更多毒品犯罪;第二,为贩卖毒品容留他人吸毒的行为主观恶性大,社会危险性大,仅仅定性为容留他人吸毒罪或是贩卖毒品罪均不能惩罚、震慑此种行为,也无法在量刑上与其他容留吸毒行为及贩卖毒品行为进行区分,不足以实现罪刑均衡。因为贩卖毒品容留他人吸毒行为已定性为贩卖毒品罪和容留他人吸毒罪数罪并罚,本文不再赘述。

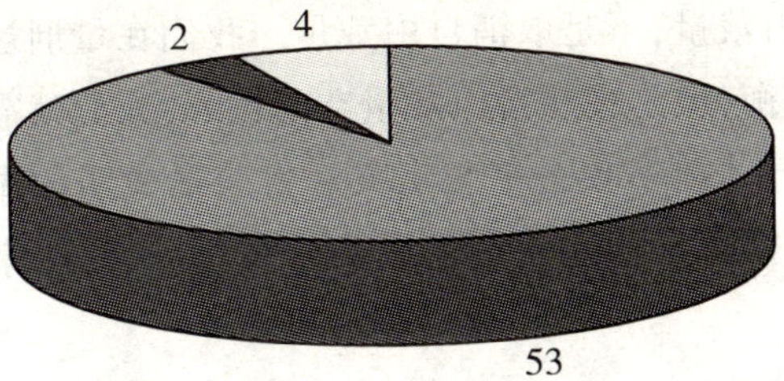

图1　C市2014年度不同类型容留他人吸毒案件数及所占百分比

4.容留未成年人吸毒行为及社会危害性

未成年作为一个特殊群体，有其自身的特点，未成年人在心理与生理上都不成熟，这种不成熟所造成的结果是：第一，未成年人心理不成熟，难以分辨是非，容易受到恶习的引诱；第二，未成年人生理不成熟，一旦沾染上恶习之后，很难凭借自身的自控能力戒掉恶习，尤其是毒品。近年来我国未成年人吸毒人数逐年增多，2012年比2011年增加27%，2013年比2012年增加26%，未成年人吸毒是我们必须正视的重大社会问题，一个国家或是一个民族未来的发展依靠的是少年儿童。针对容留未成年人吸毒的行为我们应该严厉处罚，国家与社会对于未成年人应该采取更多的保护措施，应该运用法律予以重点保护。未成年人一旦染上毒瘾，很容易引发其他犯罪，因此司法机关应该严厉打击容留未成年人吸毒贩毒的犯罪，从源头遏制毒品对未成年人的侵害。

（三）容留他人吸毒罪量刑的司法困境

我国容留他人吸毒罪量刑在司法实践中主要存在以下问题：第一，针对不同类型容留行为具体适用刑种未作出规定；第二，刑法与司法解释等相关法律法规都未区分不同类型容留行为的量刑幅度。以上两个方面必然导致的是法官与检察官自由裁量过大，同时在司法实践中出现同案不同判的情况，违背罪刑平等、罪刑均衡等刑法的基本原则，影响司法公正、贬损司法权威，同时造成罪刑失衡。当然法的实施不可避免也不能避免自由裁量，正如罗斯科·庞德所说："没有一个法制能够做到仅仅通过规则而不依靠自由裁量来实现正义，不论该法制体系的规则系统如何严密，如何具体，所有的实施正义的过程都涉及规则和自由裁量两方面。"⑱可见，自由裁量是不可

⑱ R. Pound, Jurisprudence, America Harvard University Press, 1959, p. 355.

避免的,我们要做的是限制自由裁量,不是取消自由裁量。我们在量刑过程中要做到自由裁量和规则的平衡,但是现在自由裁量空间过大,我们就需要制定具体的规制进行制约,这样才能实现公平与正义。目前最简明的做法是:“我们需要通过增强法的明确性和限制法官的自由裁量权的方法,来实现量刑公正。”⑲

1. 主刑与附加刑的适用困境

(1)主刑适用困境

不同类型的容留行为的社会危害性是不同的,刑罚应该是以具体行为的社会危害性作为基础的考量点来进行评定的,不同类型的容留行为应该存在个案量刑上的差异,正如德国学者沃尔伯格提出的刑罚应该个别化,这样才能体现个案的公平正义,不是千篇一律的量刑,只有不同情形作出不同的刑罚,这样才能体现罪责刑相适应,实现公平正义;同样地,案情基本相同的案件在量刑上应该也是基本一致的。实践中,针对容留他人吸毒罪检察机关在提出量刑建议、审判机关在作出判决过程中没有相应的量刑方面的司法解释与指导意见,自由裁量空间过大,可以在3年以下有期徒刑、拘役、管制幅度内判处。实践中出现大量的量刑混乱,没有统一标准的情形。

缺乏具体量刑标准,司法实践中不可避免地出现重罪轻判,轻罪重判的现象。例如表1中,在本次研究中作为分析样本的C市2014年度容留他人吸毒的案件中挑取不同类型容留行为的量刑情况进行分析,在前文中已经论述了不同类型的容留行为的社会危害程度、主观恶性不同,因此量刑也应该有轻重。三种不同容留行为中,以牟利为目的的容留他人吸毒、容留未成年人吸毒、单纯容留他人吸毒的主观恶性与社会危害性是不同的,很明显地以牟利为目的的容留他人吸毒和容留未成年吸毒的社会危害性应该是比单纯的容留他人吸毒行为大,在量刑上也应该更重,但是如表1所示,恰恰相反,单纯容留他人吸毒行为判得最重,这违背了罪责刑相适应的原则,导致个案的不公正。

---

⑲ 劳东燕:《罪刑法定的明确性困境及其出路》,载《法学研究》2004年第6期。

表1 C市2014年度不同类型容留他人吸毒行为量刑情况(一)

序号	类型	量刑	
		主刑	附加刑
1	一次为牟利容留3人	有期徒刑6个月	罚金2000元
2	一次容留未成年人3人吸毒	拘役5个月,缓刑6个月	罚金3000元
3	一次单纯容留3人吸毒	有期徒刑1年	罚金3000元

缺乏统一的量刑标准,在司法实践中会出现大量的同案不同判的情形,例如表2中,同样是一次单纯容留3人吸毒,量刑时的法定与酌定量刑情节基本一致,但是判决结果差异很大,有判处有期徒刑的,有判处拘役的,同样的案件判决结果差异很大,这种差异从实质上讲侵害了被告人获得公正判决的权利,会影响司法的公正形象,使人对司法的公正性产生质疑,质疑是否存在“人情案、关系案、金钱案”的现象。

表2 C市2014年度相同情节的容留他人吸毒行为量刑情况(二)

类型	序号	量刑	
		主刑	附加刑
一次单纯容留3人吸毒	1	有期徒刑1年	罚金3000元
	2	拘役5个月,缓刑6个月	罚金3000元
	3	有期徒刑6个月	罚金2000元

(2)附加型适用困境

容留他人吸毒罪在刑罚中仅仅规定要并处罚金,但是针对不同情况适用罚金的范围到底是多少却未作出规定。罚金作为一种附加刑,也应该根据具体行为的社会危害性、行为人的主观恶性、家庭情况等综合判断罚金的数额,不能因为法律规定判处罚金,就千篇一律地适用一个罚金数额,这样是量刑不规范化的表现,同样不利于罪刑均衡。结合表1和图2分析可得出,司法实践中司法机关适用罚金刑并未充分结合具体行为的社会危害性、行为人的主观恶性、家庭情况等综合考虑,带有很大的自由裁量与办案习惯,习惯性或是机械地套用已判案件的量刑。

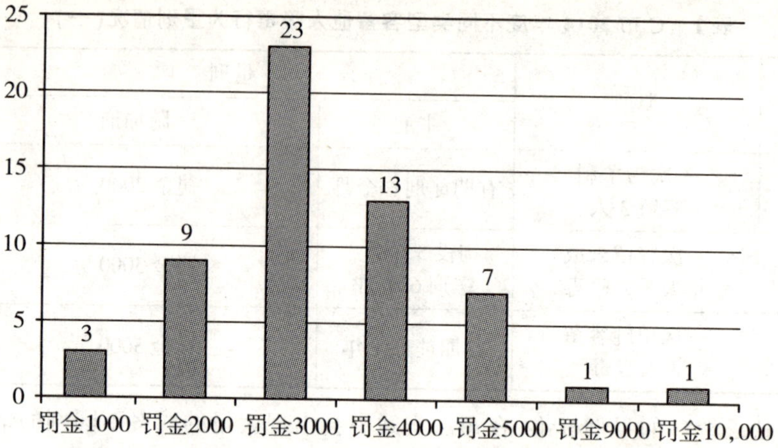

图2　C市2014年度容留他人吸毒罪适用罚金量刑情况(三)

2. 刑种选择困境

容留他人吸毒罪在量刑过程中可以根据案件的具体情况选择适用有期徒刑、管制、拘役,刑种的适用应该结合案件本身的社会危害性等情况进行判断,但是司法实践中由于不同刑种之间存在执行过程简易程度不一样,所以在司法实践中会出现尽量避免适用管制这种刑罚的情形,因为没有具体的量刑标准规定符合某些规定必须适用管制。例如,作为本次分析样本的C市2014年度以容留他人吸毒罪定罪的总共有57个案件,在57个案件中只有一个最终适用管制,占案件总数的1.8%。法律规定不同的刑种是为了区分不同犯罪的社会危害性,不能因为某种刑种在具体执行过程中程序复杂而规避,这从实质意义上违背法的公平正义,但是却找不出法律规范作为支撑而认定这种做法违法。

3. 社区矫正适用困境

缓刑作为一种刑罚的执行制度,简单地讲就是指有条件地不执行所判处的刑罚。在我国,针对被判处拘役、3年以下有期徒刑,有悔罪表现,没有再犯危险的犯罪分子在原则上都可以适用缓刑。因为容留他人吸毒罪的法定刑在3年以下有期徒刑、拘役、管制,所以从缓刑适用的角度讲,该类型犯罪适用缓刑是没有问题的。结合C市2014年度容留他人吸毒罪主刑刑种适用情况及C市2014年度容留他人吸毒罪刑罚执行中适用缓刑情况(图3和图4)来分析,可以看出裁判者在选择刑种时尽量避免管制的适用,而到刑罚执行阶段则是尽量避免缓刑的适用。究其原因,可以看出裁判者是在避免社区矫正的适用,根据我国的刑事诉讼法规定,对被判处缓刑、宣告缓刑的罪犯,依法应该实行社区矫正。社区矫正的适用从具体操作与监督考察上都比较繁琐,但是社区矫正对罪犯个人、法治事业的发展都有重要意义,并且缓刑的适用既体现了罪责刑相适应的原则,同时也体现了宽严相济刑事政策。张明楷教授也表示:“缓刑确实具有许多优点,如不致在监狱中‘交叉感染’,不影响犯罪人的家庭生活与工作劳动,不需要执行费用。”⑳笔者认为适用缓刑的优点不仅仅是这些,适用缓刑,依法实行社区矫正制度是法治发展、人权保障的必由之路。

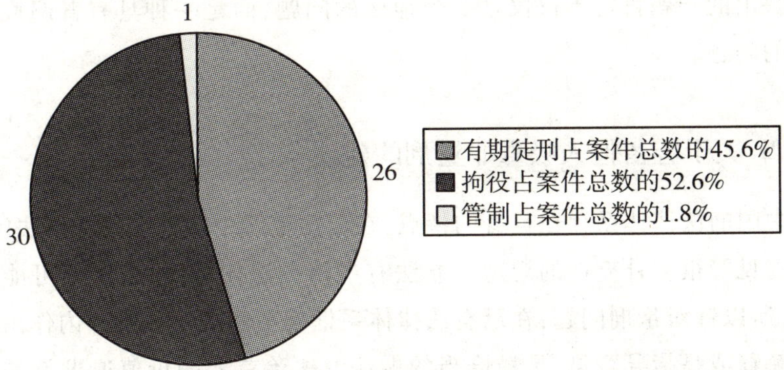

图3　C市2014年度容留他人吸毒罪主刑刑种适用情况

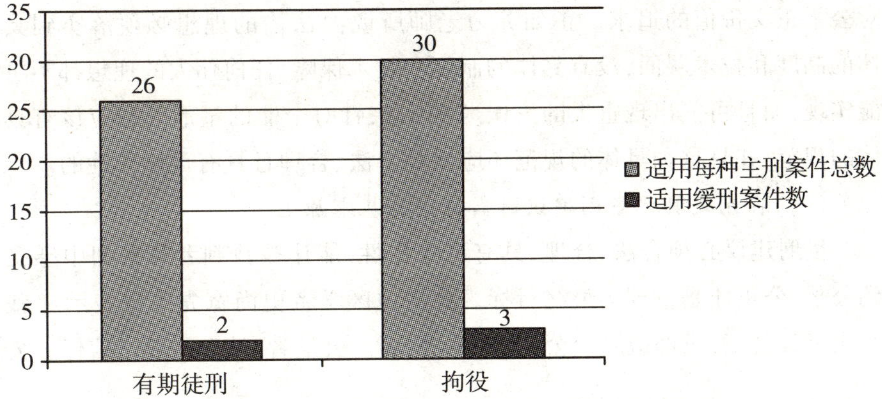

图4　C市2014年度容留他人吸毒罪刑罚执行中适用缓刑情况

以上判决结果裁判者并未违背已有法律法规的规定,但是裁判结果却

---

⑳　同注⑫,第543页。

是不公正的,不论是被判刑者还是其他人都不知道这个判决的详细理论依据。正如1957年英国的行政审判委员会和调查委员会(the Committee on Administrative Tribunal and Inquire)报告所指出:“公平游戏的理念要求参与到程序中的当事人有权知道特定裁判的理由。不陈述理由,当事人只会得到自己是武断的裁判的牺牲者的结论。”㉑可见,量刑的理由应该是公开的,无论是裁判者还是被裁判者都应该知道自己被定罪量刑的理由,这种理由是明确的、规范的,而不是依靠自由裁量而得出的结论。以一个地区的案例作为分析样本得出的结论会具有一定的地域特色,但不可否认的是一个地区反映出的问题肯定不仅仅是一个地区的问题,而是一种具有普遍性与覆盖性的问题。

四、关于容留他人吸毒罪量刑的建议

中国的法律体系存在自身的特点,在司法实践中存在大量的司法解释、指导意见等很多补充性的规定。立法有严格的法律程序,且法不可能朝令夕改,所以针对量刑问题,在已有法律体系框架下和规定的范围内作出补充性的解释或是指导意见,是最恰当的做法。法治首要的价值追求就是公平正义,看得见的公平正义从法制角度讲,要求有具体的制度作为支撑,这是对公平正义价值的追求。正如苏力老师所说:“法治的理想必须落实到具体的制度和技术层面,没有具体的制度和技术保障,任何伟大的理想都不可能实现,而且可能出现重大的失误。”㉒因此,针对个罪的量刑问题应该有具体的规范,并且这种具体的规范还应该是合法、合理且具有可操作性的。

(一)在制定具体量刑建议时需遵循的基本原则

量刑建议必须合法、合理、具有可操作性,能让被裁判者从量刑中感受到公平、公正才是量刑的最终目标。台湾地区学者史尚宽先生曾表示:“裁判应求其公正,也即应顾及公信、公平、公允。公信者,社会一般之信任。公

㉑ D. A. Thomas, Sentencing-The case For Reasoned Decision, At“the sentencing of Process” Dartmouth Publishing Company Limited, pp. 106 - 107.

㉒ 苏力:《送法下乡——中国基层司法制度研究》,中国政法大学出版社2000年版,第2页。

平者，当事人之间之平衡。公允者，各事之妥适解决。”[23]可见具体的量刑建议应该是一种规范化的量刑，一种科学化的量刑。在制定具体的量刑建议时应该注意以下谈到的几点：

1.避免量刑僵化

量刑过程中需要充分注意的问题就是避免量刑僵化，所谓的量刑僵化是指量刑过程中过于强调量刑统一所产生的结果。制定统一的量刑规范是为防止量刑过程中肆意地自由裁量，但是我们不能忽视量刑的个别化，实际上量刑的统一化与个别化是可以平衡的，量刑统一化是量刑的基础，量刑的个别化则是个案的差别，两者的平衡才能最终做到公平正义。总而言之：“量刑的统一化并非是在与量刑个别化毫不相干和独立的意义上提出的，而是在密不可分的意义上提出的。”[24]可见量刑个别化是规范的个别化，是有序的个别化。

2.量刑时坚持以事实为依据，以法律为准绳的原则

量刑归根结底是一个裁量权的问题，规范量刑实质上就是对裁量权进行控制的问题。不同罪名的量刑要结合个罪的具体情况，但是所有罪名的量刑都要遵循的基本原则是以事实为依据，以法律为准绳。事实指的是行为人犯罪的情节、性质、社会危害程度，法律是指国家立法机关制定的法规，在量刑过程中应该以犯罪事实为基础，以法律作为依据作出裁量，这是定罪量刑的基本准则，刑罚所围绕的中心应该是事实与法律。

3.充分贯彻宽严相济的刑事政策

刑罚的最终适用效果需要通过法律效果与社会效果予以评定，因此在量刑时应该充分结合本国的实际情况选择适合的刑罚模式。正如意大利著名刑罚学家贝卡利亚所说：“刑罚的规模应该同本国的状况相适应。在刚刚摆脱野蛮状态的国家里，刑罚给予那些僵硬心灵的印象应该比较强烈和易感。为了打倒一头狂暴地扑向枪弹的狮子，必须使用闪击。但是，随着人的心灵在社会状态中柔化和感觉能力的增长，如果想保持客观与感受之间的稳定关系，就应该降低刑罚的强度。”[25]可见一个国家的刑事政策并非固

---

[23] 史尚宽：《刑法论丛》，荣泰印书馆1973年版，第523页。

[24] 姜涛：《认知量刑规范化》，中国检察出版社2012年版，第37页。

[25] [意]贝卡利亚：《论犯罪与刑罚》，黄风译，中国大百科全书出版社1993年版，第44页。

定不变的,应该是根据国家的具体情况在不同时期、不同的社会状态下进行调整,这样才能打击犯罪,同时兼顾法运行的社会效果。我国目前坚持的是宽严相济的刑事政策,秉承在打击犯罪的过程中适用法律宽严适度的原则,既不片面地追求轻刑化,也不盲目坚持重刑主义,而是根据犯罪的程度来决定刑罚的轻缓。

4. 量刑规范应该具有层次性

制定量刑规范的根据是犯罪行为本身的社会危害性与主观恶性等情况,要从量刑的结果中体现公平正义,那么针对相同罪名的不同行为人就应该有不同的量刑幅度。结合罪名所要保护的具体法益及社会生活中该类犯罪中需要严厉打击的情形建立第一个层次,从而确立基准刑,进而再根据其他情形在基准刑的基础上增加或减少刑期,建立层次是为了确立量刑幅度的基本范围。量刑规范具有层次性既符合罪责刑相适应原则,又体现了量刑的科学性与合理性。

(二)容留他人吸毒罪量刑困境的解决思路及量刑建议模式

前文已经论述过容留他人吸毒罪在量刑过程中出现的问题,当然一系列问题出现的原因根本上讲还是由于缺乏统一的量刑标准。摆脱经验量刑,以更加客观、公正、科学的方法量刑是制定统一的量刑标准的目的,是容留他人吸毒罪在量刑过程中所面临问题的解决途径。制定统一的量刑标准首先要解决的是容留他人吸毒罪在量刑过程中面临的困境,这不仅仅是一个量刑的问题,同时涉及如何规范司法行为及制度构建与完善的问题。

1. 容留他人吸毒罪量刑问题在主刑及附加刑适用方面所面临困境的解决思路

关于容留他人吸毒罪量刑问题在刑罚适用方面的困境,目前在主刑适用方面所面临的问题基本上集中在没有统一的量刑规范,出现大量的同案不同判及量刑畸轻或畸重的问题;而在附加刑适用方面集中体现在适用附加刑比较随意,没有数额的限制,解决这两个问题还是要回归到制定统一的量刑规范的基础之上。制定统一的量刑标准不仅要遵从法学基本原则,还要构建一个方案体系来解决可能出现的问题,只有这样才能确保具体的量刑建议能够被运用到执行阶段,量刑问题所涉及的不仅仅是量刑层面的问题,还可能涉及刑法基本制度、刑罚执行等问题。

针对同案不同判及量刑畸轻或畸重的问题,在制定统一的量刑规范的基础上，要严格注意量刑规范在内容上具有层次性即针对不同程度的容留他人吸毒行为具有不同的量刑幅度，最重要的是要明确基准刑，因为基准刑的设立是量刑公平的基础与保障。霍根曾说："法庭的职责是维护公正，而只有在一个判决与另一判决之间维持某种程度的平衡，它才能在一个犯罪者与另一个犯罪者之间做到公平。"㉖确立基准刑所要追求的最终目标是避免同案不同判与量刑畸轻、畸重的问题。确立基准刑从实际意义上讲就是确立"分类对待"的基本原则，不同程度的行为给予不同的处罚起点，这从根本上来说也是罪刑均衡理念的基础表现。

解决适用附加刑比较随意、没有数额限制的问题，首先要明确的是罚金刑的特殊性，对罪犯判处罚金刑要综合考虑罚金刑的可执行性与执行效果，综合考虑罪犯缴纳罚金刑的个人能力情况，避免使罚金刑成为虚设。如冯亚东老师所总结的："罚金刑的适用除考虑行为本身具有严重的社会危害性外，还应权衡行为之主体是否'应受'（必要性）和'能受'（可行性）刑罚的处罚问题。"㉗可见，罚金刑的适用可以有较大的自由裁量的空间，但是这种自由裁量并不是毫无根据的自由裁量，而是结合罪犯个人基本经济状况进行的自由裁量。当罚金刑是以并处的形式存在的状况下，要注意的是罚金刑的适用在自由裁量的基础上也要以事实为评判标准，避免发生"以钱换刑"这一类司法腐败的发生。

2. 容留他人吸毒罪量刑问题在刑罚执行方面所面临困境的解决思路

我国容留他人吸毒罪的法定刑可以是有期徒刑、管制、拘役，在分析本次研究范本中可以看出，裁判者有意避免使用管制和适用缓刑，究其原因来说是由于在我国适用管制和缓刑的，应该依法施行社区矫正。社区矫正作为一种先进的理念，具有很多优势，但是目前我国在适用社区矫正过程中面临对社区矫正这一理念欠缺认知，执行经费与人员短缺，裁判者也在尽量避免适用社区矫正等困境，这些困境最终导致社区矫正制度难以推行落实。目前在我国社区矫正制度推行的过程中面临的困境主要有：第一，关于社区

㉖ ［英］J. C. 史密斯、B. 霍根：《英国刑法》，马清升、王丽译，法律出版社2000年版，第5页。

㉗ 冯亚东：《罪刑关系的反思与重构——兼谈罚金刑在中国现阶段之适用》，载《中国社会科学》2006年第5期。

矫正的法律制度不健全,仅仅有《刑法修正案八》和司法部《关于印发〈司法机关社区矫正工作暂行办法〉的通知》等较少的规定,法律制度的不健全导致的是对实施社区矫正的组织管理体系、经费来源等缺乏法律支撑,这直接导致社区矫正无法被积极推行。第二,由于社区矫正组织管理监督体系的不完备,导致社区矫正人员一旦需被收监则可能出现无法顺利收监的情况,这种收监困难导致裁判者不愿冒风险去适用管制和缓刑。

解决以上两个困境可以从以下方面入手:第一,完善法律制度的构建,尤其是关于社区矫正制度实施的责任主体、组织监管体系、组织经费等方面法规的完善。加强社区矫正制度的推行力度,做到不仅仅是司法工作者包括社区民众都接受支持社区矫正工作的开展。第二,在适用管制并实施社区矫正的过程中要确保社区矫正的监督体系,避免社区矫正收监难,人员下落不明的问题。可以结合实际针对异地判决实行就近社区矫正的原则,针对社区矫正期间逃脱的人甚至可以设立相关的严惩措施。

3.容留他人吸毒罪之量刑建议模式

笔者认为在制定具体量刑建议过程中可以结合《刑事立案追诉标准(三)》中容留他人吸毒罪的入罪标准及参考最高人民法院《量刑规范化指导》中具体罪名的量刑建议模式。首先,可以针对不同类型容留他人吸毒行为制定不同的起点刑,而关于起点刑的确立路径可以参照其他容留型犯罪的路径;其次,在起点刑确立之后根据具体案件的事实确立刑罚增加量,从而确立基准刑;最后,结合具体个案中的法定量刑情节确立宣告刑。在制定具体量刑建议时可以参考以下模式:

构成容留他人吸毒罪的,在法定刑为3年以下有期徒刑、管制、拘役幅度内量刑作为基本原则的前提下,根据具体的容留行为在不同量刑幅度内确立起点刑和基准刑。

第一,单纯容留他人吸毒的在3个月管制、拘役至1年有期徒刑幅度内确定量刑起点。

第二,容留未成年人吸毒的在4个月管制、拘役至1年6个月有期徒刑幅度内确定量刑起点。

第三,以牟利为目的容留他人吸毒的在5个月管制、拘役至2年有期徒刑幅度内确定量刑起点。

在量刑起点的基础上,根据容留他人吸毒罪造成的后果、犯罪情节严重程度等其他影响犯罪构成的犯罪事实增加刑罚量,确定基准刑。有下列情形之一的,增加相应的刑罚量,但是同时具有两种以上情形的,累计不得超过法定刑期:

第一,人数每增加一人,增加2个月以下刑期;

第二,次数每增加一次,增加2个月以下刑期;

第三,曾因容留他人被行政处罚而再次容留的,增加2个月以下刑期;

第四,容留他人吸毒造成其他严重后果或情节的,增加6个月至1年刑期;

第五,其他可以增加刑罚量的情形。

有下列情形之一的,可以增加基准刑的20%以下,但是同时具有两种以上情形的,累计不得超过基准刑的50%:

第一,曾因毒品犯罪被判处刑罚的;

第二,在公共场所公开聚众容留他人吸毒的;

第三,容留他人吸毒造成恶劣社会影响的;

第四,其他可以从重处罚的情形。

需要说明的问题:

第一,造成其他严重后果或情节是指因容留他人吸毒导致被容留人重伤、死亡的后果。

第二,在公共场所公开聚众容留他人吸毒是指在公共场所公开容留三人以上吸毒的行为。

第三,关于罚金刑的适用,具体数额根据当地的经济发展水平,罪犯的经济条件综合认定。

本文所给出的具体量刑建议只是一种模式,笔者希望阐述的是具体罪名的量刑建议应该既具有高度的概括性与综合性,又明确详细。至于具体罪名的量刑建议在起点刑、刑罚增加量等方面的量化标准是否合理、精确、科学是一个需要大量实践调研的问题,本文仅仅是一个参考模式,合理性与科学性还需进一步调研论证,在此不再赘述。

五、结语

罪刑法定的基础就是构建完善的法律制度,从根本上讲就是要求法律规范的透明,不仅仅是定罪规范的透明,同时确保量刑规范的透明。容留他人吸毒罪近年来案件频发,量刑过程中裁判者没有统一的量刑标准,裁判者自由裁量过大,出现大量同案不同判的例证,这导致罪刑失衡,影响司法公正形象,而限制自由裁量,维护司法公正、促进法治发展是一个国家法治的基本要求。目前,寻求一条路径解决已经存在的问题是当务之急,而结合已有的法律制度制定出新的法律制度,力求完善已有的法律体系是一条较为实际可行的路径。虽然目前仅仅是论述了容留他人吸毒罪这一个罪的量刑问题,但是笔者认为,这不仅仅是一个个罪在量刑中凸显出的问题,毕竟目前我国刑法中存在很多简单罪状,为弥补简单罪状在定罪量刑标准上的缺陷,在以后的司法实践中,不可避免地需要针对具体的情况制定完备的量刑建议。

Shelter Others Drug Crimes Centencing Questions Empirical Research—In a City 2014 Annual Shelter Drug Case Samples for the Analysis of the Written Judgment of Others

Qi Huoqing

Abstract: Due to historical reasons and the characteristics of the drug itself to crackdown on drug crime has always been of criminal policy in China. Although shelter others drug crimes in 1997 were included in the scope of criminal law in our country, but the continued rise in the number of cases, and more and more social public figures suspected of the crime, this crime in the field of law and the social public has led to a constant attention and debate between, at the same time, more and more people questioned his punishment of this crime is also. Drug crimes in criminal legislation in our country, the shelter others exist in the form of simple crimes, principal punishments across larger extent, fine punishment has not provided any scope, the legal punishment setting mode actually gives the judge too sentencing discretion, or lack of unified sentencing standards, or there is no any standard, will eventually lead to the imbalance, the offense and influence of justice. Therefore, in view of this crime legislation present situation, it is necessary to introduce similar nature of the judicial interpretation of sentencing guidelines. This article mainly embarks from the instance in the judicial practice, by using data analysis and mathematical model to find the problem, and combining the theory and practice of criminal law to analyze problems, finally combining with the advanced legislation put forward the train of thought to solve the problem.

Key words: shelter others drug sin; dilemma; sentencing

（作者单位：云南省昌宁县人民检察院）

赌博罪定罪量刑实证研究

——以2015年度全国128份相关生效裁判文书为分析样本

赵 骞

摘要:赌博,是日常生活中人们再也熟悉不过的字眼,也是人们休闲娱乐的一种方式。2005年最高人民法院、最高人民检察院《关于办理赌博刑事案件具体应用法律若干问题的解释》第9条所规定的"不以营利为目的,进行带有少量财物输赢的娱乐活动,以及提供棋牌室等娱乐场所只收取正常的场所和服务费用的经营行为等,不以赌博论处"。可是逢赌必有输赢,输的人想回本,赢的人想继续获利,这是人性的弱点,也就导致了赌博活动愈演愈烈,越过了法律的界限,妨害了社会管理秩序,演变为了赌博犯罪活动。虽然我国《刑法》第303条以及相关司法解释对赌博罪入罪的标准都有具体的规定,但是随着网络赌博平台的蔓延、赌博方式的不断翻陈出新,给司法机关在办理赌博犯罪案件时带来许多难题,在定罪量刑上出现诸多争议。为此,本文运用实证分析方法,通过对2015年度全国128份相关生效裁判文书的统计和分析,系统总结目前在办理赌博罪时出现的问题,归纳争议的焦点,并结合相关理论,提出具体化的建议。

关键词:赌博罪;定罪;量刑;赌头;聚众赌博

一、序言

赌博,在我国有着悠久的历史,历代王朝对于赌博行为都有刑罚规制,但依然屡禁不止。自新中国改革开放以来,随着我国经济的高速发展,人民生活水平大幅提高,参与赌博的人数与日俱增,赌博的方式也翻陈出新。赌博从传统的单纯赌博演变为赌博产业。我国对于赌博犯罪活动虽然一直保持着严厉打击的高压态势,但是赌博犯罪活动并没有因此而减少,反而有上升的趋势。如何有效地打击赌博犯罪,达到禁赌的效果,一直是一个棘手却难以解决的问题。这一难题与我国刑法关于赌博罪条文的规定过于简单有着直接的关系。

虽然在 2005 年 5 月 11 日最高人民法院、最高人民检察院联合出台了《关于办理赌博刑事案件具体应用法律若干问题的解释》(以下简称《2005 年解释》),给司法机关在办理赌博犯罪活动上提供了法律依据,但是在司法实务中,还是存在一系列的问题,需要进一步地加以完善。如何完善这些漏洞,正是本文关注的焦点。

在笔者的家乡,赌博活动盛行、猖獗。身边的许多亲朋好友深受其害,笔者对于赌博犯罪活动屡禁不止的原因百思不得其解,但通过查找和分析相关案例后发现,赌博罪在定罪和量刑上出现的偏差是导致赌博犯罪活动屡禁不止的重要原因之一。遂萌生了写一篇关于赌博罪定罪量刑实证研究的论文。

笔者收集了 2015 年度全国关于赌博罪的终审裁判文书 128 份,并以这 128 份裁判文书为样本,分析我国目前赌博犯罪的现状,并总结目前在赌博罪定罪量刑上出现的司法困境。用相关的案例和数据反映当前赌博罪在罪与罪之间难界分、共犯主次认定难、量刑失衡的状况。基于对裁判文书中具体案情的分析,给出解决这些问题的建议。

二、赌博案总体现状

赌博罪是我国常见性犯罪之一,虽然近年来我国不断加大对赌博的打击力度,可是却没有下降的趋势,反而有所上升。赌博罪具有涉案人数多、涉案金额巨大、复发率高、社会危害性大、易导致二次犯罪等一系列特点。

因此,想要研究赌博罪的定罪量刑问题必须从了解我国赌博犯罪活动的基本情况入手,分析赌博犯罪活动屡禁不止的深层次原因,并总结我国在赌博罪定罪量刑上存在的问题和面临困境。通过对全国128份赌博罪终审裁判文书统计分析,发现赌博犯罪活动有以下特点。

(一)赌博犯罪活动基本特点

1. 涉赌人数多

从对128份裁判文书统计分析发现,在这128个案件中光被判处刑罚的人数就多达399人,其中参赌人数累计在20人以上30以下的有24件,参赌人数累计在30人以上50人以下的有36件,参赌人数累计在50人以上的有32件,裁判文书中以"多人"表述的累计参赌人数有36件。由此可以发现,赌博犯罪活动参赌人数众多,并且在有些案件中光一次赌博活动参与人数就有四五十人,累计起来的话人数可多达上百人。(见表1)

表1　累计参赌人数分布

累计参赌人数	案例数	所占百分比	累计百分比
20人以上30人以下	24件	19%	19%
30人以上50人以下	36件	28%	47%
50人以下	32件	25%	72%
多人	36件	28%	100%

2. 涉案人员学历普遍较低,农民和无业者居多(见表2、表3)

表2　涉案人员文化程度分布

文化程度	人数	所占百分比
文盲	3人	3%
小学文化	34人	29%
初中文化	60人	51%
高中文化	8人	7%
中专文化	5人	4%
大专文化	4人	3%
大学本科文化	3人	3%

表 3　涉案人员职业分布

职业	人数	所占百分比
务农	86 人	40%
无业	105 人	48%
务工	3 人	1%
个体经商	12 人	6%
司机	5 人	2%
国家工作人员	2 人	1%
人民教师	4 人	2%

从以上统计中我们可以看出，小学文化和初中文化程度的涉案人员居多，无业和农民身份的涉案人员居多，并且从对裁判文书的统计发现无业和农民身份的参赌人员里大部分都是小学文化和初中文化程度。其实从这里我们就可以看出赌博罪屡禁不止的其中一个重要原因就是这些农民或者无职业者由于自身文化程度较低，无法在社会上通过合法途径赚取更多经济利益，因此只能通过赌博这种简单、直接，不需要付出任何脑力和体力，回报高的犯罪活动来获取更多的经济利益从而维持生活或者提高生活质量。

3. 诱惑性强、复发率高

在所分析的这 128 个案件的裁判文书中，体现出抽头渔利的共 95 件，累计抽头渔利在 5000 元以上（包括本数）1 万元以下的 20 件，在 1 万元以上（包括本数）5 万元以下的 37 件，在 5 万元以上（包括本数）10 万元以下的 17 件，10 万元（包括本数）以上的 21 件（见表 4）。其中累计抽头渔利最多的达 260 万余元，聚众赌博只有 40 次，那么平均每组织一次聚众赌博就可以抽头渔利 6.5 万元，可见经济效益回报之高，而且组织聚众赌博并不需要多少成本，只需要有场所、有赌具就可以，赌具甚至一副扑克牌就可以满足赌博的条件了。因此很容易诱惑那些文化程度低，没有职业或者收入微薄的农民为了高额的利益回报组织人们聚众赌博获取高额渔利。

此外，从表 2 和表 3 中，还可以发现在涉案人员中出现了文化程度较高的群体，如公务员、教师等，虽然他们所占总人数的比例较小，但也不能忽视。由此，我们也看出赌博活动有着巨大的诱惑力，即使文化程度较高的人也会被吸引进来，这反映出了赌博活动向文化程度高、高收入群体发展的趋势。

同时,对这些案件统计分析还发现,在被判处刑罚的399人中,裁判文书有写明曾经因赌博被以治安处罚或刑事处罚的有96人,占总人数的24%。可以看出赌博犯罪有较高的复发率。这都是由于高额渔利诱惑和犯罪人自身条件所限导致了他们重操旧业。

表4　累计抽头渔利数额分布

抽头渔利	案件数	所占百分比
5000元以上1万元以下	20件	21%
1万元以上5万元以下	37件	39%
5万元以上10万元以下	17件	18%
10万元以上	21件	22%

4. 赌博犯罪活动秘密性强、不易发现

从对128个案件的分析统计来看,许多聚众型的赌博犯罪往往行为人具有很高的反侦察意识,他们之间都有明确的分工,有负责在赌场路口或者在制高点放哨的,一旦发现警察立马通知参赌人员逃跑;有负责"抽水钱"(抽头渔利)、管理赌资、为赌客提供赌资,放高利贷给赌客的;有负责参赌人员饮食、接送赌客来回往返的,还有在赌场里负责维护秩序的,防止赌客之间发生口角在赌场斗殴,为赌客们提供了一个良好、舒适、"安全"的赌博场所(见表5)。同时,聚众型赌博没有固定的赌博场所,都是流动性的赌场,经常变更赌博场所。赌头(指聚众赌博的组织、召集、策划、指挥者)每隔一段时间都要到不同的地方去踩点,选择地势偏高视野开阔,便于发现警察和容易逃跑的场所作为赌博地点。这些明确的分工给我们人民警察侦查赌博犯罪活动时带来了一定难度,很难及时的发现赌博犯罪活动并予以打击,会出现警察赶到赌博场所时,已经"人去楼空",赌头和赌客们早已逃之夭夭的局面。

表5　涉案人员不同分工的案件数总览

	案件数	所占百分比
涉及放哨、望风人员	14件	11%
涉及接送赌客、后勤管理人员	13件	10%
涉及放贷、管理赌资人员	71件	55%
涉及维护秩序人员	5件	4%

（二）赌博罪定罪量刑的司法困境

1. 此罪与彼罪界分难

在赌博罪犯活动中往往会出现“诈赌型犯罪”“投注私彩犯罪”“聚众型犯罪”等赌博类型。对于诈赌型犯罪，一审法院有判处诈骗罪，二审改为赌博罪的；①对于“私彩”犯罪，不同地区的法院会出现不同的判决，有判处非法经营罪的、有判处赌博罪的；②对于聚众型赌博犯罪也存在争议，有的被告人以赌博罪被判处刑罚，有的却以开设赌场罪被判处刑罚。③ 由于赌博类型和赌博方式的丰富多样，导致了赌博罪与诈骗罪、非法经营罪、开设赌场罪之间的分界无论是在理论界还是在司法实践界都存在较大的争议。

2. 共犯主次认定难

《2005 年解释》第 4 条规定：“明知他人实施赌博犯罪活动，而为其提供资金、计算机网络、通讯、费用结算等直接帮助的，以赌博罪的共犯论处。”这为认定赌博犯罪的共犯提供了直接的法律依据。但是在司法实践中，对于什么样的行为可以认定为提供直接帮助，是否只限于《2005 年解释》第 4 条列举的这种四种行为，其他受雇的服务人员，如放哨的、管理赌资的、监督抽头渔利的、接送赌客的还有在赌场放高利贷等人员所实施的这些行为是否又属于《2005 年解释》第 4 条所规定的帮助行为呢？在理论界可谓是众说纷纭、莫衷一是，在司法实践界，虽有受雇的服务人员和放高利贷人员被判处赌博罪的，但主、从犯认定不一。这都是由于我国刑法条文对赌博罪的规定过于简单，导致了对赌博犯罪共犯认定和处理的混乱，有损法律的权威和公正。

3. 罚金数额无明确标准

被判处罚金 1000 元以上 2000 元以下的有 14 人；2000 元以上（含本

---

① 中国裁判文书网：《王某甲诈骗二审刑事判决书》，载 http://wenshu.court.gov.cn/content/content?DocID=797a326d-8325-4012-b731-48fe1edecd59&KeyWord，最后访问时间：2016 年 6 月 22 日。

② 中国裁判文书网：《李某南非法经营罪二审刑事判决书》，载 http://wenshu.court.gov.cn/content/content?DocID=e7e52f0a-01b4-402c-8fe6-f19c5fdb963a&KeyWord，最后访问时间：2016 年 6 月 22 日。

③ 中国裁判文书网：《彭某某赌博案二审判决书》，载 http://wenshu.court.gov.cn/content/content?DocID=b6a0c8c2-7d97-4b96-bf5d-4d82c85ba218&KeyWord，最后访问时间：2016 年 6 月 22 日。

数)5000 元以下的 49 人;5000 元以上(含本数)1 万元以下的 79 人;1 万元以上(含本数)5 万元以下的 206 人;5 元万以上(含本数)51 人(见表 6)。从对 128 个案件分析发现,罚金数额的大小与量刑的轻重有着间接的联系。罚金数额的大小是靠抽头渔利来决定的,抽头渔利多了,违法所得也就越多,那么在罚金刑上自然就会处罚得越重。而量刑的轻重是综合的考量,主要是依据涉案的赌资以及抽头渔利数额的多少,还有行为人在犯罪活动中的作用大小以及罪后的表现来进行量刑的,但在这些影响量刑的因素中,抽头渔利的多寡是考量量刑轻或重的主要因素之一(见表 7)。可是由于本罪的罚金规定属于无限额罚金制,并未对罚金的上限和下限作出规定,导致在罚金的选取时,主要依靠法官的自由裁量,无明确的确定根据。

表 6　罚金与量刑的关系

罚金数额	总人数	适用缓刑人数	适用实刑人数	实刑平均刑期
1000 元以上 2000 元以下	14 人	1 人	13 人	8 个月
2000 元以上 5000 元以下	49 人	11 人	38 人	6.4 个月
5000 元以上 1 万元以下	79 人	24 人	55 人	8.4 个月
1 万元以下 5 万元以下	206 人	36 人	170 人	10.4 个月
5 万元以上	51 人	1 人	50 人	13.5 个月

表 7　罚金与抽头渔利的关系

抽头渔利	平均罚金
5000 以上 1 万以下	1.4 万元
1 万以上 5 万以下	1.6 万元
5 万以上 10 万以下	2.5 万元
10 万以上	3.1 万元

4. 未出现“以赌博为业”的情形

笔者分析的 128 个案件里,均是“聚众赌博”的情形定罪,没有出现“以赌博为业”而判处赌博罪的。那么对于“以赌博为业”这一情形存在赌博罪中还有必要吗?或是应该给这一情形进行一个明确的定义。立法最初设立该情形的目的是打击那些以赌为生、嗜赌成性的赌徒,通过刑法严苛的处罚以使赌徒产生畏惧,从而达到打击赌博犯罪的目的。但是在现实中,对于赌徒一般公安机关都是以治安处罚为主,并且赌徒在整个的赌博犯罪活动中只是一个参与者、一名赌客,对于犯罪活动并没有提供帮助,也没有主观犯罪的意图,只是因自己的嗜好,赌博成瘾,参与赌博处分自己的财产而已,并不具备社会危害性。

三、赌博罪定罪实证解析

由于赌博罪参与人数众多,参赌人员少时累计也有二十余人,多时累计可达上百人,为了避免打击面过大,刑法只将赌头作为打击对象,对于其他的参赌人员进行治安处罚即可。从对裁判文书的分析发现,影响赌博罪定罪的主要因素是对赌头的界定问题,此罪与彼罪的区分问题,还有对共同犯罪问题的分析。

(一)此罪与彼罪的区分问题

1. 赌博罪与开设赌场罪的区分问题

在对裁判文书进行统计分析时发现,128 个案件中有两例案件一审时被以开设赌场罪判处刑罚,上诉到二审后才被改判为赌博罪。我国刑法规定犯赌博罪处 3 年以下有期徒刑、拘役或管制,并处罚金。犯开设赌场罪情节不严重的处罚与赌博罪相同,但情节严重的,处 3 年以上 10 年以下有期徒刑,并处罚金。可见,两个罪名量刑差距巨大,如果不能准确地对两个罪名进行认定,会导致对犯罪嫌疑人、被告人的量刑畸轻或畸重,违背罪刑法定原则,侵害犯罪嫌疑人、被告人的权益。在两个罪名之间,"聚众赌博"和"开设赌场"这两种情形容易产生混淆,是界分和认定的难点,也是导致司法实践中定罪出现错误的主要原因。

(1)聚众赌博与开设赌场的区别

学界认为,聚众赌博是指以营利为目的,组织、邀约他人参与赌博的行为。开设赌场是指以营利为目的,为不特定的多数人提供赌博的便利条件,设置赌博场所,提供赌博工具,制定赌博规则等。对于这两种行为不同之处,笔者总结如下:

①赌场的稳定程度不同。聚众赌博的场所一般临时性,赌头对赌场的控制性较小,邀约参赌人员赌博结束之后,赌博场所就不会存在了。比如邀

约到酒店房间聚众赌博,当赌博结束后赌头就会把房间退掉。当又聚众赌博的时候,赌头可能就会更换酒店或者找其它的场所作为赌博地点,聚众赌博场所是不稳定的,不固定的。而开设赌场,赌场的地点一般都是稳定的,固定的,长期存在,短时间不会更换的,赌客们可以自发地到赌场进行赌博,无须再经临时邀约、组织,并且赌头对赌场有绝对的控制权。

②规模不同。聚众赌博一般是组织和邀约他人一起赌博,赌博的人员相对固定,人数较少,规模不大,影响力也不大。而开设赌场,赌博的人员是不特定的,来来往往人数众多,规模大,对周边地区具有一定的影响力。

③隐秘程度不同。聚众赌博的场所由于都是临时的,并且经常更换地点,相对来说较为隐秘。而开设赌场则是公开运营的,并且场所固定,存续时间长,知道的人较多。

以上就是笔者对两种行为如何区分的总结,但需要说明的是,以上区分只是就一般情况而言,因为聚众赌博有时可能也会存在人数较多,场所相对固定的情况,裁判文书之中,就出现过参赌人数累计达几百人次,在一个场所聚众赌博十几次的情形。④ 因此具体到个案时,还是要就实际案情具体分析。

(2)开设赌场罪中“赌场”的判断标准

从上述对两者的区分总结,对“赌场”有了一定的认识,从某种意义上来说,聚众赌博的行为包含了开设赌场的行为,但是开设赌场的“赌场”与聚众赌博所出现的“赌场”却不能等同起来。为了更好地把握和认识何谓开设赌场,笔者在家乡通过朋友的帮助,冒险到了现实生活中的赌场一探究竟,通过对赌场的观察,笔者对开设赌场的“赌场”总结了以下特征,以便作为更好的判断根据。

①赌场内部组织严密、分工明确。在赌场内,有专门负责发牌的人员,有专门负责抽头渔利的人员,有专门负责接送赌客,放哨的人员,有专门负责放高利贷的人员,他们分工明确,有固定的工作时间,明确的工作任务,还制定轮班换岗的工作制度。反观聚众赌博,都是临时邀约、组织参赌人员赌

---

④ 中国裁判文书网:《孙某、李某甲等犯赌博罪二审刑事判决书》,载 http://wenshu.court.gov.cn/content/content? DocID = ab3ae510 - 5918 - 4df9 - b5db - bde4b0553f5b&KeyWord,最后访问时间:2016 年 8 月 10 日。

博的,赌博场所大多是临时性的,赌头内部之间也没有很明确的分工,不存在从属关系和工作制度。

②赌场存续时间较长,行为人对赌场有绝对的控制权。行为人开设的赌场一般地点较为固定,存续时间较长,以笔者所去观察的赌场为例,该赌场在当地已经开设了两个多月,并且地点一直没有更换。在赌场内,赌博方式和赌博的规则是行为人提前制定好的,不能随意更改。而聚众赌博首先,赌博场所不会存续固定这么久;其次,赌博的方式和规则是大家一起商议的,并不固定,可随意更改。

2. 赌博罪与非法经营罪的区分问题

随着科技的进步,赌博犯罪也逐渐从地面开设赌场进行赌博,转移到了更为隐蔽、更不容易被公安机关抓获的互联网上开设赌博平台,通过在线上投注的方式参与赌博。在我国通过线上投注参与赌博的方式中,以非法发行香港"六合彩"进行投注最为普遍。在统计分析的128个案件中,有7件是以投注"六合彩"的方式进行赌博犯罪活动的。

六合彩来源于我国香港地区,是香港政府以奖券形式在香港范围内公开发行,合法的公众博彩活动。但在我国内地"六合彩"属于"私彩"范畴,"私彩"是指未经国家有关部门许可非法发行、销售彩票的行为。因此"六合彩"在我国内地是不合法的,尤其是《2005年解释》第6条还规定了"未经国家批准擅自发行、销售彩票,构成犯罪的,依照刑法第二百二十五条第(四)项的规定,以非法经营罪定罪处罚"。这更加确定了"六合彩"的不合法地位。在《2005年解释》出台之后曾有学者对20份涉及"六合彩等彩票"的判决书进行整理,认定非法经营罪的12份,占60%;认定为赌博罪8份,占40%,并且所涉案情基本相同。⑤ 其中只有赌博罪的8个判决中的2个是在《2005年解释》出台之前作出,但是也足以看出,对"六合彩"这种彩票赌博案件,在司法审判中还是存在很大分歧,在笔者所分析的7个与"六合彩"有关的案件中,有两例是一审判决为非法经营罪,二审改判为赌博罪的。因此,对于彩票类的赌博犯罪,笔者认为有必要进行研究,找出赌博罪与非法经营罪的界限,正确的定性"六合彩"等彩票犯罪的行为。

---

⑤ 欧阳本祺:《对非法经营罪兜底性规定的实证分析》,载《法学》2012年第7期。

(1)以“六合彩”等彩票赌博与非法经营犯罪的区别

①侵犯的客体不同。赌博罪侵犯的客体是社会管理秩序,而非法经营罪侵犯的客体是国家市场经济秩序。行为人利用香港“六合彩”进行赌博,从表面上看,它是未经国家批准擅自发行、销售彩票,似乎构成非法经营罪。但是,从赌博的规模上看,投注“六合彩”的人数毕竟是有限,几乎都是赌博圈内的人,影响范围较小,并且我国内地合法发行的体育彩票和福利彩票,投注额都是以亿元为计量单位,与之对比根本谈不上危害到市场经济秩序。

②客观方面不同。行为人对外销售“六合彩”,收受赌客投注的赌资,然后再把赌资转交给“上家”,待“六合彩”开奖后,“上家”再根据赌客猜赢猜输的赔率,给赌客兑付奖金,而行为人只是通过从赌客的投注的金额中牟利,并未发行实际的“六合彩”奖券给赌客,也未交付赌客任何纸质凭证,多数赌客都是以电话、网络等非书面形式进行投注的。简言之,行为人只是把“六合彩”当作赌博工具或者规则,以此聚众赌博的。众所周知,我国内地发行、销售的合法彩票都是以奖券的形式,将竞猜人所竞猜的对象打印到纸质凭证上,交付竞猜人的。因此,只有以纸质凭证的形式发行、销售⑥彩票的行为,才有可能构成非法经营罪。

(2)以“六合彩”等彩票赌博犯罪和非法经营犯罪的判定标准

①是否以书面的形式发行、销售彩票。在我国内地,无论是购买体育彩票还是福利彩票都会通过把竞猜号码打印到纸质凭证上交付竞猜者,待开奖之后,竞猜者拿着手中的凭证再去兑付奖金。如果利用“六合彩”等彩票赌博中,并未像体育彩票和福利彩票那样通过一定的书面形式发行、销售彩票,则只能构成赌博罪。

②是否把“六合彩”当作彩票发行。行为人以营利为目的,聚众赌博,他只是把“六合彩”当作一种赌博规则,供赌客们投注竞猜,从中牟利则构成赌博罪。只有真正把“六合彩”当作彩票进行发行、销售才可构成非法经营罪,我们不能只要看到“彩票”的字眼,就机械地适用“两高”出台的《2005年解释》。

---

⑥ 目前我国已经发布了相关文件,明令禁止通过互联网购买福利彩票和体育彩票。笔者也通过互联网求证过,确实不能购买彩票了。并且,笔者还到销售彩票的实体店去咨询过,他们给笔者答案也是现在只能到实体店购买彩票,不能通过互联网购买彩票。

（二）共犯的认定问题

1. 受雇人员是否成立赌博罪共犯

在聚众型赌博中，往往参赌人员很多，规模庞大，这就需要赌头雇用一些人员来管理赌场，保证赌场的正常运转。这些雇佣人员他们有不同的分工，有负责放哨的，有负责打扫卫生的，有负责参赌人员饮食的，有负责接送赌客的，有负责赌场安保的，有负责管理赌资、抽头渔利等人员，这些受雇人员在赌博犯罪中都起到了或大或小的作用，那么这些受雇人员里面哪些才能成立赌博罪的共犯呢？

在司法实践中有两种意见，第一种意见认为，这些受雇人员明知他人从事赌博犯罪活动，依然接受雇佣提供服务，符合共犯的特征，应当以赌博罪共犯追究其刑事责任；第二种意见认为，这些受雇人员的行为虽然对赌博犯罪活动的进行起了一定的作用，但也仅仅是被雇佣人员而已，只按照约定领取固定工资，其行为无疑是违法的，可以按照《治安管理处罚法》的有关规定进行处罚，但不构成犯罪。⑦

笔者认为，以上意见都过于片面或者绝对。对于这些受雇人员，我们应当根据他们的工作性质以及这个岗位在赌博犯罪中所起的作用来区分哪些属于共犯，哪些不构成共犯。比如像负责打扫赌场卫生、负责赌客饮食、负责接送赌客等带有服务性质的受雇人员，就不成立赌博罪的共犯。虽然这些服务人员为赌场提供帮助，但是这种服务性的工作并不能真正影响赌场的正常运转，也不会因为没有服务而终止赌博，他们所能提供的仅仅是给赌客创造一个更舒适的赌博环境。因此不应当认定为共犯，追究其刑事责任。而那些在赌场中负责望风放哨、负责发牌陪码、负责管理赌资、抽头渔利的等受雇人员，他们是直接参与到赌博犯罪当中的，这些岗位缺一不可，缺少任何一个岗位都可能会导致赌博活动无法继续下去，是能起到左右赌博犯罪活动作用的。因此，这类能够给赌博犯罪活动提供直接帮助的行为，应当认定为共犯。

2. 在赌场发放高利贷的人员是否成立赌博罪共犯

在赌博犯罪活动中，发放高利贷的人员可分为以下几类：

---

⑦ 胡国庆：《聚众赌博犯罪共犯的认定》，载《黑龙江生态工程职业学院学报》2010 年第 5 期。

第一类,行为人从一开始就参与组织、策划、召集他人聚众赌博,本质上属于赌头,只是在整个赌博活动中负责发放高利贷这一项工作。这类行为人毋庸置疑成立赌博罪共犯。

第二类,行为人是在赌博活动开始后才到赌场去发放高利贷的,是中途才参与进来的,首先,行为人能否到赌场里发放高利贷必须经过赌头的同意,所以是与赌头有过共谋的;其次,行为人明知这里是进行赌博活动,仍然为赌客提供资金使得赌客可以继续赌博,同时也促进了赌博活动得以延续,对赌博犯罪活动起到了直接帮助的作用。因此,这类发放高利贷的人员也成立赌博罪的共犯。

第三类,赌徒之间相互发放高利贷的。此种情形是赌徒双方自愿的民间借贷行为,无论是在赌博场所内实施还是在赌博场所外实施,都是一种平等民事主体间的经济交往,虽然双方形成的债权债务关系不受法律保护,但不能因为是在赌博场所实施借贷行为,就对其以赌博罪的共犯论处。⑧

第四类,赌头雇用到赌博场所专门向赌徒发放高利贷的人员。这种情形是赌头为了使赌博活动能够得到延续,扩大赌博活动规模,从赌徒身上获取更多的渔利,因此专门雇用发放高利贷的人员为赌徒提供充足的资金,使赌徒不会为了身无赌资而犯愁,能够安心地参与赌博。赌头的这一行为属于聚众赌博的行为方式之一,可作为赌博罪的从重处罚情节。而这些在赌博活动中专门发放高利贷的人员,属于赌头雇用的服务人员,对于赌博犯罪活动的顺利开展起到了直接帮助作用,应当以赌博罪的共犯论处。

四、赌博罪量刑实证解析

通过对裁判文书的分析发现,对于赌博罪量刑的轻重,实务界着重考察的内容主要有行为人组织聚众赌博规模的大小、涉案赌资和抽头渔利数额的多少、在赌博犯罪中所起作用的大小以及罪后表现。

1997年《刑法》中将赌博罪视为轻罪,只设置了"3年以下有期徒刑,拘役或者管制并处罚金"的单一法定刑,而且对于赌博罪的量刑幅度没有

---

⑧ 同注⑦。

具体细分。并且在《2005年解释》中也只强调了入罪和从重处罚的情形。[9] 但对于入罪之后不同的犯罪情形如何量刑并没有详细的标准规定,这就必然会导致由于法官的自由裁量权过大,每个法官因自身专业知识水平、阅历、性格、个人偏好、法律思维等的不同以及每个地区的法律政策不同,出现各个地区、各个法院量刑混乱、不规范的局面。从对裁判文书统计分析中发现,在赌博罪量刑上存在相同案件不同判罚,主、从犯认定不一等问题。

（一）量刑失衡问题

赌博罪的案情大多都挺相似,基本上行为人都是以营利为目的,聚众赌博。不同的地方主要体现在,赌资的大小、参赌人数的多少、抽头渔利数额的多寡。从对128份终审裁判文书中发现,案情具有极度相似的两个案件,却会出现不同的量刑幅度。详见表8(2015年原公诉机关福建省云霄县人民检察院诉郭建华赌博案[10]和2015年原公诉机关江苏省丹阳市人民检察院诉龚某甲赌博案[11])。

从表8我们可以看出上诉人都系主犯,都有如实供述罪行,当庭认罪的表现,上诉也均被驳回,唯一不同的就是抽头渔利数额相差7000元,一个被判处有期徒刑10个月,另一个被判处有期徒刑1年6个月。可见,由于赌博罪没有具体的量刑标准,导致了同样的案情判罚却相去甚远。

---

⑨ 《刑法》第303条关于赌博罪的《2005年解释》第1条规定:"以营利为目的,有下列情形之一的,属于刑法第三百零三条规定的'聚众赌博'":(一)组织3人以上赌博,抽头渔利数额累计达到5000元以上的;(二)组织3人以上赌博,赌资数额累计达到5万元以上的;(三)组织3人以上赌博,参赌人数累计达到20人以上的;(四)组织中华人民共和国公民10人以上赴境外赌博,从中收取回扣、介绍费的。"《刑法》第303条关于赌博罪的《2005解释》第5条规定:"实施赌博犯罪,有以下情形之一的,依照刑法第三百零三条的规定从重处罚:(一)具有国家工作人员身份的;(二)组织国家工作人员赴境外赌博的;(三)组织未成年人参与赌博,或者开设赌场吸引未成年人参与赌博的。"

⑩ 中国裁判文书网:《方清松犯诈骗罪郭建华犯诈骗罪、赌博罪二审刑事判决书》,载http://wenshu.court.gov.cn/content/content?DocID=e6759ce6-b508-4658-9a83-8fc19af6c618&KeyWord,最后访问时间:2016年8月22日。

⑪ 中国裁判文书网:《龚某甲寻衅滋事罪,龚某甲、冷某赌博罪二审刑事裁定书》,载http://wenshu.court.gov.cn/content/content?DocID=bcddbfd6-033c-4782-98e0-eb44a3b41209&KeyWord,最后访问时间:2016年8月22日。

表 8　同案对比情况

犯罪情况	职业	罪后表现	主、从犯	主刑	附加刑	抽头渔利	审判地	上诉
以营利为目的,组织多人聚众赌博,从中抽头营利,实施赌博犯罪活动	无业	如实供述罪行,当庭认罪	主犯	有期徒刑 10 个月	罚金 2 万元	49,000 元	福建省漳州市	驳回
以营利为目的,组织多人聚众赌博,从中抽头营利,实施赌博犯罪活动	无业	如实供述罪行,当庭认罪	主犯	有期徒刑 1 年 6 个月	罚金 4 万元	56,000 元	江苏省镇江市	驳回

详见表 9(2015 年原公诉机关湖北省汉川市检察院诉何某甲赌博案⑫和 2015 年原公诉机关湖北省青山区检察院诉胡某甲诉胡某甲赌博案⑬)。

从表 9 我们可以看出在上诉人皆是主犯,赌资数额一个是 359,700 元,另一个是 102,280 元,涉案赌资数额较大的是累犯,属于应当从重处罚的情节,这两人均具有当庭认罪的表现。但判处的刑罚却让人费解,赌资数额较大,并且是累犯的被判处有期徒刑 11 个月,而另一个赌资相比较少,不是累犯的被判处有期徒刑 10 个月。同样在一个省份,只是地区不同,赌资数额相差 25 万多元,并且还是累犯,却仅仅比另一名被告多 1 个月的刑期,实在让人不能理解。

⑫ 中国裁判文书网:《何某甲赌博罪二审刑事裁定书》,载 http://wenshu.court.gov.cn/content/content?DocID=0178b818-966a-4616-b806-ba28cd618db6&KeyWord,最后访问时间:2016 年 8 月 22 日。

⑬ 中国裁判文书网:《胡某甲犯赌博罪二审刑事裁定书》,载 http://wenshu.court.gov.cn/content/content?DocID=90758e08-e32e-4f8a-9bef-b392ae792395&KeyWord,最后访问时间:2016 年 8 月 22 日。

表 9　同案对比情况

犯罪情况	职业	累犯	最后表现	主、从犯	主刑	附加刑	赌资	审判地	上诉
以营利为目的,组织多人聚众赌博,从中抽头营利,实施赌博犯罪活动	(文书中未写明)	是	当庭认罪	主犯	有期徒刑 11 个月	罚金 2 万元	359,700 元	湖北省孝感市	驳回上诉
以营利为目的,组织多人聚众赌博,从中抽头营利,实施赌博犯罪活动	农民	否	当庭认罪	主犯	有期徒刑 10 个月	罚金 1 万元	102,280 元	湖北省武汉市	驳回上诉

(二)共犯主次认定问题

在上文中我们着重讨论了什么样的帮助行为才能成立共同犯罪,在这里笔者就已经认定为共犯的案件进行分析,什么样的行为能构成主犯,什么样的行为能构成从犯。因为,笔者在对这 128 份终审裁判文书统计时发现,不同地区的法院根据被告人在犯罪活动中所起的作用,在认定主、从犯上是存在分歧的。有的法院认为,在赌场中放高利贷、管理赌资等行为在赌博犯罪系主犯地位,但有的法院却认为他们居于从犯的地位。不同法院出现的不同认定,这就会导致在量刑上存在巨大的偏差,违背了刑法的罪责刑相适应原则,同时也侵害了被告人的权利。详见表 10。

在这 128 个案例中有一例是一审被认定为主犯,二审认定为从犯,改判缓刑的。每个地区的每个法院对于赌博罪主、从犯的认定都有着不同的意见,分歧很大,而且对于共犯的认定具有较大的随意性。有的司法机关认定共犯,有的司法机关却并未提及共同犯罪,有避而不谈之嫌;即使认定为共同犯罪,有的司法机关明确划分了主、从犯,而有的司法机关却认为没有划分主、从犯的必要。我们都知道对于共同犯罪的量刑,需要细致地去判断行为人在犯罪活动中所起的作用,从而给予轻重不同的量刑。《2005年解释》中的第4条虽然规定了明知他人实施赌博犯罪,而为其提供资金、计算机网络、通信、费用结算等直接帮助的,以赌博罪的共犯论处,但是这一条的规定远不能满足现在赌博罪的实际需求,同时也没有给出划分主、从犯的具体标准。从前文的数据分析,我们也知道现在的赌博犯罪分工明确,有一定的组织性,虽然部分放高利贷者、赌资管理者理应纳入共犯的范围,但把他们认定为主犯是值得商榷的,因为他们在聚众赌博中,论其地位、作用、社会危害性与赌头之间是有很大差距的。所以,在赌博罪中只有明确认定主、从犯的划分,才能与罪责刑相适应原则不相违背,体现量刑的公正。

表10 共犯划分情况

共同犯罪情况	划分标准	案例数	百分比
未认定共犯	主体为一人	45	35%
	主体为二人以上	37	29%
认定为共犯	未划分主从犯	10	8%
	明确划分主从犯	36	28%

五、实证研究具体建议

(一)完善赌博罪的相关立法

从前面对这128个案件的统计分析,我们已经知道了,在实际的赌博犯罪活动中,基本没有因"以赌博为业"这一情形被判处刑罚的,都是"以聚众赌博"被判赌博罪的。所以应该对"以赌博为业"予以修改,完善立法,从而更好地在司法实践中适用,避免它继续流于形式,空洞地存在于《刑法》第303条里。

时至今日,我国也没有出台过相关法律条文或司法解释对"以赌博为业"予以界定,目前司法实践中普遍认同的观点,认为具备下列情形之一的,可视为"以赌博为业":(1)没有正式职业或其他正当收入而以赌博为生的;(2)连续半年以上不务正业,专门从事赌博活动的;(3)参与赌博活动持续半年以上,赌博所得超过合法收入的;(4)经常赌博屡教不改的。[14]虽然司法实践中对"以赌博为业"下了定义,但是这种定义缺乏实际可操作性。因为最初设立这一情形的立法目的是处罚"赌棍"(即赌徒),但在实践中对于参赌人员都是行政处罚,这就与刑法所规定的这一情形相冲突,因此在司法实践中基本不适用。并且在司法实践中对于什么是"以赌博为业"的"赌棍"也很难去界定,因为"以什么为业",这个"业"字在汉语字典中的意思是从事的职业或某种工作,也就是说"以赌博为业"的意思就是以赌博为职业,任何法理解释它都必须基于此来作出解释,不能离开最基本的语义。所以在实际中,追究赌博者刑事责任时,没有哪一个赌徒会承认自己是以"以赌为业"或者"以赌为生的",司法机关也无法只依据赌徒有长期赌博的行为,就把赌徒的职业认定为赌博。因此,总的来说,这一情形的存在是没有意义的。笔者认为,对于"以赌博为业"的判定可以借鉴相关国家和地区的做法。

1. 借鉴日本的做法

《日本刑法典》第 186 条规定"常习赌博的处 3 年以下惩役"。常习赌博是指具有反复实施赌博行为习癖的人,并不需要是不具有其他职业,以赌博为常业的人。[15]如果以"常习赌博"代替"以赌博为业",司法机关在追究赌博者刑事责任时,就省去了证明赌徒是以赌博为职业这个难题。而且常习赌博的重点在于描述赌徒反复实施赌博行为的陋习,与我国设立赌博罪打击反复赌博行为,维护社会管理秩序和社会风尚的立法目的是相符的。

2. 借鉴台湾地区的做法

我国台湾地区"刑法"第 21 章,从第 266 条到第 270 条都是关于赌博行为的处罚规定。其中第 267 条规定"以赌博为常业者,处二年以下有期徒刑,得并科一千元以下罚金"。该条的规定与我国赌博罪中规定"以赌博为业"的情形极为相似。在我国台湾地区,"刑法"理论上认为常业犯是指行为人意图通过重复地实施犯罪行为,在一定期间与范围内,取得持续的收入来源。台湾地区"刑法"关于常业犯的规定,除了常业赌博之外,还有常业

---

[14] 崔庆国:《我国赌博罪的立法缺陷及其完善》,载 http://cdmd.cnki.com.cn/Article/CDMD-10183-2006115787.htm,最后访问时间:2016 年 9 月 1 日。

[15] [日]大塚仁:《刑法概说》(总论),冯军译,中国人民大学出版社 2003 年版,第 498 页。

盗窃罪、常业诈欺罪、常业引诱容留良家妇女卖淫或猥亵罪等。虽然常业赌博罪与其他的常业类型犯罪都被理解为常业犯罪,但是理论上却认为常业赌博罪的规定在实质上与其他的常业犯类型有很大的不同。因为除了常业赌博以外,台湾地区“刑法”所规定的其他常业犯类型都是依附在一个已经构成犯罪的行为上,换句话说,即使行为人不是具有常业的意图,也会构成犯罪,常业性只是一个加重处罚的要素。但是在常业赌博罪中,常业性却成为了犯罪构成要件,并不需要依附在一个已经构成犯罪的行为上。根据台湾地区的“现行法”的规定,单纯的赌博行为并不是犯罪,只有在一定场所进行的赌博行为才会构成台湾地区“刑法”第266条的普通赌博罪,再加上台湾地区实务中一直认为在公共或公众出入的场所赌博只是“刑法”第266条的犯罪成立要件,至于常业赌博罪则不以在公共或公众出入的场所赌博为限。可以发现,这就使得“常业性”在赌博犯罪这里的性质独具一格,已然变了独立的犯罪构成要件,不需要依附在一个已经构成犯罪的行为上,而不再视为是单纯的加重处罚情节,与其他常业类型犯罪的性质格格不入,极为矛盾。并且台湾地区学者认为,每个人在工作时,都具有常业的意图,常业性是一种正常的现象,不应该成为被评价为负面的要素。常业之所以被处罚,必须所依附的是一种不法行为。因此,从上述分析可以看出,台湾地区“刑法”第267条关于常业赌博的规定是与“刑法”体系相矛盾的、相冲突的。所以,2005年台湾地区“刑法”删除了该条规定。

笔者认为,关于刑法赌博罪中“以赌博为业”的情形,效仿我国台湾地区的做法,予以删除也未尝不可。因为,从之前数据分析中我们已经知道在司法实践中没有一例以“赌博为业”判处赌博罪的,该情形的规定已经流于形式,形同虚设,没有存在的价值。加之,对于赌客一般都以治安处罚为主。因此,予以废除也是可以值得去考虑的。

(二)明确主、从犯的划分标准

在前面笔者已经详细阐述,哪些行为可以构成赌博罪的共犯,也用数据展示各个法院对主、从犯划分不一的混乱局面。明确地划分主、从犯是罪责刑相适应原则的要求,也是对被告人合法权益的保护,更是量刑公正的体现。对于负责管理赌资、抽头渔利、负责发放高利贷等这些能够直接对赌博活动提供帮助的行为,应当具体情况具体分析,不能一概而论,或一律认为是主犯,或一律认为是从犯。笔者认为,可以通过以下的方法来区分上述对赌博活动提供帮助的行为到底构成主犯还是从犯。

1. 看加入的时间

如果行为人事先就已经参与了组织、策划、召集他人聚众赌博，是赌头之一，只是在赌博开始时，依据分工，行为人被安排负责管理赌资、抽头渔利、发放高利贷等工作，并且在赌博活动中参与了抽头渔利的分红，那么应当认定为主犯，从严惩处。

如果负责管理赌资、抽头渔利、发放高利贷等工作的人员，是在赌博犯罪活动开始后，中途加入进来的，那么就要看行为人是否成为“股东”，参与抽头渔利的分红，即拥有了赌头的身份。如果是，那么认定为主犯。如果不是，那么此种情形又可分为三种情况：一是行为人是赌头雇佣进来负责管理赌资、抽头渔利等工作的；二是行为人与赌头协商后到赌场给赌客发放高利贷非法获利的；三是行为人明知他人聚众赌博，自行到赌博场所向赌徒发放高利贷的（赌头对此行为一般都是默许的，因为行为人到赌场发放高利贷也变相的使聚赌赌博犯罪活动得到延续）。对于第一种情况，由于行为人与赌头之间是雇佣关系，不是赌博犯罪活动的实际组织者、策划者、管理者，在犯罪中的地位和作用要小于赌头，因此可认定为从犯；对于第二种情况，行为人是在聚众赌博犯罪活动开始前或者进行中与赌头有通谋的，虽然这一为赌博犯罪活动提供资金帮助的行为为赌博活动的延续起到了一定的作用，但并不是能够直接影响赌博犯罪活动能否存续的作用，仅具有一定的帮助作用，所以可认定为从犯；对于第三种情况，虽然行为人发放高利贷的行为在客观上对赌博犯罪活动的延续起到了帮助作用，吸引了更多的赌徒参与到赌博活动中，扩大了赌博的规模，进一步增强了社会危害性，但是，行为人发放高利贷的对象为不构成赌博罪的赌徒，并且与赌头之间也缺少事前或者事中的通谋，行为人发放高利贷的行为没有故意为赌博犯罪活动提供资金帮助的主观表现，这与赌徒之间相互发放高利贷的情形没有任何区别，不能将其认定为赌博罪的共犯，所以无须区分主、从犯。

2. 看行为人的身份

行为人是赌头雇佣到赌场管理赌资，负责抽头渔利，负责发放高利贷等工作的，并以天为单位或者以小时为单位计算工钱，给行为人发工资的，那么可以认定为从犯予以量刑。因为行为人并非赌头，并没有从一开始就参与到组织、策划、召集他人聚众赌博的活动之中，只是赌头的雇员而已，他对赌博活动虽然起到了一定的延续作用,但这不是能够实质影响赌博犯罪活动能否进行或延续的行为,起不了决定性的作用。因为即使他不做雇员,赌头还可以聘请其他的人员来负责这一份工作,只是因行为人明知是在进行赌博犯罪活动,并直接提供了帮助。

(三)完善赌博罪刑罚的配置

英国刑法学者安德鲁·艾什沃思曾有过这样的论述,"当相似案件得到不同的处理时,或者当不同的案件没能得到不同的处理时,都会出现量刑的失衡。量刑失衡是司法不公的表现形式(载体),将会破坏量刑制度的名声,引起公众对量刑制度的不信任"。[16]所以,规范量刑,完善赌博罪的量刑,不仅对打击赌博犯罪活动起着重要作用,更能体现司法的公平正义。

1.完善法定刑

(1)适度提高法定刑

首先从刑期来分析,笔者在论文写作前期从中国裁判文书网搜集裁判文书时发现,2015年全国一审有与赌博罪相关的案件数共有3008件,但到二审的案件只有171件。可以看出上诉率是极低的,这不是因为对赌博罪的判罚争议不大而导致上诉案件少,笔者认为主要是因为刑法中对赌博罪法定刑规定畸轻造成的。从收集的128份终审裁判文书中,笔者通过统计发现,被判处最高刑期的是两年有期徒刑,并且只有一例案件。[17]除被判处缓刑和拘役以外的,被判处有期徒刑的犯罪分子大多集中在7个月至12个月刑期之间。而犯罪分子从被公安机关刑事拘留到一审判决结束交付执行最快也要半年左右,根据刑事诉讼法的规定先行羁押的,羁押一日折抵刑期一日,也就是说犯罪分子实际服刑不了几个月就可以被释放,对于这些被以赌博罪判处刑罚的犯罪分子来说刑期太短,根本没有上诉的必要。几个月之后刑满释放又可以重操旧业,继续进行赌博犯罪活动。同时,服刑刑期过短,对于这些犯罪分子也起不到教育改造的作用。

其次从社会危害性来分析,赌博是二次犯罪的祸根,被称为"犯罪的温

---

[16] 转引自赵秉志:《当代刑罚制度改革研究》,清华大学出版社2015年版,第483页。

[17] 中国裁判文书网:《彭某某赌博案二审判决书》,载http://wenshu.court.gov.cn/content/content?DocID=b6a0c8c2-7d97-4b96-bf5d-4d82c85ba218&KeyWord,最后访问时间:2016年8月25日。

床”。笔者在对裁判文书统计分析时发现,有6例案件涉及因赌博而产生其他的犯罪。其中,有被害人因在赌博过程中欠下行为人巨额赌债,行为人为了使被害人尽快还款对其限制自由,触犯非法拘禁罪的;[18]有行为人因索要赌债未果,将被害人殴打成轻伤二级,被以赌博罪和故意伤害罪数罪并罚的;[19]还有行为人在组织聚众赌博过程中为了延续赌博犯罪活动、扩大赌博规模,提供免费毒品甲基苯丙胺(俗称冰毒)供参赌人员吸食从而同时触犯赌博罪和容留他人吸毒罪的。[20]从上述的这些案例中可以看出,组织赌博或参与赌博不但会触犯赌博罪,而且还会因为赌博活动中的相关因素诱发新的犯罪。

从前文对参赌人员职业身份统计的数据表中,我们还可以发现,国家工作人员、国家企事业单位人员在参赌人员中也占据了一定的比重。在2014年中央还晒出一份官员赌博清单,截至2014年10月10日,整治查处党员干部参赌涉赌案件6122起,涉及7162人。[21]浙江省纪委一位干部曾说过,党员领导干部参加赌博有四个特点:一是贪污受贿、挪用公款等腐败问题常与赌博密切联系;二是部分官员常出入国(境)外赌博,所涉及的赌博数额巨大,导致了国家财产的流失,损害了国家利益;三是参与赌博的主体逐渐向国家工作人员、党员干部延伸,涉案干部级别有从低向高发展的趋势;四是赌博的不正之风有损党员干部人民公仆的形象,失信于民,严重降低了党和政府的公信力,带坏社会风气,严重影响当地的经济发展和社会稳定。由此可见,赌博犯罪行为的社会危害性之大。

---

⑱ 中国裁判文书网:《宁德波等六人赌博、非法拘禁案二审刑事裁定书》,载 http://wenshu. court. gov. cn/content/content? DocID = 70c59e89 - f4b8 - 4bb3 - 96a2 - e5c7c6622112&KeyWord,最后访问时间:2016 年 9 月 9 日。

⑲ 中国裁判文书网:《上诉人丁正国故意伤害、赌博,原审被告人邬昌虎、胡耕铭赌博罪二审刑事裁定书》,载 http://wenshu. court. gov. cn/content/content? DocID = 8c331fa2 - 3c25 - 408c - 8703 - 841a1082ab94&KeyWord,最后访问时间:2016 年 9 月 9 日。

⑳ 中国裁判文书网:《孙某某赌博、容留他人吸毒一案二审刑事裁定书》,载 http://wenshu. court. gov. cn/content/content? DocID = 83888608 - d55b - 4e42 - 9ae1 - 6d5655c2cbd7&KeyWord,最后访问时间:2016 年 9 月 9 日。

㉑ 百度百科:《官员赌博清单》,载 http://baike. baidu. com/link? url = Tu_A60TeOcaUGSWuUkPaqjt _ I _ 2Zl _ w89TnNPcBctlPYFEaoRIx9urPQR7oHj0QrZhZD _ 0bcazInzmmAwW-ncnoTzYLDIRoyE-d42Dy5ls0W2v-Gy8Jrm5v4xVnzNBZSgHj8V9BNos0U7O4JSl5t0K,最后访问时间:2016 年 5 月 21 日。

因此,笔者认为应当适度提高赌博罪的法定刑,这样才可以达到足以震慑犯罪分子,起到禁止或扼制赌博犯罪活动,维护社会公共秩序的目的。虽然这种提法与“刑罚轻缓化”的世界大趋势是有所相悖的,但是这种提法与我国宽严相济的刑事政策是相吻合的,提高法定刑可以更好地做到该宽则宽,当严则严,宽严相济,罚当其罪,更能体现罪责刑相适应的原则。

(2)制定与赌博罪“三种情形”相适应的量刑幅度

关于赌博罪的《2005 年解释》第 1 条规定了“以营利为目的,有下列情形之一的,属于刑法第三百零三条规定的‘聚众赌博’:(一)组织 3 人以上赌博,抽头渔利数额累计达到 5000 元以上的;(二)组织 3 人以上赌博,赌资数额累计达到 5 万元以上的;(三)组织 3 人以上赌博,参赌人数累计达到 20 人以上的;(四)组织中华人民共和国公民 10 人以上赴境外赌博,从中收取回扣、介绍费的。”在《2005 年解释》中规定了四种构成赌博罪的情形,由于从对裁判文书的统计分析发现第四种情形基本没有出现,因此在这里暂时不讨论第四种情形。从前三种规定的情形中,可以发现,赌博罪入罪的标准主要是依据参赌的人数、赌资的大小、抽头渔利数额的多少,来判定行为人是否构成赌博罪。但是《2005 年解释》中的第 1 条只规定了赌博罪入罪的标准,对于不同情形的严重程度如何去量刑却没有规定。因此,在司法实践中,对于这三种情形的不同严重程度,只能依靠法官个人的经验来进行裁判,这就容易导致前文出现的同案不同判,量刑尺度不一的混乱局面。所以急需制定与这“三种情形”相适应的量刑幅度。

2. 规范罚金适用

贪欲型的犯罪一般都是以牟取利益为目的,对此种犯罪的行为人适用罚金刑能够具有明显威慑力。因为对这些犯罪人处以一定的罚金,剥夺一定的财产,使这些本来想通过赌博犯罪活动牟取不义之财的犯罪行为人不仅没有获得利益,而且遭受经济上的损失,从而对犯罪起到较大的个别预防作用。同时,罚金刑对贪欲型犯罪起到一般预防作用,那些想通过犯罪手段攫取不义之财的人,最后却被没收违法所得和处以高额的罚金,钱财尽空,潜在的犯罪者就会因为受到罚金刑的威慑而打消组织聚众赌博非法获利的念头。[22]

---

[22] 杨伟斌:《论赌博罪》,载 http://cdmd.cnki.com.cn/Article/CDMD-10246-1011197364.htm,最后访问时间:2016 年 8 月 25 日。

总之，在没收了犯罪人违法所得后，又对其适用罚金刑，这样就提高了犯罪人的犯罪成本，使其无利可图，能起到预防犯罪的目的。但赌博罪在适用罚金刑上无具体标准作为参考，从对裁判文书的分析也只能得出，赌资金额越大、抽头渔利数额越多的罚金刑越重。也应根据不同的赌资数额、不同的抽头渔利数额制定出不同幅度的罚金刑，这才能体现出适用罚金刑的价值，也可以让法官在运用罚金刑时有一定的参考依据，避免主观的臆断，体现出法律公平与正义的价值。

（四）规范量刑，避免失衡

我国的量刑失衡问题一直饱受诟病，有着许多的争议，虽然理论界和实务界围绕着“量刑失衡”不停地在作研究，也取得了一定的成果，但量刑失衡的现象仍然普遍存在。量刑失衡问题并不是我国特有的现象，这是一个世界性的难题，许多国家都存在这个问题。所以妄加将中国司法实践贴上量刑失衡的标签，这是对我国法官群体的不尊重，也是对那些为解决量刑失衡问题作出贡献的学者们的不尊敬。量刑问题是事关我国社会主义法治建设、社会的稳定与和谐发展以及国家长治久安的重大问题，因此，解决量刑失衡问题刻不容缓。

在刑法中，涉及量刑失衡的罪名有很多，赌博罪只是其中的冰山一角，但并不能因为赌博罪是轻罪就不加以重视。在前文的第三部分“赌博罪量刑实证分析”中，笔者通过表格的形式，把几个类似的案例作了比较。从表格中我们可以看出，在赌博罪的量刑上，不同地区的不同法官作出的判决是有巨大偏差的，但这绝不仅仅是因为法官之间的专业水平和社会经验丰富程度不同而导致的，很大程度上还是因为我国刑法对赌博罪在量刑上的规定不够清晰，没有具体的量刑标准，才导致同案不同判现象的产生。

赌博罪作为涉案人数多、影响范围大的常见性高发犯罪，在我国最高人民法院《关于常见犯罪的量刑指导意见》（以下简称《指导意见》）中却无具体的体现。因此，笔者建议将赌博罪纳入《指导意见》中，根据不同的情节、不同的情形制定出具体统一的量刑标准。就如盗窃罪在《指导意见》中的规定，根据不同情形在相应的幅度内确定量刑起点：（1）达到数额较大起点的，两年内三次盗窃的，入户盗窃的，携带凶器盗窃的，或者扒窃的，可以在1年以下有期徒刑、拘役幅度内确定量刑起点；（2）达到数额巨大起点或者有其他严重情节的，可以在3年至4年有期徒刑幅度内确定量刑起点；（3）达到数额特别巨大或者有其他特别严重情节的,可以在10年至12年有期徒刑幅度内确定量刑起点。依法应当判处无期徒刑的除外。

笔者认为,在将赌博罪纳入《指导意见》后,可以效仿对盗窃罪量刑的规定,虽然赌博罪只有3年以下一档法定刑,而盗窃罪有三档法定刑,但是可以根据不同情形在相应的幅度内确定量刑起点。根据抽头渔利数额的多寡、涉案赌资的大小、聚众赌博人数的多少来确定不同幅度内的量刑起点。这样就可以给法官在量刑时提供具体的参考依据和指导,防止法官的主观臆断和经验判断,统一量刑标准,达到规范量刑,避免出现失衡的目的。

六、结语

赌博罪在定罪和量刑上一直有许多争议,也存在许多困境。就如文中所体现的那样,罪与罪之间难区分、同案不同判等问题始终无法得到真正解决。笔者通过对128份生效裁判文书的统计分析,找出了赌博罪与其他罪名难以区分和在量刑上失衡的问题,并给出了具体的判断标准和完善建议。由于笔者才疏学浅,在论述中定有许多不足之处,但仍希望这些拙见能对打击赌博犯罪活动、遏制赌博犯罪活动起到一定的作用,能给司法实践界在办理赌博案件时提供一定的帮助。

The Empirical Study on The Conviction and Sentencing of Gambling—Taking 128 Effective Judgments'Instruments All over The Nation in 2015 as Analysis Sample

Zhao Qian

Abstract: Gambling is common in people's daily life as a way of entertainment. In accordance with Article 9 of *Interpretations on Issues Concerning Application of Laws to Handling of Criminal Gambling Cases* published by the Supreme People's Court and the Supreme People's Procuratorate in 2015, the not-for-profit entertainment activities involving only a small amount of property and the operating conducts which offer the entertainment venues such as chess and card rooms to charge fees for the venue and services will not be considered as gambling conducts. However, gambling will inevitably lead to winning or losing. Those who lose a bet desire to win back their money and those who win a bet hope to earn more money. This proves to be human's weakness which may result in the increasingly intense gambling activities that go beyond legal boundary and undermine the order of social administration. Finally, the gambling activities will evolve into criminal gambling activities. Though Article 303 of the *Criminal Law of the People's Republic of China* and relevant judicial interpretations have defined the standards of gambling criminalization, the expansion of network gambling platform and the increasing update of gambling modes have led to great difficulties in the handling of criminal gambling cases as well as numerous disputes over conviction and sentencing. Based on making statistics and analyses on 128 effective judgments of China in 2015 by means of empirical analysis, this paper sums up present problems and focuses of controversies about gambling crime in a systematic way to put forward suggestions in combination with relevant theories.

Key words: gambling crime; conviction; sentencing; gambling leader; mass gambling

（作者单位：贵州省紫云苗族布依族自治县人民检察院）

酌定不起诉裁量权制约机制实证研究

杨静雪

摘要：酌定不起诉产生于起诉便宜主义的兴起，刑事犯罪数量与司法资源之间的紧张关系日益凸显的社会背景下，既符合刑事司法规律又能满足社会发展需求。酌定不起诉裁量权制约机制作为酌定不起诉裁量权的监督和保障机制，一方面监督和约束酌定不起诉裁量权的行使，防止权力的滥用；另一方面保障约束的适度性、促进酌定不起诉制度应有功能的有效发挥。然而在现行制约机制的作用下，酌定不起诉使用率较低，沦为"正常的法律规范，反常的司法实践"。本文旨在通过考察制约机制的现状，客观、全面地分析其对酌定不起诉适用的影响和作用，探究现行机制存在的问题，并针对其存在的问题给出相应的完善建议。

关键词：酌定不起诉裁量权；制约机制；实证研究

一、酌定不起诉裁量权制约机制概述

（一）酌定不起诉的理论基础

酌定不起诉的理论基础及实践意义是其制约机制保障的核心价值。酌定不起诉，又称相对不诉、微罪不诉，在我国是指对于犯罪情节轻微，依照刑法不需要判处刑罚或者免除刑罚的案件，人民检察院可以作出不起诉决定。从其产生理论和时代背景上看，酌定不起诉制度是起诉便宜主义理论在我国发展的产物，是立法者为缓解犯罪激增与司法资源紧张之间的矛盾而开出的良方。

1. 起诉便宜主义的兴起

起诉便宜主义因能够为检察人员灵活运用自由裁量权、有效化解社会矛盾纠纷创造空间，同时有效缓和犯罪数量与司法资源之间的紧张关系，故为多数法治国家所采纳，有的国家甚至将其规定为刑事诉讼基本原则。[①]我国立法也受到该理论影响，1996 年《刑事诉讼法》规定的酌定不起诉制度，其内涵与起诉便宜主义一脉相承，是起诉便宜主义在我国刑事诉讼法中的具体体现。

2. 宽严相济的刑事政策

宽严相济的刑事政策强调刑法的谦抑性和法律适用过程中法律效果与社会效果的统一，否定一味地"严打"，主张"打防结合，预防为主，依法惩罚犯罪与依法保障人权并重"，[②]主张对犯罪行为人"区别对待"。[③] 酌定不起诉制度就是宽严相济刑事政策"宽"的一面在审前程序中的具体体现。

3. 刑罚目的的转变

随着社会的发展，人权保障意识的增强，公众对于刑罚目的的认识也在发生着转变。当今绝大多数法治国家都不同程度地认可：刑罚的目的不限于纯粹的惩罚犯罪行为，还包括对将来犯罪的预防。酌定不起诉对轻微犯罪者采取非刑罚化的处理方式，一方面有效地防范了轻微刑事犯罪者在监狱内的交叉感染，另一方面有助于其顺利回归社会。

（二）酌定不起诉制度的实践意义

1. 实现案件的程序分流

程序分流是指刑事案件从通常程序中被过滤出来的状态。[④] 程序分流使得刑事案件脱离通常刑事案件的审理、决定方式，采用其他非刑罚化的方

---

① 起诉便宜主义是指检察人员虽然认为案件已具备刑法上的犯罪构成要件，符合起诉条件，仍可以进行"合目的性"审查，权衡案件是否适宜提起公诉。起诉便宜主义产生于大陆法系国家，是其对刑法绝对报应观念的反思以及对刑事追诉制度改革的结果，德国将起诉便宜主义规定为刑事诉讼基本原则，作为起诉法定主义的补充。

② 高铭暄、彭凤莲：《新中国基本刑事政策的演进》，载卢建平主编：《刑事政策评论》（第 1 卷），中国方正出版社 2007 年版，第 8 页。

③ 此处"区别对待"是指宽严相济刑事政策的两个方面：从严刑事政策、从轻刑事政策。可将其归纳为：该严则严，当宽则宽；严中有宽，宽中有严；宽严有度，宽严审时。

④ 姜涛：《刑事程序分流研究》，人民法院出版社 2007 年版，第 1 页。

式进行处理。酌定不诉即为程序分流在审前程序中的一种表现形式,有效缓解了刑事案件数量激增与司法资源紧张之间的矛盾,有效实践了刑事诉讼法的"公正理念",及时、高效地办理案件,确保当事人的权利不会长期处于不确定的不利状态。

2. 助力社会矛盾的化解

当前我国正处于社会变革的深水期和社会矛盾的多发期,各种社会利益之间的冲突碰撞日益激烈,及时、有效地化解社会矛盾,维护社会稳定秩序成为司法工作的一大主题。酌定不起诉使检察机关在法律允许的范围内,以一种较为灵活的方式平衡利益关系,促成当事人的和解,弱化冲突,修复被破坏的社会关系。其在吸纳案件当事人以及社会公众意见、及时回应民意方面,有着一般程序无法比拟的优势。

3. 实现检察人员客观公正的自我定位

英美法系国家将检察人员定位为"一造当事人",大陆法系国家则认为检察人员的职责不仅限于追诉犯罪,更在于对国家权力的双重控制,制约法官的擅断,扼制侦查人员的恣意,乃至有学者将检察人员称为"站着的法官"。我国宪法将检察机关定位为法律监督机关,更加强调检察人员"法律守护者"的身份。我国检察人员也因此需要承担比国外同行更重的客观公正义务。酌定不诉就是检察人员在审前程序中以中立第三方的身份,在综合分析出罪、入罪证据的基础上,作出决定的过程,突出、集中地体现了检察人员"法律守护者"的身份。

(三)酌定不起诉裁量权制约机制的概念及意义

酌定不起诉制度有着深刻的学理基础和重要的实践意义。然而其适用的主观性、程序公开性以及客观性方面的不足,致使其适用存在较大风险。酌定不起诉裁量权制约机制因此应运而生,一方面对酌定不起诉制度的潜在风险加以防范,另一方面保障酌定不起诉裁量权行使的正当性、公正性。

酌定不起诉制度在诉与不诉之间,为检察人员披上了"上帝的袍服",[⑤]赋予其决定犯罪者命运的力量,而过于抽象的适用标准使其主观性难以避

---

⑤ 检察官作出酌定不起诉决定,虽只是行使程序上的处分权,未对犯罪者作出实体上的定罪量刑处分,但是这种程序处分足以终止诉讼的进行,让犯罪者免于被法院定罪判刑、追究刑责的命运,故笔者将其比喻为披上了"上帝的袍服"。

免。因此酌定不起诉制约机制的存在至关重要：一方面对酌定不起诉裁量权进行约束，可以避免其异化为利益交换的砝码和滋养司法腐败的温床，防止其步免于起诉制度的后尘；⑥另一方面保障酌定不起诉裁量权的有效行使，使其保障人权、预防犯罪、有效解决社会矛盾等功能得以发挥。

相较于普通起诉的刑事案件，酌定不起诉的刑事案件的处理过程缺乏诉讼参与人的参与，相对封闭，公开性不足，其客观性、公正性难免受到质疑。因此，需要相应制约机制对检察机关行使酌定不起诉裁量权的过程进行有效监督和约束，保障"程序公正"。

目前法律虽没有明确酌定不起诉裁量权制约机制的这一概念，但是立法和司法实践中创设出的一系列监督、约束酌定不起诉裁量权行使的制度，以及保障酌定不起诉裁量权正当行使的措施，这些制度和措施共同组成了酌定不起诉裁量权的制约机制。酌定不起诉裁量权制约机制是酌定不起诉的监督和约束机制，也是其保障机制，其价值主要在于对权力风险的防范以及对权力价值的保障，重在制止权力的风险减损权力价值这一危害后果的发生。

二、酌定不起诉裁量权制约机制的现状

曾有学者将我国的酌定不起诉制度称为"正常的法律规则，反常的司法实践"，指出酌定不起诉在司法实践中的适用情况不尽如人意。本部分主要采用实证调研的方式，以Y县检察院的实地调研结果作为切入点，分析酌定不起诉裁量权制约机制的现状及酌定不起诉的适用情况，重在探讨现行酌定不起诉裁量权制约机制对酌定不起诉的影响和作用。⑦

（一）酌定不起诉裁量权的立法制约

酌定不起诉的适用条件，是立法对酌定不起诉制度源头的管控，通过限

---

⑥ 免于起诉制度，酌定不起诉的前身，曾赋予检察官更大的自由裁量权，但因其建立缺少法治背景，未能配置有效、合理的制约机制，使用率畸高，饱受诟病，加之其"违反控申分离原则"的先天不足，最终被1996年《刑事诉讼法》废止。

⑦ Y县检察院所在的Y省Y县，地处高原地带，以农业为主，经济较为落后，绝对贫困人口占总人口的27%，属于欠发达地区。Y县检察院办案人数为48人，公诉部门办案人数为5人，年公诉案件数约为110件。

定酌定不起诉的适用范围,明确酌定不起诉程序的准入条件,约束检察人员对不起诉裁量权的恣意行使。根据《刑事诉讼法》第173条第2款之规定,酌定不起诉的适用必须同时满足两个条件:“犯罪情节轻微”“符合刑法规定”。根据《刑法》第37条之规定,对于犯罪情节轻微不需要判处刑罚的,可以免于刑事处罚。根据该刑法条款,案件能否使用酌定不起诉,核心在于“犯罪情节是否轻微的认定”。

因“犯罪情节轻微”的认定标准过于抽象,司法解释以及司法解释性文件对其予以进一步细化。目前我国相关司法解释认定“犯罪情节轻微”的标准主要集中在三个方面:犯罪行为的社会危害性、犯罪行为人的主观恶性以及人身危险性。然而该三个要素本身缺乏明确、客观的衡量标准,无法从根本上解决立法制约过于抽象的问题。

从理论上分析,规则的模糊容易导致两个极端,即缺乏有效约束,酌定不起诉裁量权被大肆滥用;或是缺乏明确规范的指导,检察人员为避免使用错误,而限制酌定不起诉的适用范围,阻碍酌定不起诉制度的发展。而现行司法实践中酌定不起诉制度似乎趋于第二种情形。

以Y县检察院为例。从酌定不起诉适用的数量上分析,2010～2014年期间,Y县检察院年酌定不起诉率基本维持在2.5%上下,最高不超过4.7%,最低时为0,酌定不起诉适用率非常低。从酌定不起诉案件的分布上看,Y县检察院酌定不起诉案件主要集中在交通肇事案件、盗窃案件以及故意伤害案件三类案件上,其在酌定不起诉案件数中占比高达88%。深入调查发现,因立法、司法解释及司法解释性文件对该三类犯罪的定罪以及量刑的规定较多且相对明确,为其“犯罪情节轻微”的认定提供较为具体的认定标准。调研中,70%受访的公诉人员也明确表示,明确且具体的适用规则能够有效为其提供理论支撑,有助于其对犯罪情节的认定,为酌定不起诉适用的正当性提供了可靠依据,降低了其适用法律错误的风险,所以其更愿意对适用条件明确的案件类型进行酌定不起诉。

在规则不明确的情况下,检察人员为了保证适用酌定不起诉的准确性和正当性,为了规避因适用法律错误而承受的办案风险,其对酌定不起诉适用条件的把握不可避免地变得严格、保守,乃至苛刻,将本可以适用酌定不起诉的轻微刑事案件排除在外,而这种做法无疑限制了酌定不起诉的适用空间,从某种程度上讲,也没能实现立法制约对酌定不起诉的源头管控功能。

(二)酌定不起诉裁量权的程序制约

酌定不起裁量权的程序制约采用自我监督为主、外部监督为辅的模式,一方面通过检察机关内部严格、缜密的组织制度和办案流程,规范酌定不起诉的适用程序及检察人员的司法行为,监督和约束其酌定不起诉裁量权的行使;另一方面通过公开审查制度、复议、复核制度等,让外部主体参与到酌定不起诉案件审查程序,增强程序的透明度和公开性。

1. 酌定不起诉案件的办案流程

基于对裁量权滥用的高度警惕,以及"法律守护者"的自我定位,我国检察机关采用了一种近乎严苛的自我监督方式,集中体现在酌定不起诉案件办案流程的设置上,贯穿于酌定不起诉适用的全过程,但是其合理性和有效性却值得商榷。

根据刑事诉讼法及相关司法解释规定,酌定不起诉案件的办案流程主要由以下三个制度组成:审批制度、讨论制度、备案制度。[⑧](见图1)审批制度通过对案件的层层审批,弱化检察人员个人对案件的决定性影响;讨论制度以民主集中制为原则,以集体智慧为酌定不起诉适用的正当性、合理性把关,防止承办人的擅断、恣意;备案制度通过备案实现了上级检察院对下级检察院的监督。

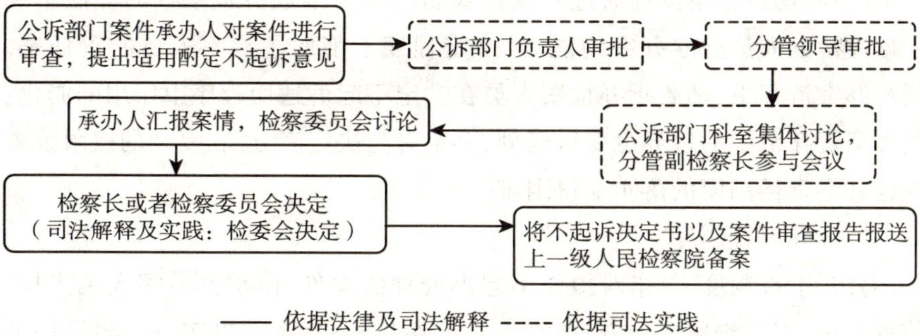

图1 酌定不起诉案件办案流程图

通过上述流程图不难看出,在现行办案流程制约下,承办检察人员实际

⑧ 酌定不起诉案件办案程序主要依据:《刑事诉讼法》第173条,2012年最高人民检察院《人民检察院刑事诉讼规则(试行)》第406~407条,2013年《检察机关执法工作基本规范》第6.86条,2001年最高人民检察院公诉厅《人民检察院办理不起诉案件质量标准(试行)》第1条第4款第7项。

上仅具有适用酌定不起诉的建议权,其作用局限于建议并且推动适用酌定不起诉的进程,案件能否进入科室讨论阶段取决于公诉部门负责人以及分管领导的审批结果,能否进入检察委员会讨论阶段取决于科室讨论的结果。这极大压缩了检察人员独立办理案件的空间。

通过对Y县检察院的调研发现,该制约机制带来的另一负面影响是加重了检察人员的工作量,一定程度上削减了其适用酌定不起诉的积极性。90%的受访者表示酌定不起诉程序烦琐,相较于普通刑事案件的办理,其工作量大大增加,工作时间大大延长。通过对Y县检察院2010~2014年公诉部门刑事案件办案时间的调查统计,在没有退回补充侦查的情况下,该院普通刑事案件的办案时间平均在25日左右,而酌定不起诉案件的办案时间平均在45日,比前者多出近20日。

在目前检察人员对酌定不起诉普遍持保守、谨慎态度的情况下,办案程序的烦琐无疑为检察人员对酌定不起诉的消极态度新增一股助力。以Y县检察院为例,2010~2014年期间年酌定不起诉率基本维持在2.5%上下,最高不超过4.7%,最低时为0,酌定不起诉适用率非常低。然而这种对酌定不起诉裁量权的消极态度,具有与滥用权力同样的危害性,也会导致损害司法公正的结果发生。

此外,现行办案流程通过限权方式制约酌定不起诉裁量权的方法不利于培养检察人员独立办案的能力,一定程度上削弱了检察人员的责任感。现行办案流程下,随着承办检察人员在酌定不起诉适用程序中作用的弱化,其办案责任范围的边界也变得模糊,办案者与决定者分离、复杂的权限设置等让办案责任制度的落实变得困难。

2. 公开审查制度

公开审查制度,是指对拟作不起诉处理的案件,由承办检察人员主持,侦查人员、犯罪嫌疑人一方、被害人一方参与,并就案件事实、证据、适用的法律以及是否应予不起诉各自发表意见的案件审查活动。从其结构设置上看,酌定不起诉案件的公开审查程序是一种准司法程序,检察机关居中主持,置于客观中立的立场,同时赋予诉讼参与人参与程序,表达意见的途径。其通过公开、透明的程序,保障酌定不起诉的程序正当性,是约束检察人员对裁量权的有效手段。但是实践中,公开审查制度对酌定不起诉裁量权的制约作用非常有限。

从其适用率上看,自2001年该制度被确立以来,Y县检察院尚未出现使用公开审查制度的案例。通过进一步访问调查发现,Y县检察院公诉部门对于检察人员对该制度的了解度以及关注度都非常有限,其中60%的受访者表示没有听说过该项制度,80%的受访者对该制度的可行性持怀疑态度。其主要理由集中在四个方面:第一,公开审查并非不起诉案件必经的、法定的程序。该制度规定在最高人民检察院公诉厅制定的某份规范中,立法及司法解释并未予以确认,因此对检察机关的约束力相对较弱。第二,公开审查让本就烦琐的酌定不起诉程序适用变得更加复杂,大大增加了检察人员的工作量。第三,公开审查加大了检察机关的司法成本,一定程度上影响了检察机关进行公开审查的积极性。第四,侦查机关及案件当事人启动公开审查程序的权利基础薄弱,对检察机关的约束力有限,再加上Y县涉案人员多以受教育程度较低、法律素养有限的农民为主,其行使权利的能力有限。其中司法资源的制约以及其加重了检察人员的工作负担是公开审查制度未能得到有效实施的最重要原因。但是如谷口安平所言:"程序公正使得程序在时间和金钱上都更沉重了。但要削弱它,则不仅削弱了司法程序,也削弱了整个法律制度的合法性。"⑨

3. 相关人员的申诉、自诉

(1)被不起诉人的申诉

被不起诉人的申诉,是外部主体对酌定不起诉特有的事后监督方式,是指被不起诉的犯罪嫌疑人对酌定不起诉决定不服,可以向作出决定的检察院申诉。⑩ 该制度是犯罪嫌疑人以申诉程序纠正错误酌定不起诉决定的方式,对酌定不起诉裁量权的监督和制约。

从其主体设置上看,该监督制度仅限于被酌定不起诉犯罪嫌疑人。依照正常的生活逻辑,犯罪嫌疑人在有充分证据证明其实施了犯罪行为的情况下,主动申请撤销对其有利的决定,可能性不大。此外,在目前严格的冤案错案责任追究机制的威慑下,司法实践中检察机关对无罪者或其他应当

---

⑨ [日]谷口安平:《程序公正》,载宋冰主编:《程序、正义与现代化——外国法学家在华演讲录》,中国政法大学出版社1988年版,第381页。

⑩ 《刑事诉讼法》第177条,2012年最高人民检察院《人民检察院刑事诉讼规则(试行)》第413条。

被绝对不起诉者错误适用酌定不起诉的情况也相对较少。相较而言,符合适用条件而未被酌定不起诉的犯罪嫌疑人对于通过申诉监督、敦促检察人员行使酌定不起诉裁量权,动力更强,现实必要性也更迫切。调研发现,在没有被不起诉人申诉案例的Y县检察院,犯罪嫌疑人,尤其是有辩护人的犯罪嫌疑人向承办检察人员请求适用酌定不起诉或者就案件定罪量刑表达意见的情形较为普遍。由于现行酌定不起诉裁量权制约机制并未向其提供表达意见、参与程序的正常通道、有效途径,该类意见对检察人员的影响有限。

从其程序设置上看,该制度对检察机关依赖度较高,被不起诉人发挥作用的空间有限。如图2所示,被不起诉人向检察机关提出申诉后,对酌定不起诉决定的审查、监督由检察机关独立完成,缺乏被不起诉人的参与,若超过既定申诉时间,其申诉并不必然启动监督程序,还需经过有关部门的审查。被不起诉人的申诉权实质上仅限于启动检察机关对酌定不起诉事后监督的程序启动权,申诉程序的公开性和透明程度有限,被不起诉人的参与度有限。

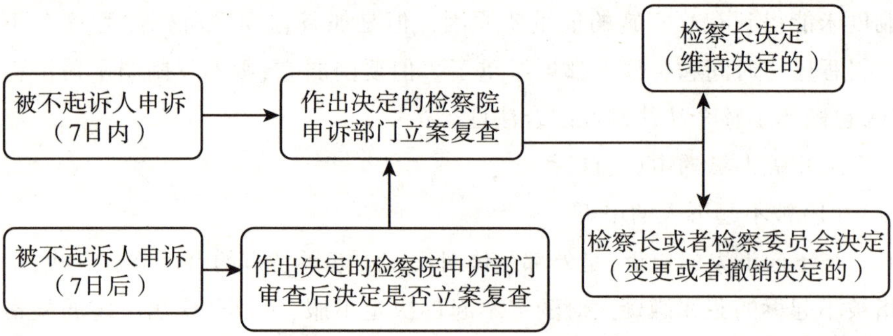

图2　被不起诉人申诉流程图

(2)被害人的申诉、自诉

酌定不起诉中被害人的申诉及自诉,是指被害人对不起诉决定不服,可以向上一级人民检察院申诉,或者直接向人民法院起诉。[11] 被害人的申诉和自诉也是外部主体对酌定不起诉的事后监督。相较于犯罪嫌疑人对酌定不起诉的制约,被害人的申诉、自诉,对酌定不起诉裁量权的制约相对灵活且制约效力更强。被害人一方面可以通过申诉的方式向检察机关寻求内部

⑪ 《刑事诉讼法》第176条,2012年最高人民检察院《人民检察院刑事诉讼规则(试行)》第413条。

监督的救济,另一方面可以通过自诉的方式通过法院实现对酌定不起诉裁量权的监督。尤其是被害人的自诉,绝对独立于检察机关,能直接以法院判决纠正检察机关不当的不起诉决定。(见图3)

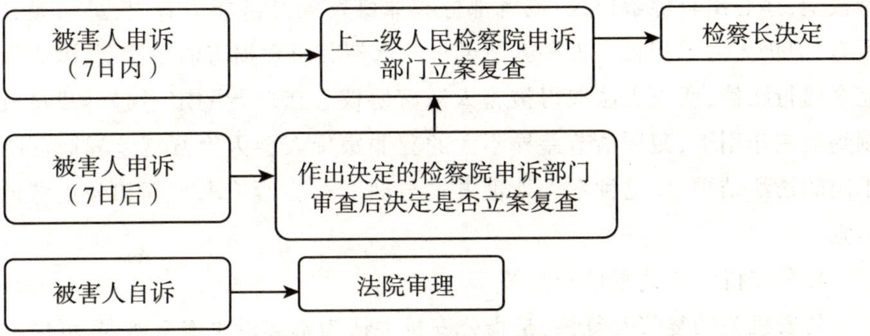

图3　被害人申诉、自诉流程图

从其适用状况上看,被害人对酌定不起诉裁量权制约的效力很强。以Y县检察院为例,2005~2014年的10年间,Y县检察院没有1件被害人对酌定不起决定的申诉或者自诉的案件。因为Y现检察院的检察人员非常重视被害人的意见,只有在被害人遭受的人身损害或者财产损失已经得到了充分的赔偿或者补偿,案件当事人之间的矛盾已经化解的情况下,才会考虑适用酌定不起诉。因为检察机关在作出酌定不起诉决定之前已充分吸收、考虑了被害人意见,所以该地区鲜有被害人对酌定不起诉决定不服进行申诉、自诉。

虽然该制约方式效力很强,但是程序正当性却严重不足。以Y县检察院为例,检察人员对于"被害人谅解协议"主要采用书面审查的方式,审查的重点主要集中在协议的真实性和自愿性方面,对于协议的合法性关注不够。对于协议自愿性、真实性的审查,较为严谨的检察人员通常是以电话的方式(主要针对被害人)或者讯问犯罪嫌疑人的方式,予以简单核实。对于协议内容合法性的审查,例如协议达成的经济赔偿数额与犯罪嫌疑人所造成的损害和赔偿能力是否相适应,协议是否符合法律规定,是否损害国家、集体和社会公共利益或者他人的合法权益,是否符合社会公德等内容,检察人员甚少关注。

此外,检察人员简单将犯罪嫌疑人完成了赔偿,取得被害人的谅解作为是否适用酌定不起诉的重要考量因素。致使司法实践中从犯罪行为危险程度以及犯罪后果的严重程度上看并无明显差异的犯罪嫌疑人,极有可能因为赔偿问题面临截然不同的处境。部分经济能力较好的犯罪嫌疑人为了免于刑罚,向被害人或其家属支付了数额较大的赔偿金,被害人一方因经济困难接受,违心出具谅解协议;或者部分犯罪嫌疑人经济能力有限,虽然倾其所有,但仍无力承担被害人一方所要求的远超其所致损害的赔偿金,因为未完全履行赔偿,所以无法取得被害人谅解协议。在现行酌定不起诉裁量权制约机制作用下,犯罪情节差异不大的犯罪嫌疑人会因为贫富差异而面临不同的司法结果,而这种案件处理方式与刑事司法所追求平等和公正背道而驰。

4. 公安机关申请复议与复核

公安机关的复议及复核,是指公安机关认为不起诉决定有错误,可以向作出决定的检察院要求复议,如果意见不被接受,可以向上一级人民检察院提请复核。[12] 公安机关的复议、复核是外部主体通过事后监督、纠正的方式实现对酌定不起诉裁量权的制约。

从制度设置上看,公安机关的复议、复核程序同样独立性较差,公安机关发挥作用的空间有限。如图 4 所示,公安机关的复议和复核权实质上也仅限于启动检察机关对酌定不起诉事后监督的程序启动权,申诉程序的公开性和透明程度有限,其程序参与度有限。在当前司法实践中公安机关、检察机关与法院三机关之间制约不足,配合有余的司法现状下,一来,其对检察机关所作的酌定不起诉决定进行主动监督和纠正的动力不足;二来,公安机关工作量大,且酌定不起诉决定属于轻微犯罪案件的处置方式之一,并未对其侦查结果进行根本上的否定,不会影响其内部考核的结果,其监督的积极性不高。

从该程序的适用状况上看,其适用率较低,以 Y 县检察院为例,2005 ~ 2014 年的 10 年间,没有 1 例公安机关对酌定不起诉决定复议、复核的案例。

---

[12] 《刑事诉讼法》第 175 条,2012 年最高人民检察院《人民检察院刑事诉讼规则(试行)》第 415 ~416 条。

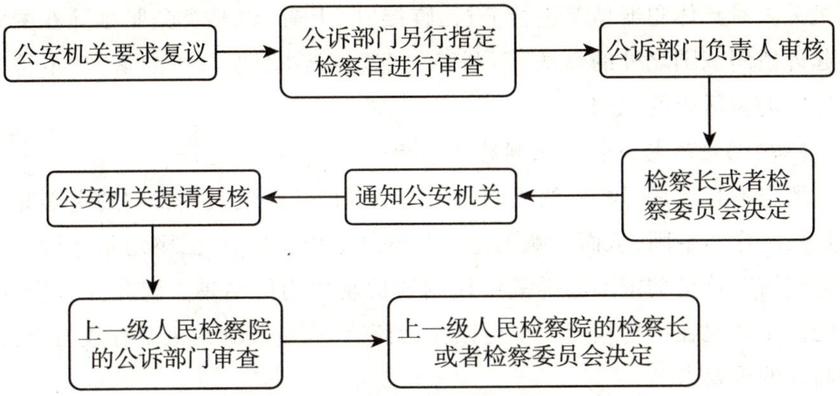

图4　公安机关复议、复核流程图

（三）酌定不起诉裁量权的其他制约

司法实践中，检察机关内部的指导性意见、会议纪要等，对酌定不起诉裁量权的制约作用不容小觑。上级检察院通过下发的会议纪要以及指导意见等文件多为地方性的文件，不具有司法解释的效力，不会出现在审查报告、起诉书、不起诉决定书、判决书等法律文书中，甚至不会出现在检察机关内部讨论的会议记录中，但是却对适用酌定不起诉有着实质性影响，尤其在现行酌定不起诉适用条件规范模糊的情况下，其制约的有效性非常明显。但是因为其政策性较强，通常是为了应对某一时期的某一司法现状，因此稳定性较差、前瞻性不足，部分规则欠缺合理性和正当性。

以Y县检察院为例。自2011年将醉驾入刑以来，在上级检察院严厉打击醉驾案件指示的作用下，2011～2014年期间Y县检察院没有1件醉驾案件被酌定不起诉。相较之下，交通肇事罪与危险驾驶罪同属于危害公共安全类犯罪，且两类案件数量相当，交通肇事案件占全部刑事案件的20%，而危险驾驶案件为18%，但二者的处分结果却差异明显。交通肇事案件被酌定不起诉有6件，占全部酌定不起诉案件的33%；危险驾驶案件被酌定不起诉的为0，92%的被宣告缓刑，其中刑期在1年以下的占83%，属于醉酒驾驶且未造成人员伤亡的占86%。相较于有醉酒驾驶情节且致人伤亡的交通肇事案件而言，该类危险驾驶案件其犯罪行为的危害性以及犯罪后果的严重程度并不突出，其中也不乏具有自首情节的犯罪行为人，但是均未被酌定不起诉。相关立法规定，酌定不起诉适用于所有符合条件的轻微刑事案件，除危害国家安全类犯罪外，未对其他罪名进行限制。司法实践中，检察机关未对具体犯罪情节进行分析,直接以"上命"将某类犯罪排除在酌定不起诉适用范围之外的做法,不利于"宽严相济"刑事政策的落实,不符合刑法罪刑相适应的原则。

(四)酌定不起诉裁量权制约的影响

酌定不起诉裁量权制约机制作用的范围以及强度直接影响酌定不起诉裁量权的作用空间,从而影响酌定不起诉的适用。换言之,酌定不起诉的实际适用情况就是酌定不起诉裁量权制约机制作用的结果。因此,酌定不起诉的适用情况在一定程度上也可以作为评价、衡量其制约机制有效与否,合理与否的重要参照。

本部分内容主要以笔者在Y县检察院调研获取的数据、资料为主,结合权威资料、数据库的数据信息,对现行制约机制作用下的酌定不起诉的适用情况予以全面、客观的评价。

1.酌定不起诉裁量权滥用空间有限

从调研的结果上看,现行司法实践中,在某种程序上存在一套较为完整的酌定不起诉裁量权约束和管控机制,对滥用酌定不起诉裁量权的防范和抑制发挥了重要作用。在现行制约机制管控下,检察人员行使裁量权的空间非常有限,不当行使权力的风险极高,检察人员滥用酌定不起诉裁量权的可能性不大。从实证调研的结果上分析,司法实践中检察人员对不符合条件的案件适用酌定不起诉,滥用酌定不起裁量权,放纵犯罪的情况极少。以Y县检察院为例,2005~2014年的10年间没有1例被不起诉人、被害人申诉的案件,没有1例被害人自诉的案件没有1例公安机关申请复议以及复核的案件,也没有相关的上访事件。一定程度上表明,在现行制约机制下,该地区酌定不起诉案件质量较高,现行制约机制在权力约束方面取得有效成果。

2.酌定不起诉率较低

在现行酌定不起诉裁量权制约机制的高压作用下,酌定不起诉率相对较低。如表1以及图5所示,2010~2014年期间,Y县检察院不起诉率虽然有所起伏,但是从整体上看基本趋于稳定,始终保持在13%以下,酌定不起诉率则更为稳定,一直维持在2%~5%(详见表2),未有明显变化。经调研,Y县检察院2000~2006年,酌定不起诉的适用率也基本稳定在2%~5%之间,极少突破5%。从全国的情况上看(见图6),我国不起诉率也基本在低位徘徊,持续稳定在5%以下,未有明显变化。

表1 Y县检察院不起诉率统计表(2010~2014年)

年份	被不起诉人数⑬	移送审查起诉总人数	不起诉率
2010	0	137	0
2011	7	170	4.1%
2012	16	146	10.9%
2013	19	156	12.2%
2014	7	129	5.4%

表2 Y县检察院酌定不起诉率统计表(2010~2014年)

年份	被酌定不起诉人数	移送审查起诉总人数	酌定不起诉率
2010	0	137	0
2011	4	170	2.3%
2012	7	146	4.7%
2013	4	156	2.5%
2014	3	129	2.3%

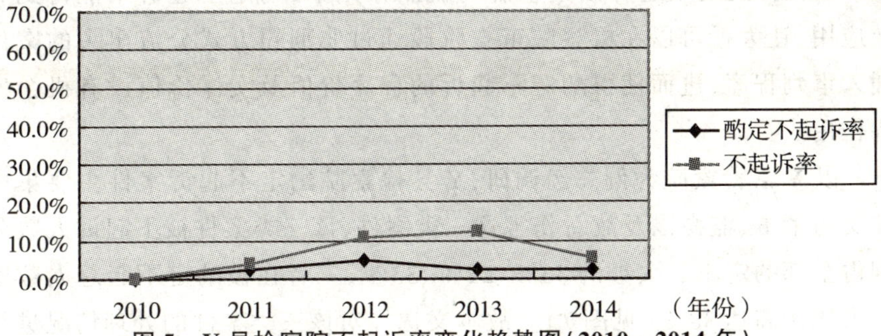

图5 Y县检察院不起诉率变化趋势图(2010~2014年)

⑬ 此处的被不起诉包括:法定不起诉、酌定不起诉以及存疑不起诉。

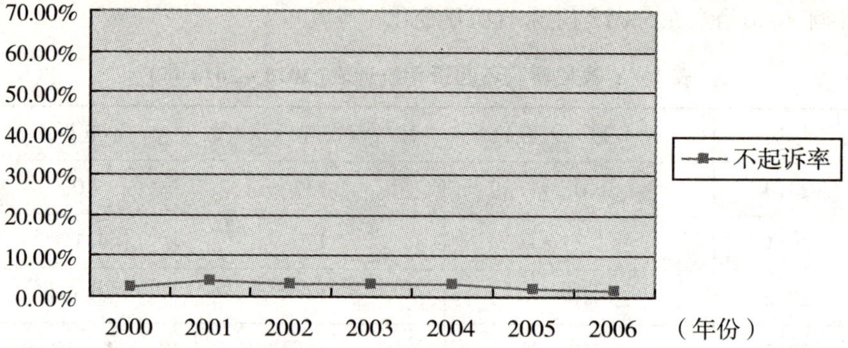

图6　我国不起诉率变化趋势图(2000~2006年)

相比之下,德国1997年酌定不起诉为21.3%,日本1993年不起诉率为29%,1994年为34.6%,2002年为43%。日本1993年酌定不起诉率为27.3%,1994年为29.2%。[14] 上述两个国家的不起诉率以及酌定不起诉率均呈大幅上升趋势。上述两个国家与我国的法律制度不尽相同,因此纯粹的数量比较并不科学。但是从数据的变化趋势上看,国外不起诉以及酌定不起诉均呈逐年快速发展的趋势。而我国不论是从全国的情况看,还是从Y县检察院实地调研的情况看,在现行酌定不起诉裁量权制约机制作用下,不起诉以及酌定不起诉率长期稳定维持在较低数值,未有明显上升趋势,适用率低,发展缓慢。

在现行酌定不起诉裁量权制约机制作用下,酌定不起诉未能得到有效应用,让大量可以在检察院审查阶段通过非刑罚方式分流出去的案件涌入审判程序,进而使得酌定不起诉的程序价值及实体价值没有机会发挥作用。

以Y县检察院为例。经调研,Y县检察院酌定不起诉案件主要集中在交通肇事、盗窃以及故意伤害这三类案件,该三类案件被不起诉人数分别占全部酌定不起人数的33%、22%、33%,三者在被酌定不起总人数中所占比例高达88%(见图7)。故本文选择对该三类案件的处理情况进行分析。

---

⑭　姜涛:《刑事程序分流研究》,人民法院出版社2007年版,第32、35页。

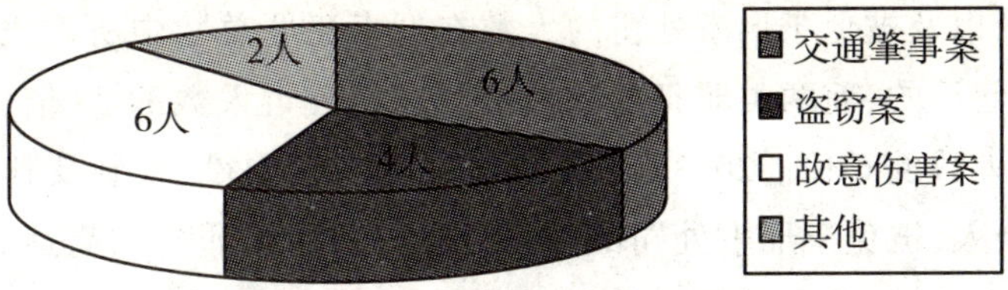

图 7　Y 县检察院酌定不起诉案件类型分布图(2010～2014 年)

如图 8 所示,2010～2014 年期间,该三类案件经法院审理,被宣告缓刑的人数均高于被酌定不起诉人数,被宣告缓刑人数约为被相对不起诉人数的 7 倍。其中在被宣告缓刑总人数中,刑期在 2 年以下者占 90%,[15]刑期在 1 年以下者占 70%。通常法院对犯罪者判处缓刑、拘役、管制及其他处罚,甚至免于刑事处罚,是基于其犯罪情节较轻,人身危险性以及再犯危险性较小。因此,被法院判处缓刑、拘役、管制及其他处罚者,以及被免于刑事处罚者属于轻微犯罪者,具备适用酌定不起诉的条件。

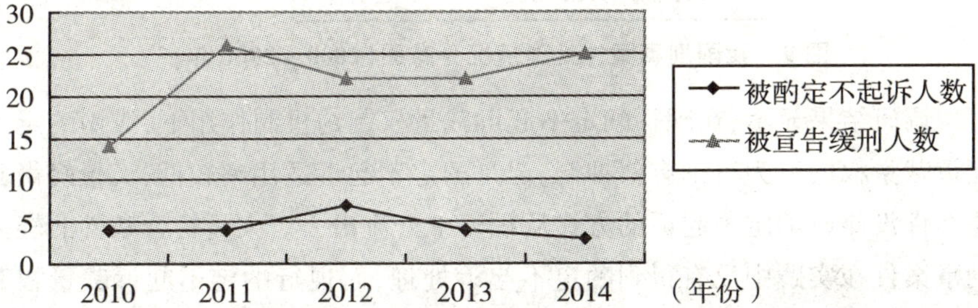

图 8　Y 县检察院三类案件处理情况图[16](2010～2014 年)

进一步对该三类案件的案卷材料进行同类对比调查发现,同类案件中,被宣告缓刑者,尤其是刑期在 1 年以下者,其犯罪行为危险性、主观恶性、人身危险性以及犯罪后果严重性等,相较于被酌定不起诉者并无明显差异。而现行酌定不起诉裁量权制约机制并未设置相应监督措施针对这种轻微犯罪的不同刑事处分行为的正当性、合理性进行考察和评析。

Y 县检察院的情况并非个例,从全国的情况看(见图 9),2000～2006 年期间,我国不起诉率一直稳定处于 5% 以下,而被判处缓刑、拘役、管制及其

⑮　此处刑期是指被判处的刑期,而非缓刑考验期。

⑯　此处三类案件是指:适用酌定不起诉相对集中的三类案件,即交通肇事案件、故意伤害案件以及盗窃案件。

他处罚的,以及被免于刑事处罚的人数在刑事犯罪总数中所占比例却一直高于被不起诉的,前两类罪犯人数最高是被不起诉人数的25倍,最低也是被不起诉人数的6倍。2003年我国被判处缓刑、拘役、管制及其他处罚的为21万余人,被免于刑事处罚的为11,906人,两类罪犯共高达22.5万余人。相较而言,被酌定不起诉者人数与两类罪犯人数之间的差值更大。

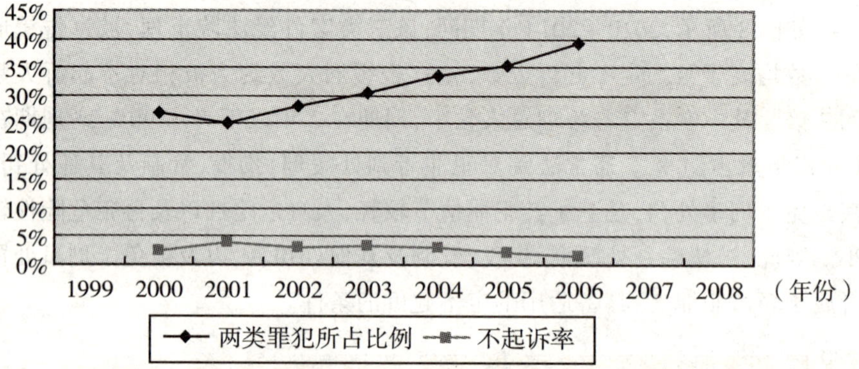

图9 我国刑事案件处理情况分布图(2000~2006年)⑰

调研结果显示,在现行酌定不起诉裁量权制约机制作用下,滥用酌定不起诉裁量权的行为得到有效抑制,但是酌定不起诉适用率较低,大量轻微犯罪案件没能以酌定不起诉的方式从程序中分流出去。大量符合条件的轻微刑事案件在实践中没有得到酌定不起诉处理,而现行酌定不起诉裁量权制约机制并未采取相应措施对其正当性、合理性进行有效监督。

三、现行酌定不起诉裁量权制约机制存在的问题

(一)现行制约机制定位不准

目前我国酌定不起诉裁量权制约机制定位不准确,片面强调对酌定不起诉的约束职能,忽视对酌定不起诉的保障职能。集中体现在以下两个方面:

1. 对酌定不起诉裁量权的制约明显超过必要限度

从现行酌定不起诉裁量权制约机制的适用效果上看,其一方面压缩检

⑰ 数据来源:《中国法律年鉴》。两类罪犯分别是指判处缓刑、拘役、管制及其他处罚的罪犯与免于刑事处罚的罪犯。两类罪犯所占比例是指该两类罪犯在所有刑事罪犯总人数中所占比例。

察人员行使酌定不起诉裁量权的空间,另一方面不断地提高检察人员适用酌定不起诉的风险,增加适用酌定不起诉的司法成本,导致实践中酌定不起诉率非常低,以致其案件程序分流作用未能得到有效发挥。

权力需要被约束,但是这种约束一旦明显超过必要的限度,即会发生质变,成为抑制或者阻碍权力行使的绊脚石。为了防范权力被滥用而限制甚至剥夺权力行使的空间,使其价值无法得到有效发挥,属于因噎废食的做法,不应该也没有必要。

2. 对怠于行使酌定不起诉裁量权的行为缺乏必要监督

酌定不起诉裁量权制约机制作为酌定不起诉的保障机制,应当促进酌定不起诉有效、正确的适用。而现行酌定不起诉裁量权制约机制未能对怠于行使酌定不起诉裁量权的正当性、合理性进行审查,导致司法实践中,检察人员对酌定不起诉适用普遍持保守、谨慎态度,对于符合酌定不起诉适用条件的案件,其怠于适用酌定不起诉的现象较为普遍,大量轻微刑事案件涌入法院审判环节,以缓刑或者免于刑事处罚的方式处理。此外,"同案不同处"的现象也较为普遍,对于犯罪情节差异不大的刑事案件,有的被酌定不起诉,而有的则被定罪量刑,严重损害司法的公正性和平等性。该类现象一方面不利于酌定不起诉功能的发挥;另一方面严重地损害了司法公正、司法权威,应当被酌定不起诉裁量权制约机制约束和监督。

(二)适用条件抽象导致制约有效性降低

酌定不起诉适用条件通过设置酌定不起诉的准入条件,划定其适用范围,旨在约束检察人员对酌定不起诉裁量权的恣意行使,导致放纵犯罪的后果。但是由于立法对酌定不起诉适用条件规定得过于抽象、难以把握,导致其实践可操作性不强,未能实现对酌定不起诉准入环节的有效管控。

因此,现行酌定不起诉适用条件的规定未能为酌定不起诉提供明确的准入标准,一定程度上导致实践中部分检察机关通过严格限制、压缩酌定不起诉的适用范围的方式来保证适用的准确性和正当性,将大量符合条件的轻微犯罪案件排除在外,大大限制了酌定不起诉的适用空间。

(三)制约权限配置不科学

弥补酌定不起诉客观性不足、程序正当性不足的缺陷是酌定不起诉裁量权制约机制的重要职能之一。而目前我国制约机制采用了检察机关自我监督为主,外部制约为辅的制约模式,其中检察机关的自我监督起绝对的主导作用,而外部主体对酌定不起诉裁量权的制约权较弱,在制度上未能保障制约的客观性和公正性。

现行酌定不起诉裁量权的程序制约以及其他制约属于纯粹的内部监督,几乎没有侦查机关、犯罪嫌疑人、被害人等外部主体参与的空间。而酌定不起诉裁量权的外部制约,即被不起诉人申诉、侦查机关复议和复核、被害人申诉,制约方式严重缺乏独立性,对检察机关的依赖性较大,外部主体的制约权限实质上仅限于启动检察机关对酌定不起诉事后监督,其对制约程序的参与度有限,以致制约程序的公开性和透明程度严重不足。

在现行制约机制作用下,尽管检察机关严格限制检察人员酌定不起诉裁量权的空间,设置严密、复杂的酌定不起诉办案程序,在防止滥用酌定不起诉方面也发挥了一定效用,但是由于“自我监督”在客观性、中立性、公正性方面的先天缺陷,在制约权限配置上一味加强自我监督力度,而不引入和加强外部监督,不可能从根本上解决制约机制客观性不足的问题。

(四)制约机制程序正当性不足

酌定不起诉是检察机关对相互冲突的利益进行选择、平衡的结果,属于检察人员理性判断的范畴,没有也不可能有统一、固定的标准。因此更加需要公正的程序对其进行保障。

目前,我国酌定不起诉裁量权制约机制程序正当性严重不足。虽然酌定不起诉裁量权的程序制约中设置了公开审查制度,但是由于司法资源紧张等客观原因的限制,其在司法实践中使用率低。此外,在办理酌定不起诉案件的过程中,检察机关对被害人的意见非常重视,甚至将其作为适用酌定不起诉的必备的隐性条件,但是其对被害人意见的审查主要以书面审查、内部审查这种非正式的、非公开性的方式进行,缺乏被害人的参与以及与其有直接利害关系的犯罪行为人的参与,程序正当性严重不足。

不可否认,程序公正加重了司法机关在时间和金钱上的负担,但是如果因此而减弱它,则不仅会使整个司法程序受损,同时也会使整个法律制度的合法性遭受破坏。

四、酌定不起诉裁量权制约机制的完善建议

酌定不起诉裁量权制约机制作为酌定不起诉制度具有重要的监督职能

和保障职能。为了能够使其更好地发挥作用,改善我国酌定不起诉制度在司法实践中被过度压抑,运行不畅的现状,本部分针对第三部分酌定不起诉裁量权制约机制存在的问题,提出以下五点完善建议:

(一)设立酌定不起诉裁量权制约机制的基本原则

设立酌定不起诉裁量权制约机制的基本原则,厘清其与酌定不起诉制度之间的关系,准确定位其地位和作用,有利于在宏观层面上指导司法实践,改善现行制约机制对酌定不起诉过度制约,抑制其发展的现状。

1.酌定不起诉裁量权制约机制的必要性原则

酌定不起诉裁量权制约机制的必要性原则,是指制约机制对酌定不起诉裁量权的制约,应当以不起诉裁量权被滥用为前提,不得过度干预检察人员办案的独立性,也不得妨碍检察人员对不起诉裁量权的正当行使。案件是否适用酌定不起诉,是检察人员在法律授权的范围内,通过合理性分析、判断决定的结果。结论的差异性是难以避免,只要检察人员对酌定不起诉裁量权的行使未突破法律的边界,其作出的决定并非出于恶意或者徇私、包庇等目的,就不宜将其适用酌定不起诉的行为定义为滥用不起诉裁量权,也不宜肆意挥舞制约的“大棒”限制权力的正常行使。

2.酌定不起诉裁量权制约机制的适当性原则

酌定不起诉裁量权制约机制的适当性原则,是指对酌定不起诉裁量权的制约要适度,制约的强度与权力被滥用的可能性、危险性成正比。制约机制对于酌定不起诉制度的约束和监督只是手段而非目的,其终极价值在于对酌定不起诉的保障,保障其运行良好,保障其及时有效化解社会矛盾,使保障人权等功能得以发挥。因此,对酌定不起诉裁量权的制约应当掌握一个度,对于裁量权容易被滥用的环节,制约机制应当严格把关;对于不需要制约机制过多限制的部分,应当充分保障检察人员独立办案的空间。总体而言,就是在权力制约与权力运行间寻找一个平衡点,使制约机制对酌定不起诉制度的约束和限制恰到好处,不要妨碍酌定不起诉制度的运行和发展。

(二)设立酌定不起诉裁量权的反向制约机制

针对酌定不起诉裁量权制约机制定位不准确问题的第二个方面,其忽视保障机能,对检察人员怠于行使或者恣意行使酌定不起诉裁量权缺乏必要约束的问题,本文建议对酌定不起诉裁量权设置反向制约机制,扩大现行制约机制的监督范围,增加对无正当理由地怠于行使不起诉裁量权这种消极滥用权力的行为的监督和约束。

消极滥用权力与积极滥用权力具有同样的社会危害性。现行制约机制下,虽然检察人员无法决定适用酌定不起诉,但是其却是酌定不起诉适用程序唯一的启动者,只有承办检察人员提出建议,案件才有进入酌定不起程序的可能。若其无正当理由,怠于启动酌定不起诉程序,不仅剥夺了那些符合条件的犯罪嫌疑人被依法宽宥处理的权利,侵害了其被平等对待的权利,而且客观上损害了酌定不起诉适用的公正性。

设置酌定不起裁量权的反向制约机制,探索赋予案件当事人、主要是犯罪嫌疑人申请适用酌定不起诉的权利,并一定程度上增强其意见对检察机关的约束力,有助于敦促检察人员积极、正当地行使权力,制约其怠于适用酌定不起诉的行为。

(三)完善关于酌定不起诉适用条件的立法

针对酌定不起诉适用条件抽象导致酌定不起诉裁量权制约机制有效性降低的问题,本文建议完善相关立法,进一步明确酌定不起诉适用的犯罪。

通过分析现行立法和相关司法解释对酌定不起诉适用条件的规定,以及实证调研结果发现,现行酌定不起诉适用条件把握的难点和重点在于“犯罪情节轻微”的认定。虽然现行司法解释及司法解释性文件对该要素的认定给出一定的参照标准,例如犯罪行为人的主观恶性、人身危险性以及其犯罪的社会危害性等,也列举了部分犯罪情节轻微的具体情形,例如自首、犯罪中止、胁从犯等,但是从其在实践中的运行状况上看,其不足以有效指导检察机关对酌定不起诉适用条件的把握。

因此,本文建议完善相关立法,进一步明确犯罪行为人主观恶性、人身危险性以及其犯罪的社会危害性的认定标准,建立科学的认定评价体系,指导实践中检察人员对“犯罪情节轻微”的有效认定。

(四)推动酌定不起诉适用程序的准司法化进程

针对酌定不起诉裁量权制约机制制约权限配置不合理、程序正当性不足两个问题,本文提出推动酌定不起诉适用程序的准司法化进程的建议。一味强调加强检察机关的自我监督,无法从根本上解决现行制约机制公正性不足、有效性不足的问题。从权力制衡的角度看,酌定不起诉裁量权的外部制约能够弥补自我监督的先天不足;从制约能力的角度看,外部主体对酌定不起诉裁量权的制约动力较高。推动酌定不起诉适用程序的准司法化,通过增强适用程序的公开性、透明度,以及案件当事人、侦查机关等外部主体的程序参与程度,保障案件当事人的诉讼权利,落实并增强外部主体对酌定不起诉的监督和制约,有利于增强制约机制程序的正当性,实现制约机制对酌定不起诉裁量权的合理、有效制约。

所谓适用程序的准司法化,是指在现行制约机制基础上,进一步强化检察机关在案件审查阶段的客观、中立的而非犯罪追诉者的立场,尊重和保障案件当事人,尤其是犯罪嫌疑人辩解、表达意见的权利,拓宽和保障案件当事人表达意见的有效途径,为案件各利益冲突方提供平等参与、发表意见的平台。

本文就推动适用程序的准司法化进程,提出两个具体建议:第一,司法实践中进一步落实酌定不起诉适用程序中的公开审查制度,通过公开、透明并有案件当事人、侦查机关,甚至社会公众参与的审查程序,增强酌定不起诉适用的程序正当性,依靠正当程序而不是内部强制力来监督检察人员裁量权的行使,保障司法的公信力。第二,检察机关在案件审查过程中,应尊重和重视案件当事人,尤其是犯罪嫌疑人就案件事实、证据、适用的法律以及是否适用不起诉而发表的意见,保持对追诉的必要克制,保持作为“法律守护者”应有的客观、中立立场。

(五)提高检察人员职业素养

立法没有也不可能事无巨细地穷尽适用酌定不起诉的情形,总会存有检察人员自由裁量、理性分析的空间,这是法律稳定性的基础。而检察人员作为专业的法律人,不是也不应该是“法律的自动贩售机”。检察人员的职责在于在法律的框架内,依据其理性、良知以及智慧准确认定案件事实,并作出合乎法律的符合社会对司法公正期待的决定。

酌定不起诉裁量权是检察人员依靠其法律专业知识、理性和良知认定案件事实,作出法律判断的过程。检察人员的职业素养,尤其是其专业能力,很大程度上会影响其行使酌定不起诉裁量权的能力。司法实践中,检察人员的职业素养、办案能力有限,直接影响了其解读法律及对相关刑事政策把握的能力。在现行酌定不起诉裁量权制约机制严格管控酌定不起诉,检察人员不当适用酌定不起诉风险极高的情况下,检察人员职业素养、办案能力对酌定不起诉的制约更加明显。尽管该问题不一定具有普适性,但是在笔者调研的经济欠发达、法治发展较为落后地区的基层检察院却是客观存在并且非常突出的问题。

因此,可以通过提高检察人员选任标准,加强其职业培训等方式提高检察人员的职业素养,提高其办案水平,增强其职业信心,有助于其对裁量权的准确把握,有助于酌定不起诉的合法、正当适用。

The Empirical Study on the Supervision and Security Mechanism of Non-Prosecution of Discretion

Yang Jingxue

Abstract: The non-prosecution is based on the development of free evaluation prosecution, and is designed for easing tensions between the increasing number of crimes and limitation of judicial resources. The supervision and security mechanism of its is composed of a series of measures and systems to supervise and guarantee the equity of power execution. On the one hand the mechanism plays the role of preventing abuse of discretion, on the other hand it secures the moderation of its restrictive functions and promotes the development of non-prosecution system. However, the non-prosecution under the mechanism is rarely implemented in practice. Its application condition seems to be normal in theory, but be abnormal in practice. In response to the problem, the thesis investigates the current situation of the mechanism, focuses on how it works on non-prosecution discretion, discovers the problems of its and gives some proper suggestions.

Key words: non-prosecution discretion; the supervision and security mechanism; empirical research

(作者单位:云南省玉龙纳西族自治县人民检察院)

认罪认罚从宽制度的域外经验及其借鉴*

重庆市高级人民法院课题组**

摘要：构建多层次诉讼制度体系，对被告人认罪认罚刑事案件处理“实体上从宽，程序上从简”，是世界通例。对域外具有代表性的国家和地区认罪认罚案件诉讼制度进行比较研究，分析其利弊得失，“他山之玉”，为我所用，是我国完善刑事诉讼中认罪认罚从宽制度的内在要求。在以当事人主义为基础的英美法系国家和地区刑事诉讼制度中，法官处于消极地位，控辩双方协商的范围广、内容多，协商结果可直接作为法官裁判依据，创设了辩诉交易、“邮件答辩有罪”、量刑逐级折扣等一系列具体程序规则。大陆法系国家和地区以职权主义为基本诉讼模式，强调国家干预和法官的审查主导地位，创设了认罪协商、庭前认罪答辩、处罚令等程序规则。随着经济一体化趋势增强和文化交流更加密切，大陆法系同英美法系诉讼制度呈现出交互融合之势。立足我国法治传统，完善刑事诉讼中认罪认罚从宽制度，

* 本文系最高人民法院2015年度司法调研重大课题“关于完善刑事诉讼中认罪认罚从宽制度有关问题的调研”（课题编号：ZGFYKT201505－1）的部分研究成果。

** 课题主持人为吴继生（重庆市高级人民法院副院长、审判委员会委员），主要课题组成员为张波、陈佳佳、付海平、唐龙飘、蒋佳芸、徐文转、米阳。

应当着力于多层次诉讼制度体系构建,在借鉴英美法系关于强化被告人权利保障、简化诉讼过程、提高诉讼效率、增强量刑激励程度等积极因素的同时,要适当限制控辩双方协商的范围和内容,强调法官的审查主导地位,在简化诉讼过程的同时,从根本上做到证明责任不弱化,证明标准不降低,努力达成司法公正和效率相统一。

关键词:认罪认罚;从宽;域外经验;借鉴

2014年10月,中共中央第十八届四次会议审议通过《关于全面推进依法治国若干重大问题的决定》,作出了“完善刑事诉讼中认罪认罚从宽制度”的改革部署。2016年8月29日,全国人大常委审议通过《关于授权在部分地区开展刑事案件认罪认罚从宽制度试点工作的决定》,授权京、津、沪、渝等18个省市开展试点工作。2016年11月11日,最高人民法院、最高人民检察院、公安部、国家安全部、司法部制定了《关于在部分地区开展刑事案件认罪认罚从宽制度试点工作的办法》,在部分地区开展为期两年的刑事案件认罪认罚从宽制度试点工作正式启动。前述决定和办法对于刑事案件认罪认罚制度的适用条件、从宽幅度、办理程序、证明标准、律师参与的规定仅作了较为原则的规定,各地司法机关仍在试点工作中不断探索,积累经验。“他山之石,可以攻玉”。我们对域外具有代表性的国家和地区认罪认罚案件的诉讼制度进行了梳理分析和比较研究,以期为深入推进我国认罪认罚制度改革试点工作,推动认罪认罚从宽制度的完善提供参考和借鉴。

一、典型国家及地区认罪案件诉讼制度

(一)英美法系国家

当事人主义是英美法系国家最基本的刑事诉讼模式,也是刑事程序运行的决定性原则。当事人主义的核心内涵在于“当事人两造对其所主张的事实,各自负担证据的搜集及调查义务,审判者处于被动听审的角色”。[①] 在被告人认罪案件的审理中,当事人主义的诉讼模式直观体现为当事人处分原则,即作为案件当事人的刑事被告人有权就检察官的指控向法官作出

① 王兆鹏:《美国刑事诉讼法》(第2版),北京大学出版社2014年版,第589页。

有罪、无罪或不予争辩等答辩,刑事被告人的有罪答辩或不予争辩答辩就是以当事人自由处分方式终结诉讼。在当事人主义诉讼模式下,法官处于消极地位,审理范围受原告(即控方)主张的限制,被告人对检察官指控的事实表示认罪,法律即认为控辩双方对指控事实的真实性不存在争议,法官可据此直接定罪量刑。在当事人主义诉讼模式的主导下,美国法官出于缓解法院案件数量压力这一直接动因,基于法律实用主义立场创设了辩诉交易制度,完善了被告人认罪从宽处罚制度,在传统诉讼程序之外为刑事被告认罪案件的及时高效处理提供了新路径。而英国的立法者与法官均奉行保守主义立场,创设了颇具代表性的"量刑逐级折扣"制度。此外,随着简易程序实践丰富和理论的完善,英美法系各国亦在辩诉交易制度的框架内逐步完善简易程序,实现案件繁简分流。

1. 美国

(1)辩诉交易制度

辩诉交易制度首先发端于美国,并逐渐扩散至全球其他国家和地区。史料显示,1804 年,美国便出现了辩诉交易的司法实践,其后几经兴衰,辩诉交易制度逐渐在美国确立了合法地位,并成为审理刑事案件的主要方式。统计表明,美国有超过 95% 的刑事案件均未经陪审团依普通程序审理而作出判决。美国的辩诉交易制度虽起源于禁酒案件,但时至今日已扩展到所有案件类型,即该制度的适用不受罪名或刑罚的任何限制。

根据辩诉交易规则,控方须在协商之初即向辩方全面展示指控犯罪的所有证据,双方据此展开"谈判",经过充分、激烈的"讨价还价"达成协议;而法官必须开庭经专设的"罪状确认程序"确定被告人作出的有罪答辩或不争议答辩具有自愿性与明智性。美国绝大部分州均仅允许控辩双方进行"讨价还价",禁止法官参与交易谈判,但控辩双方可谈判的内容非常广泛,既可以就罪名达成协议,也可以就量刑达成协议。前者称为指控交易,检察官有权在被告人认罪的前提下,经协商同意减少对被告人指控罪名,或者改变指控较轻的罪名,可见美国检察官拥有较大的指控裁量权;后者谓之量刑交易,即在被告人认罪的情况下,双方就执行某项刑罚或相应的量刑范围达成一致意见,法官一旦接受量刑协议,则该协议对法庭裁决具有约束力。

根据美国法律的规定,控辩双方达成辩诉交易后,能够产生一系列的法律效果:首先,被告人在辩诉交易中认罪,即意味着其自愿放弃获得公开审判、陪审团审判、对控方证人质证以及不得强迫自证其罪等宪法权利;其次,有效的认罪答辩具有完全卸除控方证明责任的效力,即被告人一旦作出认罪答辩,控方对指控的犯罪事实即不再负有证明责任。

(2)轻微案件诉讼程序

美国是世界上犯罪率最高的国家之一,但也是最重视程序正义的国家。美国立法者制定了一套相当完备的审理轻微刑事案件程序规则。

轻微刑事案件程序规则的适用以被告人作有罪答辩或不予争议答辩为前提条件,根据《美国联邦刑事诉讼规则》和《美国司法官审理轻微犯罪程序规则》的规定,适用轻微刑事案件程序规则时,法官应在审前程序中告知被告人其享有的法定权利,接受被告人的有罪答辩或不予争议答辩,并在公开的法庭上亲自询问被告人的认罪是否出于自愿,在得到被告人确认后,法官应当尽快判决。

此外,轻微刑事案件程序规则仅适用于低于1年监禁的轻罪案件、不判处监禁刑的微罪案件及申诉案件,并须经被告人书面同意,由司法官或地区法院法官进行简易审理并立即裁判。“美国法律赋予被告人对适用该程序的选择权和否决权,美国法律明确规定,适用司法官审理轻微罪案件的程序,须由被告人采用书面形式明示放弃拒绝由地方法院法官审理,同意由司法官审理。”②

2. 英国

(1)辩诉交易制度

20世纪60年代,英国以“特里尔规则”规范了辩诉交易制度,也由此正式确立辩诉交易制度的合法地位。英国的辩诉交易制度与美国非常类似,控辩双方可以就罪名、罪数及刑罚各方面进行协商与交易,但控辩双方是在法官的组织下进行协商,“法官的参与成为了英国辩诉交易制度中不可缺少的组成部分”。③ 应当特别说明的是,英国的立法者和司法者对辩诉交易制度并不像美国人那么积极,“这是因为英国法学界向来对来自美国的辩

② 郭明文:《被告人认罪案件的处理程序研究》,西南政法大学2007年博士学位论文,第12页。

③ 潘金贵等:《轻微刑事案件快速办理机制研究》,中国检察出版社2015年版,第82页。

诉交易制度持怀疑态度，认为其可能导致对被告人认罪自愿性的损害”。④

（2）即决审判犯罪与公诉审判犯罪

英国结合其犯罪分类的具体情况设置了明确具体的被告人认罪从宽制度。根据英国《1980年治安法院法》的规定，英国的犯罪分为即决审判犯罪与公诉审判犯罪，也有译为简易罪与公诉罪。简易罪为轻微犯罪案件，主要为道路交通犯罪、扰乱社会治安犯罪或者轻微刑事损害等犯罪行为，由治安法官按照简易程序进行审理，但只能对被告人判处12个月以下监禁刑或罚金等其他非监禁刑。公诉罪则细分为依公诉书按正式起诉程序审理的犯罪和既可按公诉书审理也可按简易程序审理的犯罪。前者指谋杀、抢劫、强奸、蓄意致人身体严重伤害等只能由刑事法院按正式程序审理的严重刑事犯罪，后者为盗窃、销赃、诈骗、故意伤害等严重性随个案具体事实可能发生重大变化的犯罪。司法实践中“被指控者一般希望把严重的刑事案件交给治安法院来审理，如交给刑事法院审判，就需要组成陪审团进行审理，程序更加烦琐，且陪审员专业性较弱，更多情况下感性因素易战胜审判过程中的理性因素，被告人的有罪答辩并不会得到陪审员的同情。被指控人认为将案件交由治安法院审判会因自己的有罪答辩而获得一个相对较轻的判决，并且更加简便快捷，减少诉讼成本”。⑤ 英国约有95%的刑事案件实际由治安法院审理。

（3）“邮件答辩有罪”缺席审判制度

根据英国法律的规定，被告人认罪从宽制度的具体规定与审理案件的法院息息相关。由治安法院依简易程序审理的案件中，被告人在首次听证时即可作出有罪答辩，其后治安法官往往会很快给出量刑结果，且被告人的上诉权受到严格限制，除特殊情况外，通常只能就量刑问题提出上诉。英国法律还就“被指控者被传唤在治安法院出庭，以应诉宣称最高刑期不超过3个月监禁的简易罪行的控告书”⑥的轻微刑事案件创设了“邮件答辩有罪”缺席审判制度。一方面，由检察官在送达起诉书时书面告知被告人邮件答

---

④ 郑曦：《英国被告人认罪制度研究》，载《比较法学研究》2016年第4期。

⑤ 同注③，第80页。

⑥ ［英］约翰·斯普莱克：《英国刑事诉讼程序》（第9版），徐美君、杨立涛译，中国人民大学出版社2006年版，第209页。

辩有罪的方法、后果,并通知法官助理,被告人书面告知法官助理愿意作出有罪答辩,并陈述其具有的从宽处罚情节,"听审"之日法官助理向治安法官说明被告人已经邮件答辩有罪,待控方简要宣读指控事实,再由法官助理宣读被告人提交的从宽处罚意见后,即由法官作出判决。但治安法官有权不接受通过邮件作出的有罪答辩。另一方面,由皇室法院依起诉书程序审理的案件中,被告人自"案件管理"(case management)⑦阶段即可作出认罪答辩,在其后的"传讯程序"(arraignment)法官应就控方的每一项指控询问被告人是否答辩认罪。与治安法院依简易程序审理的案件不同,"被告人可以就被指控的罪名作出较轻的认罪答辩"。⑧

(4)量刑逐级折扣制度

需要特别介绍的是英国法律中的量刑"逐级折扣"制度,即被告人作出认罪答辩的时间早晚与量刑折扣大小成正比例关系。《治安法院量刑指南》规定:"量刑折扣应当对被告人系在哪一阶段作出认罪答辩的意思表示有所反映,且应按比例相应增减,建议其折扣幅度从1/3(被告人在第一个合理机会下即已作出认罪答辩的)逐级减至1/4(被告人在审判日已被确定后方作认罪答辩的)和1/10(被告人在'法院门口'或审判已经开始后方作认罪答辩的)。"⑨《认罪答辩量刑减免规定》也明确规定:"被交由皇室法院审理的'可选择方式审判的罪行',被告人若在案件到达皇室法院后的第一个合理机会下就作出认罪答辩,则可以获得不超过30%的量刑折扣……如果被告人在审判日期已经被确定后才作出认罪答辩,可以获得不超过1/4的量刑折扣……如果被告人在审判即将开始或已经开始之后才作出认罪答辩,可以获得不超过1/10的量刑折扣。"⑩

(二)大陆法系国家

与英美法系国家不同,职权主义是大陆法系国家最基本的诉讼模式,其基本要义在于强调法官在诉讼中居于主导地位,有权依职权查明案件事实真相,且其判决范围不受控方指控范围拘束,控辩双方则居于从属地位。严

---

⑦ 根据英国法律的规定,皇室法院依起诉书程序审理的案件分"案件管理""传讯程序""正式审判"等程序。

⑧ 同注④。

⑨ 同注④。

⑩ 同注④。

格依职权主义诉讼模式的要求,无论被告人认罪与否,法官都须谨慎审查各项证据,以最大限度地查明案件真相,定罪量刑。然而,基于政治、经济的强势地位及追求司法效率这一普世价值观的影响,美国法律文化不断输入欧陆各国,使得大陆法系与英美法系出现融合之势。在被告人认罪案件的审理中,各典型大陆法系国家逐渐吸收"辩诉交易"制度合理部分"为我所用",并结合各自法律制度和法律文化,创设了各具特色的刑事司法协商程序。不过由于传统职权主义诉讼模式的影响,欧陆的协商性司法在控辩审三方的地位与作用、协商的模式与范围等方面与英美法系国家存在重大差异。

1. 德国

(1)认罪协商制度

自20世纪70年代中期开始,德国的刑事司法实践便逐渐"自生"出类似英美法系国家辩诉交易的认罪协商制度。经过近30年的探索与发展,2005年德国联邦最高法院通过判例确定了该制度合法性的基本原则与方针,2009年德国联邦参议院修改《德国刑事诉讼法》的相关规定,正式确立了认罪协商制度。

根据《德国刑事诉讼法》第257条c第(二)项的规定,协议标的包括能够构成判决及其所属裁定之内的法律后果、在据以采取措施的认识查明程序中其他涉及程序的措施诉讼、参与人的诉讼行为。任何协议应当包含供认。有罪宣告和矫正及保安处分不得为协议标的。所谓"判决及其所属裁定之内的法律后果"即为判决的法律后果,具体指刑罚及其执行方式;"在据以采取措施的认识查明程序⑪中其他涉及程序的措施诉讼、参与人的行为"即程序性的措施或者行为,具体包括检察机关不起诉决定、被告人同意赔偿损失、被害人申请放弃进一步证据调查等程序性措施或行为;但协商以被告人供认有罪为基本前提条件,之所以绝对禁止将罪与非罪作为协商标的,是因为德国作为大陆法系典型职权主义诉讼模式的代表,始终坚守法官负有查明事实真相义务这一基本诉讼原则,第257条c第(三)项便强调"法院……可在对案件所有情况及综合量刑考虑进行自由评断的情况下,提出刑罚上限与下限"。认罪协商在德国刑事司法实践中普遍存在,根据

---

⑪ 有学者认为德国刑事诉讼法中的"认识查明程序"覆盖了立案侦查至作出判决的整个刑事诉讼过程。参见宗玉琨译注:《德国刑事诉讼法典》,知识产权出版社2013年版,第205页。

德国学者20世纪80年代的调查发现,"20%到30%的刑事案件都存在协商,其中协商主要发生在经济犯罪、毒品犯罪、交通犯罪及轻微的刑事犯罪案件中。在经济犯罪领域,协商发生率高达80%。2005年,德国北威州进行过一次经济刑法领域协商实践的调查……95.5%的受访者表示自己在经济犯罪诉讼程序中参与过协商谈判;57.4%的受访者表示,在2004年,他们经手的超过一半的案件是通过协商处理的;81%的受访者对'判决协商是处理经济犯罪案件必不可少的工具'的论断表示赞成;54%的人对此表示完全赞成"。⑫

根据《德国刑事诉讼法》第202条a、第212条及第257条c的规定,在审判准备阶段或主审判阶段被告人即可与控方或法官进行认罪协商,"被告人以庭审中作出认罪自白的方式换取法官特定限度内的量刑承诺或检察官撤销罪名指控的承诺",⑬故有学者称为自白协商。就自白协商而言,控辩审三方均有权提出,法官在其中甚至发挥着主导作用,检察官反而退居其次,"异化"为"辩审协商"模式。导致这一现象的原因主要是因为德国刑事诉讼法对法官查明案件事实、直接审理原则、严格证明责任等问题始终持谨慎、严格态度,造成法官工作量巨大,所以"当法官发现某一案件的审判会耗费大量的时间或者发现自己未审结的案件任务过于繁重时,就会主动与辩护律师接触,询问被告人是否准备在审判的开始阶段供认犯罪。辩护律师也会询问法官如果其当事人供认犯罪,法官将会处以多重的刑罚"。⑭ 这也是德国认罪案件审理方式最鲜明的特征。德国学者调查发现,"如果案件中存在复杂法律问题时,有77%的法官、72%的检察官以及51%的辩护律师喜欢适用协商的方式解决程序;如果证据上存在问题,那么91%的法官、90%的检察官和53%的辩护律师喜欢适用协商程序,这种情况在大批需要分析无数卷宗文档和证人证言的程序中更加突出",⑮但被告人对经自白协商作出的判决享有上诉权。

---

⑫ 魏晓娜:《背叛程序正义协商性刑事司法研究》,法律出版社2014年版,第62页。

⑬ 张进德:《德国的协商性司法——兼与美国辩诉交易的比较》,载《人民检察》2010年第17期。

⑭ 徐美君:《德国辩诉交易的实践与启示》,载《法学家》2009年第2期。

⑮ 同注⑭。

(2)处罚令程序

除普通程序外,德国刑事诉讼法还以认罪协商制度为基础,设置了处罚令程序。由于德国司法实践中需要处理大量的轻微刑事案件,故《德国刑事诉讼法》第407条第(二)项的规定,处罚令程序适用于单处或并处以下法律后果的轻罪案件:①罚金、保留处刑的警告、禁止驾驶、收缴、没收、销毁、废弃、有罪判决的公告和对法人或人合团体的罚款;②不超过两年的剥夺驾驶许可,在一至三年的期间内禁止饲养、照管及交易任何种类或某一特定种类动物,或者在此期间内禁止与上述动物进行职业性接触活动;③免除刑罚。此外,在被告人有辩护人的情况下,处罚令程序亦可适用于判处1年以下缓期自由刑的案件。虽然该条第(一)项关于"在刑事法官审理的程序中及属于舍芬庭(即陪审庭)管辖的程序中,针对轻罪依检察院书面申请,可以不经法庭审理,依书面处罚令确定犯罪行为的法律后果。如果检察院根据侦查认为无法庭审理必要,应当提出此申请",以及第408条第(三)项有关"如果对签发处罚令无疑虑,法官应当准予检察院申请"的规定,看似不涉及控辩双方是否进行量刑协商的问题,但"实践中,辩护方与检察官就是否通过刑事处罚令处理案件以及刑事处罚令的内容进行协商讨论已经成为普遍做法"。⑯ 因此,有学者又将其称为刑罚协商。实践表明,处罚令程序在德国的刑事司法中拥有广阔的作用空间,有德国学者统计显示:"当前德国35%的案件是通过刑事处罚令程序处理的。"⑰

2. 日本

由于历史原因,日本在战前大量吸收了德国法的原则,战后美国法也不断输入,使得日本法律呈现出强烈的多元化色彩。然而"日本对于采取答辩交易存在两种不同的观点",⑱只是有学者谨慎表达了"检察官和被告人、辩护人在对等的立场上就案件的妥善解决达成协议,法院在一定条件下接受这种结果,这种制度作为日本将来刑事司法的目标是值得探讨"⑲的观

⑯ 冯喜恒:《刑事处罚令程序中的量刑协商——德国的实践及其对我国设立认罪认罚从宽制度的启示》,载《浙江理工大学学报》2016年4月,第159页。

⑰ 同注⑯。

⑱ [日]田口守一:《刑事诉讼法》,张凌、于秀峰译,中国政法大学出版社2010年版,第129页。

⑲ 同注⑱,第129~130页。

点。但是出于实践的需要,日本立法者提出了“果断有效的审理”这一概念,“《司法制度改革审议会议意见书》指出,‘区别有争议的案件和没有争议的案件,实现侦查程序和审判程序的合理化、效率化,在强化审判程序和审判迅速化(果断而有效的审理)方面具有重要意义’”,⑳并在法律中就被告人认罪的案件作出了特别规定,主要表现为轻微刑事案件的快速处理机制。《日本刑事诉讼法》对轻微刑事案件的处理程序作出了专门规定,分检察官申请的专门程序和法官决定适用的简易程序,检察官申请适用的专门程序含略式裁判程序和即决裁判程序。

(1)略式裁判程序

《日本刑事诉讼法》第461条至第470条是对略式裁判程序的规定。我们认为,日本刑事诉讼中的略式裁判程序类似于德国的处罚令制度,根据《日本刑事诉讼法》第461条的规定,该程序仅适用于被判处50万日元以下罚款或罚金的案件,或者缓刑、没收或其他附加处分。由于略式裁判程序须由检察官申请适用,因此在程序启动前,检察官应向被告人履行告知义务——告知其有权接受正式审判及略式程序的内容,若被告人同意适用略式程序,检察官即以书面形式向法官提出适用申请并提交全案证据。其后,法官经审查认为案件可以适用略式程序,原则上不再开庭审理,仅根据检察官提供的证据作出略式命令,该命令与经正式程序作出的判决具有同等法律效力;但法官认为案件不应适用略式程序,则将案件退回检察官转为正式裁判程序。虽然日本法律没有明确规定略式裁判程序以被告人认罪为前提条件,但被告人享有程序选择权“对适用该程序没有异议,并书面明确后”方可适用。结合司法实践来看,被告人如若对案件事实或可能判处的刑罚存有异议,则当然不会同意适用该程序。

(2)即决裁判程序

2004年日本修改刑事诉讼法时引入了另一种轻微刑事案件快速处理程序——即决裁判程序。该程序适用于案件轻微、事实清楚的刑事案件,对可能判处死刑、无期或者1年以上惩役或禁锢的案件。该程序仍由检察官在征得被告人及其辩护人同意的基础上向法官提出申请,在证据裁判标准上,法官可以适用合适的方法调查证据。即决裁判程序一方面对被告人适

⑳ 同注⑱,第168页。

用强制辩护制度,被告人因贫困等原因未聘请辩护人时,法官应为其指定辩护人;但另一方面以即决裁判程序判决的被告人不得以事实认定错误为由提出上诉。与略式裁判程序相同,《日本刑事诉讼法》亦未明确要求被告人认罪方可适用,但被告人的有罪供述对其后的诉讼进程具有重大影响,因为根据第350条之8的规定,检察官申请依即决裁判程序审理的案件,被告人一旦作出有罪陈述,法官则必须作出适用即决裁判程序进行审理的决定,但不应适用即决裁判程序的案件除外。

(3)庭审认罪案件简易程序

除前述两种由检察官向法官申请适用的程序外,《日本刑事诉讼法》第291条之2还对被告人在正式庭审阶段认罪的轻罪案件专门设置了简易审判程序。根据该条的规定,是否适用简易程序由法官决定,但死刑、无期或者1年以上惩役或禁锢的案件不能适用该程序;在适用简易程序之前,被告人须作出有罪供述,法官也必须向其说明简易审判程序的内容,并确认有罪供述系出自于被告人自由意志。根据《日本刑事诉讼法》第320条之2的规定,被告人作出有罪供述不能完全免除控方的证明责任,但法官可以突破禁止传闻证据规则,使用传闻证据作为定案依据;此外,第307条之2及《刑事诉讼规则》第203条条之3同时规定,适用简易程序审理的案件"调查证据可以使用在审判期间被认为是适当的方法"。但令人遗憾的是,该程序在日本刑事诉讼实践中运行状态并不通畅,"1999~2003年的5年间平均数字是:地方法院自白的人数为62,232人,其中决定适用简易审判程序的为3158人(平均决定率为5.2%);简易法院中自白的人数为11,295人,其中决定适用简易审判程序的为3079人(决定率为27.3%)"。㉑

3.法国

(1)简易审理程序

法国刑法依行为的严重程度将犯罪分为重罪、轻罪与违警罪。其中违警罪系仅可判处罚金的行为,轻罪指法定最高刑为10年以下监禁刑的行为,重罪则指可能被判处10年或者10年以上长期监禁刑的行为。法国刑事诉讼法专门针对轻罪、违警罪设置了简易审理程序。因实行案卷移送主义,法官在审查全案证据材料后可以不听取被告人意见,不经事先辩论径直

㉑ 同注⑱,第232页。

作出判决,但所判刑罚仅限于罚金;若法官认为被告人应被判处监禁刑,则应将案卷退回检察院按普通程序审理。因此,有学者认为"该程序对我国的借鉴意义不大,该程序中适用的'犯罪',类似于我国的行政违法行为。"㉒

(2)庭前认罪答辩程序

2004年法国立法机关为了提高诉讼效率,减轻法院负担,通过《使司法适应犯罪发展的法律》(又称"贝尔本第二号法律")创设庭前认罪答辩程序,"允许刑事被告在某些轻罪案件中以认罪为根本前提和检察官进行量刑交易"。㉓ 根据《法国刑事诉讼法》第495-7条、第495-16条的规定,庭前认罪答辩程序仅可适用于主刑为罚金或5年以下监禁刑的轻罪案件,但未满18岁的未成年人犯罪、虚假新闻犯罪、非故意杀人罪、政治性轻罪以及追诉程序由专门法律规定的犯罪除外。根据法律规定,被告人原则上须在律师在场的情况下,以言辞方式亲自表示认罪,但例外的情况是第495-15条规定的"被告人……受到法庭传票的直接传讯,或者受到法庭传唤通知时,可以亲自或者通过其律师向共和国检察官寄送挂号信并要求回执,指明其承认受到指控的犯罪事实并请求适用本节规定的程序(即庭前认罪答辩程序)"。被告人表示认罪后,检察官无须征求被告人意见即可向法官提出量刑建议,建议法官执行一个或数个主刑或附加刑;但法律也对检察官的量刑建议进行了相应限制,即第459-8条规定的"在共和国检察官提议执行监禁刑时,监禁刑的刑期不得超过1年,也不得超过当处之监禁刑刑期的一半;检察官得建议该刑罚全部或一部分缓期执行……在共和国检察官提议执行罚金刑时,罚金的数额不得超过法律规定的最高罚金数额。罚金得缓期执行"。其后,法律设定了10天思考期以供辩方考虑是否接受控方的量刑建议,期限届满后被告人有权选择接受或者拒绝量刑建议:若被告人接受量刑建议,检察官向大审法院院长或院长委派的法官提出认可申请,庭前答辩程序进入审核阶段,法官开庭审理听取被告人及其辩护人意见,作出核准裁定,控辩双方对该核准裁定可以提出抗诉或上诉;若被告人拒绝量刑建议或者法官拒绝核准量刑建议,检察官则须按照普通程序向轻罪法庭提起公

㉒ 同注③,第96页。

㉓ 施鹏鹏:《走向刑事宪法?——以宪政框架下的法国刑事诉讼改革为背景》,载《浙江社会科学》2011年第6期。

诉,被告人在庭前认罪答辩程序中的有罪声明归于无效,不得作为证据提交法庭。可见,检察官在庭前认罪答辩程序中拥有较大的裁量权,处于支配性地位,被告人无权与检察官就量刑问题"讨价还价"。由于大陆法系"检察官将被告人认罪的真实意图作为是否适用庭前认罪出庭程序的重要因素,如果被告人仅为获得从宽的量刑而认罪,检察官一般不会适用庭前认罪出庭程序,也不会降低对被告人的指控。但是,如果被告人认罪态度好,有悔改之意,则检察官通常会适用庭前认罪出庭程序。因此,在非协商性程序模式,被告人认罪后不能就定罪量刑等实体问题与国家司法机关进行协商。被告人欲将认罪作为从宽处理的筹码,很有可能成为非协商性程序启动的障碍"。㉔ 法国宪法委员会同时要求法官在庭前认罪答辩程序中着重审查"一,犯罪事实的真实性;二,检察官所建议之量刑的适当性……三,庭前认罪答辩程序的运作是否合乎公正程序的要求"㉕以确保"审核机制可有效防止庭前认罪答辩程序发生畸变,保障犯罪嫌疑人、被告人的辩护权",㉖不过也有观点认为,"从立法规定来看法国法官的审查力度强于美国法官,但是在实际运行中,法官的审核却走向了虚化,法官同样不会对案件事实或检察官的量刑建议进行实质性审查。"㉗但法国庭前认罪答辩程序在实践中并未能完全实现立法者提高诉讼效率的初衷,其"适用比例仅为3%～5%"。㉘

4. 意大利

20世纪80年代,意大利因刑事诉讼程序拖沓、冗长,造成刑事案件严重积压,甚至受到国际刑事法院的批评与指责。为实现繁简分流,提高诉讼效率,意大利于1988年修订刑事诉讼法,设置五种特别程序,构建了多元化的诉讼体系,具体包括:简易审判程序、依当事人要求适用刑罚程序、快速审判程序、立即审判程序及处罚令程序。其中"依当事人的要求适用刑罚程序"与我国认罪认罚从宽处罚制度最为接近,值得深入探讨。

(1)辩诉交易制度

从时间上考察,意大利是第一个引入英美法系国家辩诉交易制度的大

㉔ 谢登科:《认罪案件诉讼程序研究》,吉林大学2013年博士学位论文,第90页。

㉕ 同注㉓。

㉖ 同注㉓。

㉗ 乔杉:《被告人庭前认罪答辩程序研究》,山东大学2013年硕士学位论文,第40页。

㉘ 施鹏鹏:《法国庭前认罪答辩程序评析》,载《现代法学》2008年第5期。

陆法系国家,且意大利刑事诉讼法中的“依当事人的要求适用刑罚程序”带有浓厚的当事人主义色彩,因此有研究者将其称为意大利辩诉交易程序。根据《意大利刑事诉讼》第444条的规定,在正式审判之前,被告人可以与检察官就刑罚种类和刑罚量达成协议,检察官至多可以给予被告人最高1/3的减轻刑罚,但被告人据此可以获得减轻的刑罚不能超过2年监禁刑,即该程序适用于罪行较轻的案件且“检察官不能就指控罪名进行协商”。㉙然而,由于统计显示“1989年10月至1993年12月……依当事人请求适用刑罚程序审理案件比例是5.5%”,㉚与立法者预期相距甚远,于是2003年修改刑事诉讼法,将该程序进一步扩大到5年以下监禁刑的案件,以增进实践效果。然而,《意大利刑事诉讼法》虽然将该程序扩大至5年以下监禁刑的案件,但可适用于该程序的案件呈现出明显的“双轨制”特征,因为根据第444条第1~2款的规定,“特定类型的犯罪不能适用‘新增’的认罪协商……特定的犯罪人不能适用‘新增’的认罪协商程序,包括已经被宣判系惯犯、职业犯、倾向犯、累犯”。㉛

(2)依当事人请求适用刑罚

意大利创设的依当事人请求适用刑罚程序体现了职权主义与当事人主义相互融合的显著趋势:首先,《意大利刑事诉讼法》实行强制起诉制度,检察官不享有起诉裁量权,只能就量刑问题与辩方进行协商,这是因为“为欧洲大陆职权主义的遗风,这个制度非常不情愿让双方当事人左右诉讼结果”;㉜其次,被告人与检察官可以在开庭审理前就量刑问题进行激烈的“讨价还价”,但双方达成的协议提交法官核准时,法官拥有巨大的司法审查权,对量刑协议具有最终决断权,即法官认为量刑协议不适当或者被告人无罪时,有权直接作出判决;再次,法官不再开庭审理案件,但在书面审查中需要对证据进行最低限度审查以排除被告人无罪的情况,同时对量刑协议是否适当进行审查;最后,在检察官未主动与被告人进行刑罚协商的情况下,

---

㉙ [意]马可·法布里:《意大利刑事特别程序与公诉改革之回顾》,叶宁译,载《比较法研究》2010年第5期。

㉚ 陈超:《渐入佳境的意大利刑事特别程序》,载《人民检察》2010年第7期。

㉛ 孙志伟:《意大利认罪协商程序及其对刑事案件速裁程序的启示》,载《河北法学》2016年第4期。

㉜ 同注⑫,第72页。

被告人可以直接向法官提出量刑建议,请求法官直接给予最高 1/3 的量刑折扣,法官也可以绕开检察官与被告人达成刑罚协议。综上所述,"'依当事人请求适用刑罚'既可以理解为是一种交易机制,还可以在职权主义思维下理解为法官给予被告人的利益"。㉝

(三)我国香港、台湾地区

1. 香港特别行政区

由于历史的原因,我国香港地区的法律制度深受英国的影响,带有浓厚的英国法特征,例如香港地区也实行全方位的辩诉交易制度,允许控辩双方就罪名、罪数及刑罚进行充分谈判;也设计了与英国"邮件认罪制度"类似的书面认罪制度,但仅限于判处 2000 港元以下罚金的轻微刑事案件。

需要特别介绍的是我国香港地区的刑事简易程序。香港地区法律根据刑罚的轻重,将犯罪分为简易程序罪、可循简易程序审理的公诉罪及公诉罪。根据《香港裁判官条例》的规定,最高刑为 2 年以下监禁刑(数罪并罚最高刑为 3 年以下监禁刑)或 10 万港元以下罚金的轻微刑事案件为简易程序罪;可循简易程序审理的公诉罪适用于除死刑、终身监禁等严重刑事犯罪之外的任何公诉罪行,香港地区法律"根据罪行及处罚的轻重,分别由裁判法院的常任裁判官和特委裁判官独立审理。常任裁判官和特委裁判官受理案件的范围和判罚权是不同的",㉞其中,常任裁判官依简易程序判处被告人 2 年以下监禁刑及 10 万港元以下罚款,特委裁判官则只能判处被告人 6 个月以下监禁刑及 5 万港元以下罚款,法律另有规定的,判处更轻的刑罚;其余案件则为公诉罪。依简易程序审理的案件,裁判官须在控辩双方同时到庭时才可对案件进行审判并作出裁定,而控方可在法庭作出裁定前随时撤回检控并对裁判官产生约束力,裁判官应据此撤销案件,释放在押被告人或解除担保。此外,被告人在简易审理程序中认罪的,法官则不再进行审理,直接据此作出相应的裁判结论。

2. 台湾地区

(1)简易程序和简式审判程序

我国台湾地区的刑事诉讼制度深受德国、日本法律的影响,创设了简

㉝ 同注⑫,第 73 页。

㉞ 柯葛壮:《刑事诉讼法比较研究》,法律出版社 2012 年版,第 264 页。

易程序和简式审判程序。简易程序适用于宣告刑为2年以下有期徒刑、拘役或罚金,并宣告缓刑的案件,或者最高法定刑为5年以下有期徒刑且宣告刑为6个月以下有期徒刑或拘役的案件。简易程序的适用完全取决于法官,既无须被告人事先同意,也可不经检察官同意。法院原则上不再听取双方的言辞辩论意见,对检察官提交的证据材料进行书面审查后即可作出裁决。而简式审判程序则涉及被告人认罪的轻罪案件审理,首先被告人就指控事实认罪后,法官须告知其可适用该程序,但最终决定权仍在法官。适用简式审判程序审理的案件可以省略法庭辩论程序,也不完全受严格证明法则约束。不过简式审判程序也仅适用于轻罪案件,因为根据台湾地区"刑事诉讼法"的规定,死刑、无期徒刑、最轻本刑为3年以上有期徒刑的犯罪或者高等法院管辖的第一审案件是不能适用简式审判程序的。

(2)认罪协商制度

为突出被告人认罪对审判方式的重大影响,台湾地区也确立了类似德国的认罪协商制度。21世纪初,植入认罪协商制度的声音就已在台湾地区出现,其后几经波折,最终于2004年在"刑事诉讼法"中确立了认罪协商程序。台湾地区在引入该制度时参考了美、意、日等国的规定,同时更加注重结合自身实际。根据台湾地区"法律"的规定,认罪协商制度仅适用于法定刑为缓刑、2年以下有期徒刑、拘役或罚金刑的公诉轻罪案件,排除了包括自诉案件在内的其他案件。检察官提起公诉后可以主动提出与辩方进行认罪协商,其后控辩双方就被告人是否愿意接受特定的刑罚、是否向被害人道歉或支付赔偿款、是否向公库或指定公益团体、地方自治团体支付一定金额等进行协商,其中被告人是否愿意接受特定的刑罚是关键前提,否则协商程序终止。可见,台湾地区的认罪协商程序仅限于量刑协商。"法律"同时规定,法官不参与协商过程,但在法官作出裁判前,控辩双方均有权撤回协商合意。在效力方面,控辩双方达成的协议对法官没有约束力,但法官经审查认为该认罪协议系被告人自愿作出,协议确定的事实与法院查明的事实一致且协议刑期未显失公平的,可以不经言辞辩论原则在双方合议范围内作出裁判,被告人对该裁判结果原则上不得上诉,法官甚至可以宣判笔录代替裁判文书,从而大大减少法官的工作量,提高诉讼效率。

二、域外认罪认罚案件诉讼制度的经验与不足

(一)域外认罪案件诉讼制度的经验

1.简化形式,注重效率。

域外各国或地区以被告人是否认罪为标准,设置多元化诉讼体系的动机就是为了实现繁简分流,从而提高诉讼效率,因此在制度设计上更加侧重于简化形式,提高效率。研究发现,在域外各国或地区的认罪案件审理制度中,立法者大多通过以下方式提高诉讼效率:

(1)部分简化诉讼程序,有效缩短诉讼进程。以美国辩诉交易制度为例,被告人作出有罪答辩或不予争辩答辩后,法律便视控辩双方已对指控事实达成一致意见,法官便不再开庭进行正式庭审,可以直接审查控辩双方的量刑协议,作出判决。即便是职权主义占据统治地位的德国、意大利、日本等国刑事诉讼法中亦有类似规定,这是因为虽然“所有证据均应当在公开的法庭上举、质证,根据证据规则认定事实,并据此作出判决”是包括大陆法系国家在内都认可的基本诉讼规则,但是就指控的事实展开充分的法庭调查后,最终认定的事实却是辩方在诉讼之初,甚至到案之时即完全供认的事实,显然与诉讼效率背道而驰,因此域外各国或地区在确保基础犯罪事实真实的情况下,在绝对的程序正义与诉讼效率之间作出了取舍,选择诉讼效率。

(2)适当简化裁决方式,有效提高诉讼效率。由于域外大多以被告人认罪与否作为繁简分流的重要标准,某些大陆法系国家甚至为被告人认罪的轻微刑事案件设置了特别程序,如德国的处罚令程序、日本的即决裁判程序等。在诸如此类的特别程序中,裁判文书形式也随之发生了一定的变化。以《德国刑事诉讼法》第409条为例,处罚令的内容仅包括当事人基本情况、辩护人姓名、被告人被指控的犯罪事实、适用的法律条文、证据材料、法律后果及告知异议处理方式等内容,法官不必在裁判文书中对证据、事实及法律适用等问题展开详尽的说理和评析;《日本刑事诉讼法》第464条也规定,对适用即决裁判程序处理的案件,“简易命令应当示知构成犯罪的事实、适用的法令、科处的刑罚和附加刑的处分,以及自告知简易命令之日起14日以内可以请求正式审判的意旨”;此外,我国台湾地区的“法律”甚至规

定可以宣判笔录代替裁判文书,以便有效缩减诉讼时间,提高诉讼效率。

2. 注重权利保障,确保认罪真实自愿。

认罪是被告人在刑事诉讼过程中的意思表示,而处于被追诉侦查或被状态中的被告人意思表示是否真实、自愿必然受强大的侦查机关、检察机关影响或左右,因此,确保认罪的真实性是认罪从宽制度得以存在的基本前提条件,倘若不能确保被告人系自愿认罪,则必然架空公平公正的法治原则。因而,域外各国或地区均极为重视对被告人权利的保障,尊重被告人的诉讼主体地位和程序选择权,确保被告人认罪的真实性,主要体现在以下三个方面:

(1)认罪确认程序专门化、独立化。无论是美国辩诉交易制度出于程序正义的要求,抑或是大陆法系国家追求事实真实的宗旨,在设计被告人认罪案件特别制度时,均设置专门的独立审前程序供被告人作出认罪答辩或不认罪答辩。《美国联邦刑事诉讼规则》中即专设"传讯程序"(arraigment)㉟,"在传讯程序中,被告人可就检察官的指控向法官作出有罪、无罪或其他方式的答辩";㊱而《法国刑事诉讼法》设计的被告人认罪确认程序更是直接定名为"庭前认罪答辩程序",被告人在该程序中作出的答辩直接决定之后的诉讼程序走向。

(2)认罪过程具有公开性、亲自性。笔者在前文中已经论述过处于侦控压力下的被告人必然在表达其真实意志的过程中存有相当顾虑,未必能够或者完全表达其真实想法,造成认罪的自愿性与真实性受损,而避免这一现象的最有效方式就是让被告人在公开的程序中亲自作出认罪与否的答辩。据此,域外各国或地区的刑事诉讼程序大多要求认罪确认程序须公开进行,且由被告人本人以言辞方式直接向法官表示认罪。美国的辩诉交易程序便要求法官在公开的庭审程序中询问被告人是否自愿认罪,被告人也须当庭作出答辩;例如,《日本刑事诉讼法》第291条、第291条之2规定,检察官在正式庭审程序中宣读起诉书后,法官应"向被告人及辩护人提供对被告案件进行陈述的机会……被告人……对起诉书记载的诉因作出有罪意旨的陈述……"

㉟ 也有学者将arraigment译为"罪状确认程序"。

㊱ 同注⑫,第30页。

(3)权利告知或律师辩护贯穿认罪确认过程。被告人囿于其认识水平、认知能力等客观因素的限制,大多并不了解法律的规定,可能损害被告人认罪的明智性,因此域外各国或地区所设计的被告人认罪案件特别程序中均明确,法官或检察官须向被告人履行必要的告知义务,或者在律师提供必要的法律帮助之后,被告人始得作出认罪与否的答辩,借此避免被告人认罪的明智性受损。就权利告知而言,《德国刑事诉讼法》第 243 条第(四)、(五)项就规定,法官在庭审中应当告知被告人认罪协商的相关内容,并向被告人指明其有就公诉作出陈述或对案件保持沉默的自由。《日本刑事诉讼法》第 461 条之 2 则规定,检察官在请求简易命令时,应当预先向被疑人说明使其理解简易程序的必要事项,并在告知可以按照通常的规定接受审判的意旨后,对适用简易程序是否有异议予以确认。而就律师辩护而言,《法国刑事诉讼法》第 495 - 8 条规定:"犯罪行为人承认其受到指控的犯罪事实的声明,以及在共和国检察官提出的有关刑罚的提议,应在当事人选任的律师或应其请求,由律师公会会长为其指定的律师在场时提出与接收。"

3. 明确刑罚减让标准与形式,有效激励主动认罪。

无论是当事人主义诉讼模式下的辩诉交易,还是职权主义诉讼模式下的认罪协商,控辩双方在就刑罚、罪名或罪数进行"讨价还价"时,均或多或少地带有博弈性质,且具有不确定性。因此,为了巩固交易或协商的成果,促使最终判决结果相对确定,双方大多愿意以"协议"——辩方对指控答辩有罪,而控方则在此基础上承诺给予相应的刑罚减让,包括减少罪名、降低刑罚量等方式"固定"双方商讨的结果。例如,在美国典型的辩诉交易中,控辩双方会就商讨的结果形成书面协议,只要该协议不明显违反公平原则,则对法官的裁判结果具有约束力。另外,立法者为了使协商更具效率,更充分地实现繁简分流目的,亦乐于以成文法的方式明确量刑减让幅度,其中《意大利刑事诉讼法》第 444 条第 1 款规定,"被告人和公诉人可以要求法官按照自己提议的种类和标准适用替代性刑罚或减轻 1/3 的财产刑,或者适用监禁刑,只要根据具体情节并在减少 1/3 后该监禁刑不超过单处或与财产刑并处的两年有期徒刑或拘役"。此外,英国的量刑"逐级折扣"制度也极为类似,该制度以被告人认罪的时间来确定具体的量刑折扣,这一规定既能够体现被告人的悔罪态度、人身危险性及再犯罪可能性,也有助于控辩双方确定协商结果。

(二)域外认罪案件诉讼制度的不足

1. 弱化控方证明责任不利于防范冤假错案。

削减或者卸除控方证明责任,难以从根本上防止冤错案件。意大利刑事诉讼中法官仅对被告人认罪案件的证据进行最低审查以排除无罪;美国辩诉交易制度则以被告人作出认罪答辩或不争议答辩就完全免除控方的证明责任,以被告人的认罪为由推定其为犯罪人;台湾地区针对认罪案件设置的简式审判程序也不完全受证明法则的约束,从而大力削减或者完全卸除控方证明责任,回到了完全以被告人口供作为定罪根据的"口供中心主义"证明模式,有违证据裁判原则。

2. 协商交易范围几乎不受限制,突破公正底线。

控辩双方对罪名、罪数的协商具有司法约束力,突破了公平正义的法律底线。以美国为代表的辩诉交易制度允许控辩双方对罪名、罪数进行协商,且该协议对法官具有一定的约束力,其本质上是抛弃了公平正义这一法律底线,以商品经济中的等价交换思维方式解决司法问题。美国设计了世界上最为先进的刑事诉讼制度,但其犯罪率依然高居榜首,其中缘由想必也与其不顾实体真实,进行罪名或罪数交易有关。

3. 法官实质性深度参与协商,破坏了基本诉讼结构。

大陆法系国家在植入辩诉交易制度过程中部分异化了辩诉交易的基本构造,允许法官实质性深入参与协商。德国和意大利法律都规定,案件进入审判阶段后,法官有权绕开检察官与辩方就罪数或量刑等问题进行协商,尤其是德国法官可能出于减轻办案压力的动机与辩方展开协商的做法,既未严谨审慎履行法官职责,也违背了现代刑事诉讼中法官居中裁判的基本立场,破坏了基本诉讼结构。

4. 书面审理制度损害了直接言词原则。

"直接言词原则"是19世纪德国法学家提倡的刑事审判原则,"质证与认证必须在当事人与法官都在场的情况下进行……交叉询问是发现真相不可或缺的工具,也是最容易被滥用的制度……法官审慎地加以控制……必须亲眼观察,以便确信自己作出的判决"。[37] 然而,域外其他国家有将被告

[37] [瑞士]萨拉·J. 萨默斯:《公正审判——欧洲刑事诉讼传统与欧洲人权法院》,朱奎彬、谢进杰译,中国政法大学出版社2012年版,第73页。

人认罪的部分轻微刑事案件书面审理的趋势。我们认为,虽然被告人对指控事实并无异议,采用书面审理方式看似符合繁简分流,提高效力的宗旨,但“当庭审判”是被告人的一项基本诉讼权利,书面审理方式必然使“暴露于阳光之下”的审判活动走向“秘密”,在不良的司法生态下甚至可能出现“暗箱操作”的空间,动摇国家的根本刑事诉讼制度,损害公平正义的法治原则。

三、域外认罪认罚案件诉讼制度的经验借鉴

(一)完善认罪认罚从宽处罚制度是时代需要

1. 我国现在已经进入“诉讼爆炸”时代。

近年来,刑事案件总量不断攀升,而法官数量有限,人案矛盾现象日益突出,法院,特别是一线基层法院不堪重负。2008~2015 年,全国法院新收案件数由 1071.13 万件增至 1952.70 万件,增幅达 82.30%,刑事案件数从 86.37 万增至 121.73 万,增幅达 40.94%。但全国法院法官人数从 2008 年 18.94 万增至 2015 年 19.6 万,增幅仅 3.48%,法官数量相对稳定,八年来一直保持在 19 万左右,人均结案数从 2008 年 57 件/人增至 2015 年 100 件/人,增幅 75.44%。

网络上女法官怀抱生病女儿坚持办案的报道引起各方关注,据《人民日报》发表的相关评论显示,2014 年,浙江省三级法院一线办案法官年人均结案 187 件。2015 年 1~9 月,广东省深圳市宝安区人民法院新收案件 5.8 万余件,结案 3.5 万余件,一线法官人均收案 466 件,人均结案 292 件。2015 年 1~9 月,上海市浦东新区人民法院新收案件就达到了创纪录的 10.1 万件。[38] 北上广、东部沿海等经济发达城市人案矛盾日趋突出,西部城市的人案矛盾亦不容忽视。

当前正在进行的以法官员额制为核心的法官制度改革,必将导致法官队伍压缩、法官数量削减,毋庸置疑,法官特别是一线法官,工作压力会更大,人案矛盾将极大地影响司法效率和司法品质,甚至伤害到司法公信。

---

[38] 参见邓学平:《一线基层法官如此不易,谁为他们减负?》,载经典网:https://www.ishuo.cn/doc/bgnoinqf.html,最后访问时间:2016 年 12 月 3 日。

2. 繁简分流是解决人案矛盾的必然要求。

高效的刑事司法程序既能够减少诉讼成本,合理分配司法资源,提升案件质效,也能够使被告人在快速的审判程序中获得公正对待。法谚:迟到的正义非正义。周强院长指出,要全面推进司法改革,最大限度激发改革内生动力,向改革要动力、挖潜力,借鉴域外简易程序、速裁制度及辩诉交易制度的经验和做法。2016 年 9 月 12 日最高人民法院颁布了《关于进一步推进案件繁简分流优化司法资源配置的若干意见》,明确要求对认罪认罚案件分流处理,进一步简化诉讼程序,推进繁简分流层次化、精细化、体系化,构建普通程序、简易程序、速裁程序有序衔接的多层次诉讼制度体系,使认罪案件进入快速"绿色通道",同时对不认罪案件"精雕细琢",依据案件复杂程度设置与之相适应的处理程序,解决案多人少的矛盾,从而在整体上提高诉讼效率。

3. 完善认罪认罚从宽制度是顺应劳教制度改革的必然要求。

我国于 1957 年 8 月建立劳教制度,对需要收容劳动教养的人,由民政、公安部门,所在机关、团体、企业、学校等单位,或者家长、监护人提出申请,由省(区、市)和大中城市人民政府下设的劳动教养管理委员会审查批准;被决定劳动教养的人,由司法行政部门的劳动教养管理所收容并进行教育改造。此后五十余年,劳动教养一直是我国重要的行政处罚措施。然而,随着社会的进步,法制观念的更新,劳教制度的合法性逐渐受到质疑,2013 年 12 月全国人大常委会通过了《关于废止有关劳动教养法律规定的决定》。劳教制度虽然废止,但先前受劳教法律所调整的违法行为(有学者也称为越轨行为)依然存在,[39]需要用新的社会管理方式予以约束,其中一项便是将一部分行为性质比较恶劣,社会危害性较大的行为纳入刑法调整的范畴,作为犯罪处理,扒窃便是最为典型的范例。与此同时,随着社会发展的需要,危险驾驶、代替他人考试等行为也相继被犯罪化。调研发现,这类新型犯罪中有超过 95% 的被告人对公诉机关指控的犯罪事实没有异议,对自己

---

[39] 根据《国务院关于劳动教养问题的决定》《国务院关于劳动教养的补充规定》和公安部《劳动教养试行办法》等规范的规定,应当被劳动教养的主要为危害国家安全、危害公共安全、侵犯公民人身权利、侵犯财产、妨害社会管理秩序的犯罪行为的人,因犯罪情节轻微,不构成犯罪的行人。

的行为表示认罪,且愿意接受处罚,因此,我们完全可以吸收、借鉴域外轻微犯罪案件的简易办理程序或被告人认罪案件审理方式的合理内容为我所用。

(二)合理借鉴域外经验,完善我国刑事诉讼中认罪认罚从宽制度

从以上的比较分析可以看出,英美法系国家及地区所构建的被告人认罪认罚制度有三个方面的主要特点:一是强调当事人诉讼权利保障,通过一系列专门机制确保被告人认罪系在明知后果的情形下,理智地作出的自愿选择,系出于真实的自由意志;二是强调简化程序、提高效率;三是强调控辩平等的当事人主义理念。审判消极,并不积极介入控辩双方的协商交易,尊重双方协商的结果,对于双方确认的犯罪事实和证据不作具体审查,可直接据此判处刑罚。例如,美国法律规定适用轻微刑事案件审理程序规则时,法官必须告知被告人其享有的各项法定权利,并亲自询问被告人是否作出有罪答辩;在辩诉交易过程中,被告人也享有接受律师帮助的权利或辩护权,以确保其认罪具有真实性、自愿性及明智性。控辩双方可以就罪名、罪数及量刑等问题进行协商,其协商结果往往对法官具有一定的约束力,美国法官一旦接受控辩双方的量刑协议则须尽快判决。

大陆法系国家和地区具有深厚的职权主义传统,他们构建认罪认罚制度,吸收和借鉴了英美法系繁简分流,简化诉讼过程,强化被告人权利保障等合理因素,但保持了职权主义的基本传统和精神。与英美法系特别强调程序公正相比,更加注重追求实体公正;与英美法系尊重控辩双方协商结果相比,强调要限制协商范围,审查协商实体的真实性和客观性。因此,在诉讼过程中,英美法系法官相对消极,诉讼主要由控辩双方协商推动;大陆法系法官相对积极,往往主动介入控辩双方协商,甚至直接同被告人协商,主导诉讼进程。例如,日本法律就规定对即决裁判程序实行强制辩护制度;德国始终强调法官负有查明事实真相的义务,控辩审三方均有权提出量刑协商,实践中法官甚至比检察官具有更强的协商动力;意大利法官如果认为量刑协议不恰当,有权直接搁置该协议,另行作出判决。

我国刑事诉讼经历了从国家职权主义模式向控辩式诉讼模式的转变。但就诉讼传统和精神来看,我国的理论和实践总体上还是强调国家主导,以发现客观真实,实现实体正义为首要,也是最高价值追求。就此而言,我国刑事诉讼模式虽然有抗辩式的形式,但其神韵仍然更多地契合大陆法系的

诉讼理念和价值目标。正因如此,在借鉴域外经验,完善我国认罪认罚从宽制度的改革过程中,我们必须立足于我国刑事诉讼的理念和司法实际,立足于社会期待,在简化程序,提高办案效率,强化被告人权利保障的同时,要更多地吸收和学习大陆法系国家和地区强调实体正义,法官主导,发挥审查职能,限制控辩双方协商范围,协商结果须经法官审查认可,控方证明责任不减小,证明标准不降低的制度和实践经验。

1. 构建多元化刑事诉讼制度体系,有效实现案件繁简分流。

随着人口的不断增长和经济社会的飞跃发展,犯罪多样化趋势日趋明显,刑事案件数量不断增长,是世界各国共同面对的社会治理课题。刑事案件繁简不一,有的疑难复杂,有的简单清晰,被告人可能判处3年有期徒刑以下刑罚的轻微刑事案件在我国占刑事案件总数的80%左右。被告人中有的极力逃避法律追究,有的则自愿认罪认罚。因应不同案件的不同情况,改进诉讼制度,提高诉讼效率,是我国司法改革面临的重要任务。

域外各典型国家及地区根据案件性质与刑罚轻重,审判的难易程度,或者被告人认罪与否,分别设置了不同的刑事诉讼程序,构建起了多元化的刑事诉讼模式,例如美国的辩诉交易制度、法国的庭前认罪答辩程序,“简案快办”已成为域外各国及地区的通行做法。调研显示,2009～2015年,重庆市刑事案件受案数由19,972件上涨至24,977件,但同期重刑率却由12.76%呈逐年下降至6.16%,降幅显著。这表明,严重刑事犯罪明显下降,轻微刑事案件大幅上升。可见,普通的单一诉讼模式已很难适应现实需求,亟待探索建立科学的多元化诉讼模式。在现有司法环境下,我们可以大胆借鉴法国的庭前认罪答辩程序、意大利的依当事人请求适用程序等大陆法系制度,综合考虑犯罪性质、刑罚轻重及认罪认罚等情况,构建多元化的刑事制度体系。具体包括以下两个方面:

首先,扩大速裁程序适用范围。刑事案件速裁程序经过两年试点已初见成效,并在实践中总结一定的经验教训。但试点之初,速裁程序仅适用于基层法院审理的可能判处1年以下有期徒刑、管制、拘役或者当处罚金的14种犯罪性质较轻的轻微刑事案件。调研发现,基层法院判决的刑事案件中,有超过80%的被告人被判处3年有期徒刑以下刑罚,且绝大部分被告人均当庭认罪。基层法院审理的事实清楚、证据充分,当事人对适用法律没有争议,被告人认罪认罚的刑事案件,将速裁程序扩大至可能判处3年有期徒刑以下刑罚的犯罪,有利于深入推进案件繁简分流,优化审判资源配置。但是,对危害国家安全犯罪、暴恐涉黑犯罪、涉众型经济犯罪、职务犯罪等案情敏感复杂、社会关注度高的案件,不宜适用速裁程序进行审理;对被告人与被害方未达成调解或者和解的,则应区分对待,其中对被告人认罪认罚,但因被害方提出不合理赔偿要求而未能达成一致意见的,不能以维稳为借口,一概剥夺被告人享受量刑激励的权利。

其次,严格普通程序适用标准。大陆法系国家更加注重实体真实,对严重或疑难复杂案件,在程序上应当给予格外考虑,例如,日本的即决裁判程序仅适用于1年以下惩役或禁锢的刑事案件。反之,英美法系则强调当事人自主选择,凡被告人作出认罪答辩的案件均可直接进入量刑程序。我们认为,重罪案件或证据存有疑问的案件均需要通过严格的程序保障来查明案件事实,保护被告人、被害方权利,大陆法系国家在植入美国辩诉交易时大多限制了其适用范围,其出发点即在于此。我国刑事诉讼制度在追求实体真实方面,更接近于大陆法系,因此,对可能判处无期徒刑以上刑罚的案件、被告人不认罪的案件、可能不负刑事责任的案件或者事情不清、证据不足等案件均应严格适用普通程序。

2. 严格限制书面审理,确保诉讼程序公正。

我国立法机关在劳教制度废止后将部分原属劳教制度调整的行为纳入刑法;又为适应社会发展需要,将部分行政违法行为犯罪化,但配置了较低的法定刑,危险驾驶罪即为适例。随着认罪认罚从宽处罚制度的逐步落实,司法审判中逐渐出现了一审书面审的呼声。调研发现,部分基层法官或检察官认为,开庭审理的主要作用在于查明事实,准确定罪量刑,然而对事实清楚、证据充分的轻微刑事案件,在确保被告人认罪认罚具有自愿性的基础上,开庭审理失去了必要性;但律师和学者则认为,虽然辩护人在此类案件中发挥的作用有限,但程序正当具有独立价值,开庭审理使控、辩、审三方同时出席法庭,辩护人的“符号”功能是完善诉讼结构不可或缺的一部分。部分法官对此也持赞同意见。

域外各国或地区针对特别轻微的刑事案件构建了独立的书面审理方式,如法国设置简易程序审理违警罪案件,意大利、德国则有专门的处罚令制度,日本也创设了略式程序。仔细甄别发现,域外书面审理程序大多针对单处财产刑的案件,因为刑罚的严厉性在于可能剥夺被告人的人身自由,基于程序正义的要求,法官应当面确认被告人认罪的真实性、自愿性及对量刑建议的意见等核心内容;此外,书面审理无疑会进一步压缩辩护空间,削弱本已失衡的控辩力量对比,弱化被告人的辩护权。

我们认为,在当前以审判为中心的诉讼制度改革背景下,应当对书面审理方式予以严格限制,即仅限于判处管制或单处罚金的刑事案件。这类案件的社会危害性不大,被告人主观恶性较小,不涉及剥夺被告人的人身自由,可以借鉴植入域外的处罚令制度,提高诉讼效率;但对可能判处有期徒刑、拘役或缓刑的案件均应开庭审理。

3. 坚持二审终审制,充分保障当事人上诉权。

域外有国家或地区对被告人自愿认罪获得量刑减让的案件或控辩双方达成辩诉交易的案件实行一审终审制,例如德国法律和判例只允许被告人就自白协商上诉,对量刑协商则不能提出上诉;英国法律规定治安法官依简易程序审理的被告人认罪案件,被告人只能就量刑问题提出上诉。调研过程中,基层法官和检察官认为,原速裁程序适用于事实清楚,证据充分,被告人同意检察机关量刑建议的案件,因程序违法影响司法公正的情况极为罕见,而被告人因认罪认罚在一审中已获量刑减让,允许其上诉显然与诉讼诚信原则相悖。然而,中级法院的大部分法官却赞同二审终审,理由在于:一是上诉权是被告人的宪法性权利,一审终审欠缺法律依据;二是上级法院可能基于认知能力、犯罪控制、政策把握等因素,作出对被告人有利的裁决,一审终审不利于贯彻有利于被告人原则,这在某些罪与非罪存疑的新类型案件中尤为突出。

我们认为,二审终审制的根本宗旨在于有效保障被告人基本诉权,我国目前正处于司法改革的大浪潮中,虽然制度创新层出不穷,但缺乏有效的实践经验,坚持二审终审制可以有效地发现问题,总结教训,为进一步的制度改革奠定基础。此外,统计显示,以速裁程序审结的案件上诉率不到1%,上诉原因均系"留所服刑"的技术性上诉,无抗诉案件,二审无改判案件,即速裁案件在实践中已然形成了"一审终审",无再行突破现行刑事诉讼法的必要。

4. 严格证明标准,适当改革证明方式。

我们在前文中已经探讨过域外国家或地区以被告人认罪为由削减或卸除控方证明责任的做法系"口供中心主义"的证明模式,有违证据裁判规则,例如作为典型大陆法系的意大利,以及大量沿袭德日法的我国台湾地区对证明标准均有所退让。但是,我国历来便有最大限度追求实体真实的法律传统,故不宜放宽证明标准,但可适当转变证明方式。理由在于:《刑事诉讼法》第53条规定的"证据确实、充分"系从主客观相统一的角度规制证明标准,法官定案时既须在主观上具有内心确信,又必须在客观上排除合理怀疑;所有犯罪,概莫能外。就被告人认罪认罚案件而言,现有诉讼架构——无论是速裁程序,抑或是简易程序——均对法庭调查程序作出了适当简化,但并未突破"据以定案的证据均经法定程序查证属实"的底线。对事实清楚,证据确实、充分,且被告人认罪认罚的案件,采信证据的"法定程序"由普通程序的"一证一质"转变为着重审查被告人供述的自愿性、真实性与明智性,以确保据以定罪的案件事实清楚,证据确实、充分。即通过转变证明方式提高诉讼效率。

5. 完善保障机制,切实保护被告人、被害人实体和程序权利。

公平正义是刑事司法的生命线,无论构建何种诉讼制度均不能罔顾这一真谛。构建刑事诉讼中认罪认罚从宽制度必须确保被告人认罪认罚的自愿性、真实性与明智性,方能实现在确保公平正义的前提下实现提高诉讼效率的初衷。域外国家或地区对此尤为重视。例如,美国在适用简易程序时,须在审前程序中告知被告人其享有的法定权利;绝大多数国家或地区(德国与我国台湾地区除外)的简易审判程序均设置被告人同意的前置程序,充分尊重其诉讼主体地位和程序选择权。结合我国法律制度和审判实践,在被告人权利保障上应着力于以下内容:其一,充分保证被告人对认罪认罚程序及自身案情的知情权。司法机关应在不同的诉讼阶段向被告人告知并释明认罪认罚从宽制度的意义、内容、程序及后果等,解答被告人的疑问,保证其对认罪认罚从宽处罚制度有全面、正确的了解。与此同时,还应确保被告人享有完整的辩护权或律师帮助权,以正确认识其行为的性质、可能受到的处罚,并就是否认罪、是否适用认罪认罚程序等问题征询律师意见。其二,尊重被告人的主体地位和程序选择权。被告人在全面知悉认罪认罚程序及自身案情后,自由独立地选择是否认罪,是否同意适用认罪认罚程序进行审判;法院审理重点即为审查被告人认罪认罚的自愿性及选择适用该程序的真实性。

与被告人权利保障相对的便是被害人权利保障问题。我们认为,被害人作为刑事诉讼的当事人之一,应有权知悉案件的办理程序,尤其是适用认罪认罚程序审理的案件会对被告人予以从宽处罚,更不应忽视被害人意见:首先,应切实保障被害方的知情权,对于决定适用认罪认罚程序的,应及时通知被害人或其家属。被害人反对适用该程序的,应充分听取其意见与理由,认真做好沟通工作,慎重适用;其次,应保留被害方对案件刑事处罚结果的异议权和财产赔偿请求权。在办案过程中应充分听取被害方对刑事处罚结果的意见,将是否达成和解、谅解协议作为量刑的重要依据。对于被害人财产受到损害的认罪认罚案件,应将被告人是否愿意、是否赔偿被害人财产损失作为适用认罪认罚程序以及从宽处罚的前提条件。

6.强化量刑激励,增强认罪认罚从宽制度内在动力。

最高人民法院《关于常见犯罪的量刑指导意见》中规定,对于当庭自愿认罪的被告人,根据犯罪的性质、罪行的轻重、认罪程度以及悔罪表现等情况,可以减少基准刑的10%以下。较之于域外各国或地区“对被告人认罪认罚的均可以减少基准刑的1/3至2/3”[40]的规定有相当差距;而现实中不同阶段认罪认罚没有统一的、阶梯化的从宽标准,导致裁判尺度难以统一,也难以有效激励被告人认罪认罚。首先,在制度构建上应首先扩大刑事和解的案件范围,凡因故意犯罪可能判处3年有期徒刑以下刑罚或除渎职犯罪以外的可能判处7年有期徒刑以下刑罚的过失犯罪案件,均可适用刑事和解。但严重危害国家安全或社会稳定,罪行极其严重、主观恶性极深的案件除外;其次,将“因如实供述自己的罪行,对侦破案件起关键作用,据此侦破其他重大犯罪的或者避免特别严重后果发生”的行为纳入坦白之中,可以减轻处罚;最后,将认罪认罚作为独立从宽处罚情节,与坦白、自首、刑事和解等其他从宽情节并列,参考英国“量刑逐级折扣”制度,对在侦查阶段认罪认罚的,可以减少基准刑20%~30%,在审查起诉认罪认罚的,可以减少10%~20%,审判阶段认罪认罚的,可以减少10%以下。

---

[40] 孙瑜:《认罪案件审判程序研究》,对外经贸大学出版社2012年版,第152页。

The Extraterritorial Experience and Reference for the Lenient System of the Pleaded Guilty and Recognized Fine

The Research Team of Higher People's Court of Chongqing

Abstract: It is a general rule in the world that constructs a multi-level system of lawsuit and employs the strategy of being lenient in entity and simplified in procedure in handling the criminal cases with the defendants pleading guilty to recognize lenient penalty. Conducting a comparative research on the lawsuit system of the cases featured by pleading guilty to recognize lenient penalty in some typical countries and regions, having an analysis of their pros and cons and drawing lessons from them is a basic requirement for improving the Lenient System of the Pleaded Guilty and Recognized Fine in the criminal proceedings. In the criminal lawsuit system of the common law countries and regions that are based on adversary doctrine, the judges are placed in a passive position with the scope and content of negotiation between the parties of prosecution and defense being wide and deep. The results of negotiation can be considered as the judicial basis of judges directly and gradually a series of specific rules of procedures such as plea bargaining, mail plea guilty and sentencing discount are established. The civil law countries and regions whose lawsuit mode is characteristic ofinquisitorial system lay an emphasis on the state intervention and the judges' predominance on examination, thus giving birth to certain rules of procedure such as negotiation of pleaded guilty, pleas of guilty before trail and punitive order. With the enhancement of economic integration and the cultural exchange being closer and closer, the lawsuit system between civil law and common law present an interactive integration. On the basis of China's tradition of ruling by law, to improve the Lenient System of the Pleaded Guilty and Recognized Fine in the criminal proceedings, the construction of a multi-level lawsuit system should be given priority. In drawing lessons from common law system focusing on strengthening the protection of the defendants' rights, simplifying the litigation process, improving litigation efficiency and increasing the incentive of sentencing, the scope and content of negotiation between the parties of prosecution and defense should be confined to a proper level and the judges' predominance on examination should be stressed at the same time. Insimplifying the litigation process, it is imperative that the liability of proof is not weakened and the standard of proof is not lowered, trying to achieve the unification of judicial justice and efficiency.

Key words: pleaded guilty and recognized fine; leniency; extraterritorial experience; reference

(作者单位:重庆市高级人民法院)

论我国仲裁制度的改革与完善

——以经济学供给侧结构性改革为视角

秦　甫

摘要：从经济学角度看，在经济社会转型期矛盾纠纷日益增多形势下，诉讼存在社会需求旺盛而司法资源供给相对不足的矛盾，而仲裁既存在社会需求不足也存在仲裁供给不足的双重问题，包括定位偏差、组织结构不合理、运行不畅、能力不足、制度安排不完善等问题，存在着先进的仲裁制度与相对落后的社会仲裁意识和初始仲裁工作水平之间的结构性问题。市场起决定性作用、政府职能转换、社会管理方法创新、司法制度改革的形势发展，需要发挥仲裁机构更大的职能作用，推动着仲裁供给侧改革。仲裁供给侧改革的主要内容，是按照创新、协调、绿色、开放、共享的发展理念，推进包括仲裁制度改革、业务改革和运行改革在内的体制性、结构性改革，建议以省为单位组建仲裁机构，推动仲裁机构体制更加完善，职能更加完备，地位更加提升，影响更加扩大，作用更加显现，使仲裁成为多元解决社会矛盾的重要平台、创新社会管理的重要手段、法院诉讼之外终局解决民商事纠纷的重要方式。

关键词：司法；仲裁制度；仲裁立法；仲裁改革；《仲裁法》修改

所谓供给侧改革,就是从提高供给质量出发,用改革的办法推进结构调整,矫正要素配置扭曲,扩大有效供给,提高供给结构对需求变化的适应性和灵活性,提高全要素生产率,更好满足广大人民群众的需要,促进经济社会持续健康发展。仲裁是当事人解决纠纷的仲裁需求和仲裁机构提供解决纠纷手段供给的结合体,从经济学角度看,也存在社会需求与仲裁供给的问题。

我国仲裁制度建立20多年以来,市场主体的仲裁意识有了普遍提高,仲裁机构有了长足的进步,但是我们也看到,当前,仲裁仍存在外部社会需求与仲裁机构供给双重不足问题,许多仲裁机构案源不足,面临着较大生存压力。据2015年全国仲裁工作统计,全国244家仲裁机构,案件受理数不足50件的52家,占总数的21%;超过50件不足200件的74家,占总数的30%。[①] 全国仲裁机构中,年受理案件不足200件的占到半数,低于全国平均受案数的仲裁机构占到75%。[②] 如果把仲裁看作一个行业的话,跳出仲裁看仲裁,仲裁在各行各业中虽属于从业人员少、业务范围小、社会辐射面小的小众行业,但没有一个行业像仲裁那样发展如此缓慢,建立20余年以后生存危机仍如此普遍。以前,往往把原因归结到社会仲裁意识不足、政府没有足够支持等外部问题,问题看似在外部,其实根源在内部。社会仲裁需求不足,是由于内部仲裁供给侧存在体制性、机制性的结构问题,仲裁机构尚不能提供有效、快捷的供给来服务社会、吸引当事人。

一、仲裁供给侧存在的问题

作为满足社会仲裁需求的业务提供者,仲裁机构在供给侧方面存在以下问题:

(一)定位问题

《仲裁法》对仲裁机构定位为仲裁解决平等主体的公民、法人和其他组织之间发生的合同纠纷和其他财产权益纠纷。应该说,法律对仲裁机构的业务定位是明确的,凡是涉及经济、财产权益的各类民商事纠纷,都可以仲

---

① 参见《2015年全国受理仲裁案件136924件增20%》,载法制网:http://www.legaldaily.com.cn,最后访问时间:2016年8月1日。

② 同上。

裁，但在理论界与实践中，都把自己定位为范围很小的商事仲裁机构。[③] 这个定位不利于仲裁机构的发展。其实，全国所有仲裁机构从事的业务中，绝大部分处理的是各类民事合同纠纷，真正涉及商事纠纷的仅占很小比例。以很小比例的业务来定位仲裁机构的业务性质，既显得名不副实，又将大大限制仲裁机制职能的发挥。

（二）结构问题

即仲裁机构的体制、机制问题。根据《仲裁法》规定，仲裁机构由设区市政府商有关部门设立。除贸仲（海仲）外，我们可以将仲裁机构分为直辖市政府组建的仲裁机构、省会城市所在地政府组建的仲裁机构、计划单列市政府组建的仲裁机构和其他设区市政府组建的仲裁机构四类。从历年统计数据可以看出，前三类仲裁机构基本趋于事业发展的良好阶段，而量大面广的其他设区城市的仲裁机构，无论是否处于经济社会发达城市，仲裁事业发展大多较为缓慢。从仲裁需求讲，一个城市有大有小，经济社会发展层次有高有低，仲裁需求也有大有小、参差不一；其他设区的城市中，既存在仲裁需求小的情况，又存在仲裁供给低的现象，致使仲裁机构生存发展难以为继。从行政管理角度和法学基本原理分析，一地组建的机构只对本地具有管辖能力与范围，不能超越本地去管辖外地事项，由于仲裁恰恰没有地域限制和级别管辖限制，当地政府组建的仲裁机制既可以仲裁涉及当地经济社会发生的合同纠纷和其他财产权益纠纷，又可以仲裁涉及外地市场主体的纠纷，从当事人角度看，其权威性、公正性、独立性均不足，存在组建政府层级较低与仲裁没有地域限制和级别管辖限制之间的冲突。由于经济发展水平不同、仲裁发展状况不同，各地存在多种模式的仲裁工作体制。从办事机构性质上讲，有行政机关，或参公单位、差额拨款单位和自收自支事业单位的机构模式；从行政管理关系上讲，有与法制部门等管理机关完全独立、半独立和完全不独立的机构模式。无论哪种形式，虽然都是一定历史条件下的形成与选择，但是仲裁制度已经建立 20 周年，有半数仲裁机构连年均受案 200 件都不到，使人有理由怀疑仲裁机构的体制、机制是否出了问题，现行体制机制是否适应中国国情和社会发展需要？哪种体制或机制模式更能激

---

③ 中国国际经济贸易仲裁委员会官网（cn. cietac. org）将自身定位为世界上主要的常设商事仲裁机构之一。

发仲裁供给侧的活力,更能适应经济社会发展需要,更能推动仲裁作用的发挥?仲裁机构由设区的市政府组建成立,而所仲裁的案件又没有地域管辖和级别管辖限制,仲裁存在着组建机构级别的有限性与管辖案件范围无限性之间无法克服的矛盾。贸仲为什么能在国内外具有较高知名度,除了组建时间早、组建时间长之外,还与中国贸促会作为国字号单位组建具有很大关系。试想一下,如果贸仲不是由中国贸促会来组建,而由一个一般设区城市的政府来组建,会能达到如此之高知名度?这样说,并没有丝毫否定贸仲办事机构工作人员和贸仲仲裁员积极努力、开拓进取的意思,而是说明,谁组建仲裁机构以及怎样的人担任仲裁员,实乃关系当事人对仲裁机构权威性的认知问题,也直接关系到社会或当事人对仲裁的需求问题。打一个不恰当的比方,仲裁机构可以仲裁国内外所有的合同纠纷和其他财产权益纠纷,但组建机构却是一个不知名的政府,实在是小马拉大车,或者说名不副实。这也是一般城市政府组建的仲裁机构很少有涉外仲裁案件的原因。假如笔者是一个涉外合同的当事人,就不会选择一般地市的仲裁机构,并不是说对地市仲裁机构不信任,而是认为地市一级政府组建的仲裁机构层级太低(虽然《仲裁法》规定仲裁机构没有大小、级别之分,但习惯观念使然),以及仲裁员涉外水平比较低之缘故。

(三)运行问题

如果说,仲裁体制、机制问题是隐形存在的供给侧制度问题,那么,仲裁的运行问题则是显性的供给侧问题。法院诉讼显示国家公权,具有严格的程序保障,当事人为什么要舍弃诉讼而选择仲裁,是因为仲裁具有快捷高效、专家办案、一裁终局、意思自治等优势,仲裁比诉讼更灵活、更便捷。法院由于案件普遍较多,人均办案压力较大,出现办案周期长等情况情有可原,而仲裁员人均办案不像法官那么多,仍存在仲裁办案周期过长、办案粗糙、文书质量不高等现象,存在规范性与灵活性、精细化与个性化均不足的问题,仲裁的优势没有充分显示出来。仲裁机构成立初期虽然有全国性的仲裁规则示范文本,但随着形势发展,已远远落后于仲裁事业发展。各地仲裁机构依自身实际制定仲裁规则,加之相互之间交流不多,导致各地仲裁规则的仲裁程序规范尺度不一、办案流程管理尺度不一的状况。要健全灵活而不失规范、便捷而不失公正的运行管理机制,尚有很长的路要走,有很多的工作要做。如山东正在酝酿统一仲裁规则,不失为一个好的开端。④

(四)能力问题

人员的素质与能力是仲裁供给最重要的要素,直接影响与关系到当事人对仲裁需求的选择。仲裁机构普遍规模小、人员少、影响力弱,加之仲裁员与办案秘书两支队伍参差不齐,人们对仲裁供给服务知之不多,或者对仲裁供给持怀疑或否定态度。人们评价一个部门或行业,往往以部门或行业的短板或不足为视角,以短板或不足的部分来衡量一个部门或行业的水平与能力。对仲裁行业供给的评判亦如此。与法官队伍相比,与社会需求相比,仲裁员与办案秘书两支队伍总体业务能力与水平,还存在较大距离,满足不了日新月异各种类型的纠纷解决对仲裁供给的要求。

(五)制度问题

诉讼与仲裁都是解决纠纷的最后途径。在诉讼源远流长、官本位意识和打官司意识较强的社会中,仲裁作为新生事物本就处于弱小境地,加之现行必须具备规范仲裁条款的制度设计,更加剧了仲裁业务拓展的难度,压缩了仲裁机构的生存发展空间。据抽样统计,绍兴市规模以上工业企业中,合同中选择法院诉讼解决合同争议条款的,占合同数的8.2%;选择仲裁机构解决合同争议或者虽约定仲裁条款但不规范的,占合同数的1.3%;既选择诉讼又选择仲裁,或者诉讼与仲裁都约定不规范的,占合同数的6%;没有约定诉讼或仲裁争议解决条款的,占合同数的84.5%。⑤ 由于提交仲裁必须存在规范的仲裁条款,大大制约了当事人对仲裁制度的理解和适用。公证实行当事人自愿申请原则,但部分业务则实行强制公证原则,仲裁作为解决纠纷的一项法律制度,可否根据仲裁的性质与纠纷的类型对适合仲裁解决的纠纷实行强制或先行仲裁?仲裁是从国外引进的纠纷解决模式,但不能完全照搬国外模式,需要根据本国国情与纠纷矛盾现状有所改进、有所创新。仲裁业务入口太小,领域太小,制约太大,在很大程度上影响了仲裁供给的广度。

仲裁事业发展过程中存在的问题牵涉许多方面,归结到一点,存在先进的仲裁制度与相对落后的社会仲裁意识和初始仲裁工作水平之间的结构性

---

④ 参见《17家仲裁机构拟用统一仲裁规则》,载《法制日报》2016年6月8日版。

⑤ 参见绍兴仲裁委员会调研材料。

问题,需要通过供给侧改革加以解决。

二、加强仲裁供给侧改革的必要性

仲裁制度实施以来,各地进行了积极的探索与改革,已经积累了比较丰富的办案经验、比较成熟的办案流程和比较完善的办案制度,拥有了一支良好的仲裁员队伍和秘书队伍,构建了一定的仲裁组织框架。但是,仲裁职能作用的发挥与经济社会发展要求相比尚不相适应。仲裁是市场经济和改革开放的产物,也必将随着市场经济的发展和改革开放的深入不断发展。在全面深化改革和全面推进依法治国的形势下,仲裁机构必须适应全面改革开放和依法治国的总体形势,跟上时代步伐,适应新常态,迎接新挑战,在加强供给侧改革中实现仲裁需求新的突破与飞跃。加强仲裁供给侧改革的必要性在于:

(一)市场起决定性作用的推动

十八届三中全会指出:“经济体制改革是全面深化改革的重点,核心问题是处理好政府和市场的关系,使市场在资源配置中起决定性作用和更好发挥政府作用。”市场对资源配置起决定性作用,意味着更加重视市场的作用,必将“从广度和深度上推进市场化改革,大幅度减少政府对资源的直接配置,推动资源配置依据市场规则、市场价格、市场竞争实现效益最大化和效率最优化”,⑥市场主体的积极性将得到发挥,活力将得到激发,交易将更加自主,竞争将更为激烈,同时市场风险也将增加。仲裁是市场经济生产、经营、流通、消费等社会生态系统的自愈机制,是市场经济体系的重要组成部分。随着市场配置资源决定性作用的发挥,一方面为仲裁机构服务市场经济提供了更为广阔的空间,仲裁领域将更为宽广,市场对仲裁的需求也将不断增强;另一方面意味着仲裁活动要更多地适应市场经济规则,参照市场交易习惯,反映市场经济的本质,体现出市场经济的效率性,这对现行的仲裁机构供给提出了新的要求与挑战,要求我们进一步熟悉市场经济内涵,熟悉新的经济形态与经济活动方式,全面掌握市场主体的生产、建设、经营、管理规律,从仲裁机制、体制、业务、工作方式上全面革新,适应市场配置资源

⑥ 参见十八届三中全会公报。

起决定作用的形势。

(二)政府职能转换的推动

政府的职责和作用主要是优化公共服务,保障公平竞争,加强市场监管,以维护市场秩序,弥补市场失灵,推动可持续发展,保持宏观经济稳定。十八届三中、四中全会指出,要切实转变政府职能,深化行政体制改革,创新行政管理方式,增强政府公信力和执行力,建设法治政府和服务型政府。为此,将普遍建立法律顾问制度,完善规范性文件、重大决策合法性的审查机制,建立科学的法治建设指标体系和考核标准,健全法规、规章、规范性文件备案审查制度,健全社会普法教育机制,增强全民法治观念。政府强调依法行政,政府职能转变,将有助于仲裁制度的推行,政府协调的许多事项可以借助仲裁方式予以解决,这既体现了政府依法行政的要求,又减轻了政府协调工作的压力。政府的经济管理职能主要是防范区域性、系统性风险,稳定市场预期,实现经济持续健康发展。这与仲裁化解经济纠纷、防范经济风险的工作宗旨相一致。在政府职能从权威化、控制式、封闭式向协调式、民主式、公开化转变的今天,有助于仲裁制度的推进和仲裁供给侧的改革。

(三)社会管理方法创新的推动

创新社会治理,必须着眼于维护广大人民根本利益,最大限度地增加和谐因素,增强社会发展活力,提高社会治理水平。十八届三中、四中全会提出,要改进社会治理方式,鼓励和支持社会各方面参与,实现政府治理和社会自我调节、居民自治良性互动。坚持依法治理,加强法治保障,运用法治思维和法治方式化解社会矛盾。仲裁运用社会力量解决社会问题,仲裁员从社会中聘请,仲裁庭由当事人组建,仲裁体现出社会自治的特征与要求,是社会管理创新的重要内容与平台。与司法资源相比,仲裁效率更高,灵活性更足,包容性更强。社会管理方法创新推动包括调解、仲裁等自治力量在内的社会组织发挥更大作用,通过仲裁业务供给,"建立畅通有序的诉求表达、心理干预、矛盾调处、权益保障机制,使群众问题能反映、矛盾能化解、权益有保障"。⑦

(四)司法制度改革的推动

十八届三中、四中全会指出:要深化司法体制改革,加快建设公正高效

---

⑦ 参见十八届三中全会公报。

权威的社会主义司法制度,体现司法的独立性与公开性。法院各方面的司法制度改革,给仲裁工作带来了深远影响,对仲裁工作形成了新的发展契机与压力。仲裁机构要借鉴司法改革中好的做法与方式,在保证办案质量的前提下创造出更为方便、更为快捷、更为简洁的仲裁流程,提供更为广泛、更为便捷的业务供给。适应多元化解决纠纷矛盾的形势,以社会化服务为方向,在不影响仲裁独立性、公正性、程序性的前提下,推进仲裁工作的公开化和多元化处理程序,形成与人民法院诉讼体制相互衔接、又相对独立的民商事纠纷解决体制。

三、加强仲裁供给侧改革的内容

有人认为,仲裁供给侧结构性改革要从仲裁机构民间化入手,笔者认为以此为方向进行改革并不是仲裁发展的根本出路。因为仲裁办事机构的性质、模式以及与主管部门的关系,与仲裁庭能否独立公平办案,没有必然或天然的联系。《仲裁法》规定,仲裁依法独立进行,不受行政机关、社会团体和个人的干涉,是指仲裁活动即仲裁庭或仲裁员的案件审理活动,依法独立进行,不受行政机关、社会团体和个人的干涉。仲裁庭(或仲裁员)与当事人之间构成仲裁活动的主体,仲裁庭(或仲裁员)只对案件事实与案件处理负责。影响仲裁事业发展的根本问题是存在仲裁没有级别、地域管辖限制与组建机构层级太低之间的矛盾。

仲裁供给侧改革内容,主要是推动结构性和要素性改革,包括制度改革(法律法规、体制机制等结构性方面改革)、业务改革(业务范围、业务种类、业务方法等产品性改革)和运行改革(办案流程、业务运行、人员素质等内源性改革)。总体目标是,按照创新、协调、绿色、开放、共享的发展理念,推进仲裁体制性、结构性改革,使仲裁机构体制更加完善、职能更加完备、地位更加提升、影响更加扩大、作用更加显现,使仲裁成为多元解决社会矛盾的重要平台、创新社会管理的重要手段、法院诉讼之外终局解决民商事纠纷的重要方式。加强仲裁供给侧改革的主要内容是:

(一)推动仲裁体制机制结构性的改革

目前,全国仲裁体制(严格说是仲裁办事机构体制)多样性现状,是各地经济社会发展程度不一的现实写照。但全国仲裁机构体制不能过分悬殊,更不能“南辕北辙”。仲裁体制需要改革,仲裁机制需要完善。体制机制改革的原则,体现仲裁的本质特征,体现仲裁为民的宗旨,体现仲裁的发展方向。要在坚持党的领导、坚定走中国特色社会主义道路的前提下,深化仲裁体制机制的改革,这在当前全面深化改革形势下尤显必要。首先,要规范全国仲裁委员会的组建模式,包括组建方式、组建程序、组建成员单位、章程规则等。笔者认为,应以省为单位组建仲裁机构,即将现有设区市政府组建仲裁机制改为按省级行政区域设立仲裁机构,地市一级(包括省会)城市的仲裁机构为省仲裁机构的分支机构。省仲裁机构由省政府有关部门组建,统一制定仲裁规则,统一仲裁员聘任考核,统一对重大案件审核,并组织对仲裁分会的管理。现有地市(包括计划单列等)城市政府组建的仲裁机构均为省仲裁机构的分支机构,以省仲裁机构的名义办理案件,受省仲裁机构的监督。这样设置的机构模式有四大好处:一是提高仲裁机构组建层级,意味着提高社会对仲裁的公信力以及当事人采取仲裁方式解决纠纷的信心。由于仲裁纠纷更多的是本省区域内的纠纷,省级组建的仲裁机构更有理由处理本省辖区范围内的纠纷,权职相符。二是更有利于开展仲裁机构之间的竞争。现有仲裁机构以地市区域设立,基本没有竞争,省级组建的仲裁机构可以在全国范围内开展竞争,谁实力更强、处事更公正,外地当事人更愿意选择此仲裁机构解决纠纷。三是有利于改变量大面广其他设区城市仲裁机构弱小局面。省仲裁机构设立后,地市仲裁机构均系其分支机构,可以改变现有其他设区城市仲裁机构人少、质弱局面。四是有利于打响中国仲裁品牌,走向世界。现在只有贸仲、北仲等少数仲裁机构能够走出国门,打响中国仲裁品牌。中国只要有30多家的仲裁机构,而且相互处于竞争之中,才有可能或者能够更多地走向国外,在国际仲裁舞台上拥有话语权。其次,要构建基本统一、名称规范的仲裁办事机构,仲裁办事机构应为体现仲裁活动公益性与独立性的社会组织(或非营利性法人组织),当前可在全国范围内明确为公益类事业单位,逐步走向非营性利法人组织。行政性机构或企业化性质机构不是中国特色仲裁办事机构体制的最优选择。逐步实现办事机构的实体化、组织化,实行法人治理结构,接受仲裁委员会的领导与监督,应成为仲裁办事机构的发展趋势。最后,各地仲裁机构和办事机构可增设网络,扩大规模,适应经济社会发展需要,在重点行业中建立如房地产、建设工程、知识产权、证券、金融、消费等仲裁专业机构,在组建主体管辖范围内的重点区域中建立仲裁分支机构,扩大仲裁范围,丰富可仲裁事项,增强仲裁的覆盖面和辐射力。

(二)推进仲裁业务领域产品性的改革

从经济学角度看,仲裁内容是各类民商事纠纷,仲裁产品是案件审理后的调解书与裁决书。仲裁案件源于当事人的需求,要加强对仲裁需求侧与仲裁供给侧对接的研究与探索。在各项民事、经济纠纷类型中,研究哪些纠纷更适宜通过仲裁方式解决,哪些当事人更愿意采取仲裁方式解决纠纷,当事人希望仲裁机构提供哪些服务产品与方式。只要当事人自愿将涉及经济事项的争议提交仲裁机构仲裁,可以不仅仅局限于合同纠纷。法无禁止即可尝试,仲裁业务领域不能自我封闭、自我限制。要根据经济社会发展形势,以满足经济社会对仲裁需求和不违背《仲裁法》基本规定为原则,面向基层,面向经济建设主战场,把纠纷高发生率的行业作为仲裁服务的重点领域,既要进入那些以前不愿意或者难以进入而又为市场主体发展所必需的领域,又要在关系国民经济命脉的重要行业和关键领域强力推进。凡是有利于社会稳定和谐、有利于推动仲裁事业发展、有利于非诉讼解决的业务领域与业务产品,都可以尝试。紧紧依靠市场需求促进仲裁业务不断拓展,针对经济社会发展中的难点、热点、重点问题,发挥仲裁灵活性、包容性、快捷性优势,设计仲裁服务产品,提高仲裁在经济社会中的渗透度和覆盖面,满足当事人解决纠纷的需求。当前,国务院法制办在全国仲裁机构中开展以案件受理多样化、处理方式多元化为主要内容的“两化”试点,不失为一个推动仲裁业务发展好的措施与途径。

(三)推进仲裁管理运行内源性的改革

我国统一的民商事仲裁制度建立时间还不长,参照人民法院的诉讼制度有利于仲裁工作的迅速开展,也有利于人民法院对仲裁法律文书的认同与监督,但仲裁毕竟有自己的特点与规律。一方面,仲裁要突破沿袭诉讼程序与方法的传统,回归仲裁的自身特性,体现出仲裁的非诉讼性本质;另一方面,人民法院要体察仲裁的性质与特点,寓监督于支持之中,在更大程度上推动中国特色仲裁制度的完善。第一,要创新仲裁工作方法,加强仲裁业务的产品供给,各地仲裁机构要积极创造条件成立民商事调解、争议评审、第三方评估等组织,不断丰富咨询、评估、评审、调解、确认、裁决等处理手段;第二,要衔接仲裁调解与人民调解、社会调解的关系,把仲裁调解融入社会大调解体系之中,使仲裁成为多元化纠纷解决机制的重要组成部分;第三,要健全仲裁工作规则和案件管理制度,提高仲裁办案质量与效率,最大可能地节约当事人的人力成本、时间成本和费用成本,使仲裁优势在每一个案件中得到充分的发挥和体现,满足当事人对仲裁快捷高效、公平公正的需求;第四,要运用“互联网 +”的思维与方式,推进仲裁的信息化建设,提高仲裁活动的信息化、现代化水平;第五,要提高仲裁人员的职业道德水平与业务素质,国家有关部门要出台仲裁员资格条件、培训、考核、监督规定,仲裁机构要加强对仲裁员和办案秘书的考核管理机制,强化法律、纪律、作风教育,发扬专业工匠精神,打造一支素质过硬、公正高效、当事人信赖的仲裁工作队伍。

(四)推进仲裁环境制度性的改革

加强仲裁供给侧改革,有些是仲裁机构自身努力可以做到,有些需要各部门的支持,有些需要通过修改法律加以明确。特别是《仲裁法》已颁布实施 20 余年,许多规定已远远落实后于实践发展需要。国家有关部门要为深化仲裁改革提供法律、政策、环境的支撑。要加快建立全国性仲裁协会的步伐,履行自我管理、自我服务、自我监督、自我发展职能,强化仲裁行业的自律形象。

四、结语

十八届四中全会明确提出要完善仲裁制度,提升仲裁公信力。仲裁工作的丰富实践为推进仲裁供给侧改革提供了现实基础,经济发展的市场化改革和转型时期社会矛盾纠纷的增多为推进仲裁供给侧改革提供了良好的外部环境,司法制度的深化改革为推进仲裁供给侧改革提供了可资借鉴的方法。仲裁的供给侧改革,既不能走封闭僵化的老路,也不能走改旗易帜的道路,要按照十八届四中全会提出的“坚持解放思想、实事求是、与时俱进、求真务实,一切从实际出发,总结国内成功做法,借鉴国外有益经验,勇于推进理论和实践创新”要求,按照“推行仲裁制度是根本、融入市场经济是关键”⑧的方针,突出仲裁的社会性、服务性、公益性,创新仲裁运作机制,规范

⑧ 此系国务院法制办总结全国仲裁工作经验而提出的仲裁发展方针。

仲裁服务行为,提高仲裁质量效率,做到加强顶层设计和摸着石头过河相结合,整体推进和重点突破相促进,提高仲裁改革的科学性,广泛凝聚共识,形成发展合力,努力形成组织体系完备、运行科学规范的具有中国特色的仲裁体系,推动中国特色社会主义仲裁制度的完善和发展。

经过20余年发展,仲裁事业取得了长足进步,但与经济社会发展需求相比,与仲裁制度的内在价值相比,仲裁优势还没有得到有效发挥。体制机制问题成为制约仲裁制度作用发挥的最大障碍。有必要加强仲裁供给侧的研究,从体制机制等方面进一步完善,推动具有中国特色的仲裁事业持续健康发展。

On the Strengthening of Supply-side Reform for the Sustainable Development of Arbitration

Qin Fu

Abstract: From the perspective of Economics, there is a dilemma between growing social demand of litigation and supply shortage of judicial resource in social and economic transition period when social conflicts and disputes are on the rise. In the field of arbitration, there is the dual problem of demand and supply shortage. Multiple resolution mechanism needs arbitration to play a bigger role in settling disputes. Meanwhile, to give full play to the function of arbitration agencies makes it necessary to promote reform in the supply side so as to meet the growing demands of economic and social development. The supply side reform of arbitration involves such factors as upper structures, professional scope, reform measures and operation and management, etc.

Key words: arbitration; reform; economics; supply side; judiciary; legislation

(作者单位:绍兴仲裁委员会)

县域治理视域下的人民法庭功能探析

曾　晖

摘要：在我国在单位社会双重治理结构瓦解的过程中，应责与利益衡平机制的缺失，使基层社会难以提供有效的制度化纠错途径，以维护社会公正，故县域治理实效总体不佳。人民法庭被整合进社会治理体系，存在于独特的政法传统和历史惯性中，通过实践探索在县域基层社会取得了相当程度的政治认同，并正在因地制宜地形成地方性知识。因此，人民法庭在社会治理结构转型期内，通过将易于被政治化的社会纠纷法律化，保障治理结构的平稳过渡，并为新的治理结构孕育有益的因子。

关键词：县域治理；人民法庭；双重治理结构；过渡；孕育

我国当代政治语境中关于“县域治理”的核心语汇材料，其最早的灵感来源可追溯至东汉史学家荀悦在《前汉纪·前汉孝惠皇帝纪卷》中的论述。① 尽管他的论述建立在辨明分封制与郡县制的优劣这一语境下，但后人仍受其启发，将其观点演绎为“郡县治则天下安，县

---

① 参见（东汉）荀悦：《前汉纪》，吉林出版集团有限责任公司2005年版，第56页。

域强则国家强”。[②] 习近平同志对县域治理亦有深刻的论述:“县一级承上启下,要素完整,功能齐备,在国家治理中居于重要地位”“县级政权所承担的责任越来越大,尤其是在全面建成小康社会、全面深化改革、全面依法治国、全面从严治党进程中起着重要作用。”[③]古今贤达对“县域”的重视,从一个侧面反映出“县域”作为我国一个治理空间结构单元的重要意义。

司法因其特有的保守性和谦抑性,在县域治理这样一个需要发挥基层政权能动性的事业中,似乎并不应起到太大作用。作为司法裁判体系神经末梢的人民法庭,虽处于县域治理的范畴之中,并发挥了相当大的作用,但其能动的、便民的司法运行模式,却饱受诸多研究者的诟病。全面收缩人民法庭现有功能、甚至废除人民法庭的呼声一度甚嚣尘上。但中央层面的宏观制度设计,却始终在鼓励和促进这一制度的发展与完善,并着重强调其在县域治理中应发挥的作用。2014 年最高人民法院《关于进一步加强新形势下人民法庭工作的若干意见》中指出,人民法庭应“积极参与基层社会治理,切实发挥桥梁纽带和司法保障作用”“充分发挥人民法庭在‘四个治理’中的纽带作用和在多元纠纷解决机制中的示范、保障作用,为提高乡镇、县域治理法治化水平作出积极贡献”。2015 年,在首届人民法庭建设高层论坛上,最高人民法院院长周强亦指出,要深入研究人民法庭的职能定位,围绕人民法庭如何更加有效参与县域治理,充分发挥人民法庭的独特优势和作用。在最高人民法院《关于全面深化人民法院改革的意见——人民法院第四个五年改革纲要(2014~2018)》中,“完善人民法庭制度”更作为我国法治未来发展的重大战略纳入司法改革的顶层设计。尽管官方的文件和讲话已多次从政策层面阐述了人民法庭在县域治理中的功能作用,但学界研究似乎缺乏对这一重大实践问题的学术分析与理论升华,以致人民法庭在县域范围的社会治理结构转型过渡、基层社会问题的良性转化、地方性知识的建构与使用等方面的功能并未被完全发现和发挥。本文尝试从社会治理的视角,管窥人民法庭在县域治理中的功能作用。

---

② 姚高员:《做“四有”书记——深入学习贯彻习近平同志关于县域治理的重要论述》,载《人民日报》2015 年 1 月 29 日,第 7 版。

③ 同上。

一、当下我国县域治理困境及其表现

县域治理,是县域范围内通过各方治理主体,对事关公民与社会的公共事务和公益性事业所进行的有效、有序的管理活动。④ 一般而言,与同属于某一市管辖范围的区相比,县政权的独立性大于区,且城市化和现代化水平较低,更具备乡土社会和城乡接合部的典型社会特征。全国各地这一层级的社会状况和法律文化殊异。因此,"县域"这一空间范围的社会治理和法律运行,其方法、知识和场景便极有可能是地方性的。县域治理与传统的县政管理不同,后者管理主体为政府,民众在某种程度上被视为管理的客体,其过程体现为政府对民众的直接统治;县域治理的参与主体则更为丰富,是多元主体对社会事务进行的有序管理活动,强调县域内社会各方主体的良性互动和有效参与。

目前,县域在我国省、市、县、乡四级行政层级中处于承上启下的关键部位,是连接基层与中层、城市与农村的重要节点。中央层面的国家意志需要依靠县级政权直接实现,基层民众的民生疾苦也需要通过县域"上达天听"。县域作为国家与社会的结合部,是国家宏观指导与社会微观治理的边界,亦是制定法与民间法碰撞交融的地带。一般而言,这种规范与实务、理论与实践交汇的空间场域,会产生诸多龃龉,各种社会矛盾往往在这里有着集中而激烈的爆发,如果不能得到妥善的解决,小则影响国家机关的信誉,大则妨碍社会公正的实现,甚至影响到社会主义建设能否顺利进行。近年来,我国县域基层社会的治理效果总体而言令人担忧,这与中央层级对县域治理的重视相互印证。

群体性事件的频发即是这种问题的体现。2015 年《中国社会蓝皮书》中,我国共统计十年来百人以上群体性事件 871 件,2010 年、2011 年数量在 170 件左右,到 2012 年上升至 200 件。尽管十八大后百人以上大型群体性事件数量有所回落,但群体性事件整体数量不容乐观,2013 年上半年全国发生的群体性事件大约为 8 万起,平均每天发生约 455 起。这与 2012 年上

④ 参见邹毅:《现阶段我国县域治理问题研究》,中共中央党校 2016 年博士学位论文,第 10 页。

半年的数据相比,同期增长了1.1个百分点,⑤发生群体性事件的整体规模还在扩大。据国家信访局统计,2013年1~10月信访的主要问题仍旧集中在农村土地征用问题、城镇房屋拆迁问题、劳动和社会保障问题这几点上。⑥ 这些问题的发生地都主要集中于县域,其爆发的主要原因多为与底层民众生计、福利和发展前景息息相关的领域受到令当事人无法继续隐忍的侵犯,且网络舆论倾向于将具体的问题归因于抽象的政治,县域基层社会个体出现了一定程度的不平等感,社会心理有情绪化的非理性倾向。

同时,从曝光的诸多群体性事件中,我们也可以发现,许多群体性事件是由孤立的个体事件未能得到妥善处理而逐渐恶化形成的。因为个别执法人员执法不公和一些群众长期积累的对基层政府"处事不公"的怨气,在社会冲突中,公众对政府表现出极大的不信任与不配合,某些地方政府甚至陷入"塔西佗陷阱",难以自拔。例如,社会影响极为恶劣的瓮安事件,其爆发的导火索是一起少女死因调查的刑事案件。在这一案件中,死者家属不相信当地警方对死者的死亡鉴定结果,怀疑当地政府因行凶者与县委书记存在亲戚关系而包庇、纵容,造成流言四起。这不仅激起了案件相关群体的极大愤慨,更引爆了瓮安政府此前在征地、拆迁领域积累的社会矛盾,进而形成巨大的社会动员效果,最终酿成了大规模游行示威和打砸抢烧这些结果。社会认知在乡情、亲情或友情的催化中更易引起共鸣,而县域相对狭小的环境和相对紧密的人际关系,无疑提供了最好的培养皿。为了表达或验证熟人社会中的亲疏关系,参与者往往又会用过激的行为来表达情绪。因而,县域的个体性案件极易引发群体性事件,甚至造成大规模的社会骚乱。

以瓮安事件为代表的县域社会矛盾的爆发,也从一个侧面反映出了县域内法律作为纠纷处理机制的局限。许多私人之间的原本可以被纳入法律框架的纠纷,被直接或转向针对县乡政府等基层政权组织。这些平等主体之间的普通纠纷,因县域司法运行的效力不佳,诱发了群众对基层政权的不信任,从而转化为群众与基层政权之间的矛盾。当社会矛盾集中爆发时,基

---

⑤ 参见李培林、陈光金等:《社会蓝皮书:2015年中国社会形势分析与预测》,社会科学文献出版社2015年版,第294页。

⑥ 参见张恩玺:《国家信访局:信访主要集中在征地、拆迁和社保问题》,载中国网:http://news.china.com.cn/2013-11/28/content_30731377.htm,最后访问时间:2017年4月1日。

层政权组织往往缺乏消除矛盾爆发的原因,或为受损民众提供符合其认知标准的合理救济的能力,而基层政府领导者迫于“维稳一票否决制”的考核要求,又不得不采取一些可能激化矛盾的灰色举措。这与现代传媒飞速发展下信息传播速度的提高和民众表达渠道的多元化是不相适应的。基层政府习惯采用的“遮掩隐瞒”“大事化小,小事化了”“纯粹经济利益补偿”等维稳举措本就缺乏规范性,并可能是“理亏”的,在信息传播的洪流下显然已经难以收到像以往一样的预期效果,反倒可能削弱县域民众对基层政府的政治认同。单纯的维稳理念指导下的基层社会公正的维护机制已经难以为继。县域治理呼唤新的具备稳定预期效果而又能因地制宜解决纷争的社会公正维护和修复机制,将私人纠纷化解于纠纷事件发生之处营造的场域中,防止其扩大为政府和群众之间的矛盾。对以人民法庭为代表的基层司法探索出的有益经验进行归纳,对其不足进行改进,或许是建构这一机制过程中一个十分重要的要素。

二、影响我国县域社会治理效果的基础性因素

诚如前文所指出的,当前我国县域治理的困境表现在基层社会情绪的政治倾向化、个体事件易于向群体性事件恶化、法律事件易发展为针对基层政权机关的冲击等方面。对于这些社会现象,有学者从基层民主制度缺乏、基层法治意识淡薄、经济不平等或党风廉政建设等方面入手,进行了分析。⑦ 这些分析固然可以加深我们对县域治理问题的认识,但其指出的因素并非是基础性的,因为所有的社会都存在相对“落后”地区与“最先进”地区之间的经济、文化和政治差异,这些差异的确可能引发社会冲突。在治理较为成熟的社会,某些社会差异转化成政治问题,而某些在民间以文化的方式稀释,还有一些通过法律途径转化为最具权威性和确定性的救济措施……但并非全部或大部分都转化为政治问题,或以公共领域的激烈形式表现出来。因此,必然存在更为基础性的,或者说结构性的因素导致了县域治理的困境。

---

⑦ 参见王国红、翟磊:《县域治理研究述评》,载《湖南师范大学社会科学学报》2010年第6期。

如果我们从新中国成立以来基层社会治理的历史进路入手,或可发现一些端倪。我国20世纪50年代的社会剧变,基本摧毁了乡土中国基层社会的士绅自治和“皇权不下县”的传统。在城市,公有制计划经济体制全面建立,“单位社会”逐渐成形,国家通过单位组织整合社会成员,形成了“国家—单位—社会成员”的三层次社会联结形态,并长期稳定地存在并发挥作用至20世纪90年代。单位组织制度化地约束和协调着社会成员之间的交往关系,使得社会互动具有了稳定的行为期待。⑧ 中共采用布尔什维克政党组织模式,通过培养农民出身的党政干部对马列主义毛泽东思想认同,将党支部建到田间地头,在乡土社会的废墟上重新实现了社会控制。至1956年,我国基本建立了从中央到村的庞大官僚科层制,计划工业与合作农业逐渐建立起来。⑨ 人民公社化后,社会生活的各个领域得到了高度组织化的重组,行政科层制进一步强化,县域基层更是“集体之外无土地,公社之外无农民”。⑩ 由此,这一基本覆盖了全部社会成员的从城市到农村的“双重治理结构”⑪便建立起来。

在这一结构中,与个人存在直接关系的并不是基层政府,而是单位和行政村。绝大部分社会纠纷都在单位和村的层级进行解决,单位、生产队、村委会、公社等是其成员的责任承担者,发挥了连接、协调和应责的功能,实施了诸多事实上的司法和准司法行为。单位、公社和行政村成为政府和相对从属于政府的司法机关的延伸机构,负责通过社会治理执行政府指令和处理按照现代法治理念原本应属于司法机关责任范畴的纠纷。政府工作的对象是单位组织而非社会成员个体。普通个人权益的保障和实现,以及权益受到侵害后的救济,很大程度上并不取决于法律怎样规定,而取决于他(她)所隶属的单位、公社或村集体如何处理。单位和村是直接进行社会治理和纠纷解决的主体,协调所属个体间及个体与集体间的利益关系,回应所

---

⑧ 吕方:《单位社会变革与社会基础秩序重构——以东北某超大型国企组织变革为个案》,吉林大学2010年博士学位论文,第3页。

⑨ 参见金观涛、刘青峰:《开放中的变迁——再论中国社会超稳定结构》,法律出版社2011年版,第392~393页。

⑩ 林蕴辉:《向社会主义过渡——中国经济与社会转型(1953~1955)》,香港中文大学出版社2009年版,第475页。

⑪ 参见张静:《基层治理效果不佳的问题日益凸显》,载http://www.360doc.com/content/16/1017/09/9847303_599020899.shtml,最后访问时间:2017年4月1日。

属个体的直接利益诉求,通过内部消化方式尽量解决问题,并在难以内部解决时代表其所属个体向外争取权益。县域基层政府和司法机关的社会治理负担相对轻得多,因为他们的工作大都针对组织而非个体。因而,在单位社会瓦解前,我国县域政权机关,包括政府和司法机关,并未发展出直接面对社会个体的应责和代表机制。对社会个体来说,单位、公社和村集体,是连接他们和国家的制度通道,衡平他们的利益,纠正社会治理中的错误,且这一权益实现的通道是相对单一和固定的。诚然,他们权益从根本上由法律所规定,但只有通过单位、村集体等具体的、体制承认的且掌握一定资源的执行者和责任人,他们的权益才能得到真正实现。有学者在 1987 年进行过一项调查,结果显示,单位在所有诉求表达渠道中具有"支配性的"地位,它是解决问题的主要渠道,有 72% 的诉求通过单位提出。当时,有单位相比没有单位的人,解决问题的能力高 8 倍以上。⑫

20 世纪 90 年代中期之前,我国县域基层社会治理效果良好与这一双重治理结构的存在密切相关,因为它不仅成功地整合了县域基层社会,更将绝大部分社会纠纷消化在公共领域之外,甚至在"文革"那样动荡不安的时期也一定程度上行使了被砸烂的公检法的职能,使县域社会秩序没有全面瓦解。然而,20 世纪 90 年代中期之后,我国的单位社会开始逐渐瓦解。这一方面是由于城市经济体制改革深入,大量公有制企业员工下岗再就业,离开了单位,加之沿海开放型经济的发展,农村剩余劳动力大量涌入城市,社会流动性极大增强;另一方面也是因为许多单位为了适应市场经济的需求,主动调整自身定位,经济职能逐渐增强,社会治理职能削弱。原本属于单位或集体的社会个体失去了代理人、代表人和协调人,国家政策难以兑现为现实权益,合理合法的诉求无人回应或遭到推诿塞责,一些人逐渐失去了依靠公共制度的有效途径。旧的县域基层治理体系瓦解了,但社会治理的需求依然存在,县域社会需要有应责、代表、协调、利益衡平和解决问题的公共机制,而这一机制目前似乎尚未重新建立,真正承担这一责任的县域治理主体大大减少。⑬ 试想,如果县域社会的矛盾缺乏有效的纾解渠道,社会整体的

---

⑫ 参见唐文方:《个人意见的公共性:中国六城市居民调查》,载《北京大学社会学刊》2004 年第 1 辑,第 45 页。

⑬ 同注⑧,第 5 页。

不公正感便会逐渐累积,社会矛盾中认为自己受害的一方便可能将不满情绪向事件之外的第三主体发泄。于是,当自己的问题得不到满意的解决时,基层民众就容易选择将社会问题和法律问题政治化,通过问责政府谋求问题的解决,甚至向无辜的群众发泄内心的怨气。政治性的社会情绪,加之近年来互联网的飞速发展,促使许多县域个案迅速发酵成为为公共事件,县域社会治理的效果令人担忧。

由以上论述可见,影响当前我国县域社会治理效果的基础性因素在于:在我国社会治理转型期间,单位社会双重治理结构瓦解过程中应责与利益衡平机制的缺失,使基层社会难以提供有效的制度化纠错途径,以维护社会公正。因此,在县域基层社会重建这一机制,便成为县域治理改革的重中之重。人民法庭作为我国法院系统中与县域基层社会关系最为密切,其运作与各地政治、经济状况有千丝万缕的联系的本土司法创见,或在这一社会工程中发挥相当大的作用,甚至可能为这一机制重要的组成部分。

三、人民法庭承担县域治理责任的有利条件

(一)人民法庭存在于可以借势的历史惯性中

与西方相对独立于政治系统和经济系统,不依赖于道德和习惯,甚至以“高于一切”的法律原则控制着政治和经济模式的法律系统相比,我国人民法庭设立之初,就是意识形态发挥作用的主要工具之一。党将司法审判或调解视为对社会进行治理的有效管道,借此将自己的政治意图或者意识形态有效地传达给人民大众。[14] 也就是说,它是“政法传统”的重要体现。正如董必武同志精辟概括的那样:“我们党从井冈山建立革命政权的时候起,就有了自己的政法工作……从民主革命到社会主义革命,逐步积累起丰富的经验,形成了自己的优良传统。这就是服从党的领导、贯彻群众路线、结合生产劳动、为党和国家的中心工作服务。”[15]在这一传统的形成过程中,中共的革命干部深入基层,向群众学习,在广泛而深入地调查后,建立了明确的认识基础,并挑选出他们与基层群众相互认同的立场和观点,将其升华到

---

⑭ 参见刘新星:《社会整合与人民法庭功能定位》,载《河北法学》2012 年第 30 卷第 6 期。

⑮ 阎少华、张熙熙:《新民主主义革命时期中国共产党的法理念及其实践》,载《理论学刊》2009 年第 9 期。

理论高度,形成某种新的路线、原则和“话语”,再将其重新运用到法律实践中去。尽管这种我国特有的政法知识饱受争议,但任何人都无法否认这一政法传统的存在,以及它对我国法律实践,尤其是县域基层法律实践所产生的巨大影响。我国现有法律系统的脉络滥觞于自下而上的基层法治建构而非自上而下的精英式立法,我国法律系统从一开始就被有意无意地整合进了社会治理之中,且这一整合过程是以国家强制力摧毁县域乡土社会自治为方式的,因而我国法律系统不论其实体还是形式与政治系统的功能都无法做到彻底的分化。作为基层社会治理工具之一的人民法庭自然弥补了乡土社会乡绅自治秩序毁灭之后的一部分权力真空,其在县域治理中的地位由此奠定。

作为我国基层人民法院的派出机构,人民法庭制度在1954年《人民法院组织法》中正式确立,被第一次写入法律。在此之前,人民法庭作为中国共产党在特殊历史时期,因应特殊的革命任务而临时创设的机构,积累了丰富的“人民司法”经验,也进行了非凡的创造。该法的颁布,也标志着人民法庭开始走向常设化和规范化的轨道。该法第17条规定:“基层人民法院根据地区、人口和案件情况可以设立若干人民法庭。人民法庭是基层人民法院的组成部分,它的判决和裁定就是基层人民法院的判决和裁定。”这种关于人民法庭制度的立法规定自其得到规范正式承认后,一直延续至今,未曾改动,在相当程度上反映了我国法院体制顶层设计对人民法庭在法院系统和社会治理中基础性作用的肯定和倚赖。

当然,人民法庭在改革开放后也一度曾在规范化、制度化、规模化的思维框架下,在交通便民设置的指引下,数量被大幅压缩,地位被边缘化,保留下来的为数不多的人民法庭也快速向机关庭的运行模式转变,[16]但由于政法一体化的传统并未发生根本性转变,人民法庭作为政法系统神经末梢的运行逻辑便依然会沿着这一巨大的历史惯性前行。历史表明,当原有社会结构的承载力被政治经济改革冲击甚至突破时,社会并未发展出更好的自我整合或外力整合方式,那么社会只好为了保持原有整合态势而改变改革的方向甚至放弃改革。[17] 这给我们带来的启示是,法治建设和司法改革确

---

⑯ 周磊、徐贵勇:《人民法庭职能转型实证调研》,载《东南司法评论》2013年卷。

⑰ 同注⑨,第436页。

实应回应现代化的要求,但在找到替代方案之前,不能动摇政治系统与法律系统间良好的功能耦合,否则不论话语怎样改变,历史的惯性总会将改革拉回到既存的功能结构中。近年来,从中央到地方重新重视起人民法庭的作用,最高人民法院出台了最高人民法院《关于进一步加强新形势下人民法庭工作的若干意见》(2014)、最高人民法院《关于全面深化人民法院改革的意见——人民法院第四个五年改革纲要(2014 ~ 2018)》等重要指导性文件,并于2015年在重庆召开了人民法庭高层论坛。这些重要文件和会议对人民法庭制度的高度重视和不断推进,有力地印证了人民法庭在政法传统氤氲的历史惯性中尚有很大的功能潜力。

(二)人民法庭在县域基层社会得到相当大的政治认同

根据一项2007年的统计数据,我国公民如果遇到不公,选择向法院起诉的占71.3%,选择党政部门(包含工青妇)的占59%,选择个人协商解决的占36.7%,选择求助媒体的占24.3%,选择信访的占15.9%,选择找单位解决的只占13.8%。[18] 如果我们将此处的统计数据同前文所提到的1987年统计数据作对比,可以发现,单位在维护社会公正这一事业中的作用大大减弱,而法院的作用极大增强。由此可见,总体而言,社会对"有纷争找司法"这一解决路径的认可度逐渐提高,法院在社会公正维护机制中的地位凸显出来。这对于作为法院系统中"基层里的基层"的人民法庭参与县域治理,无疑提供了良好的合法性基础。

我们不禁要思考这一合法性的来源。如果将民众对法院解决纠纷功能的认同归因于自上而下的法律植入(如类似"送法下乡"的运动)的成功,使得县域基层社会建立了对以国家强制力为后盾的司法的合法律性认同,显然是不完整的。因为这种解释忽略了这样一个事实,即以人民法庭为代表的基层司法体系,其运行过程和所属司法人员的司法行为必须合乎所在地民间社会观念所认可的正当性并因此得到当地民众真正的认同和配合,其司法决定在多数情况下得到了相对顺利的执行,法治才真正获得了效力。正如吉尔兹(Geertz)所言,法律事实并不是自然生成的,而是人为造成的,是社会的产物。而这种认同和接受,在我国政法传统的背景和双重治理结

---

[18] 参见王俊秀、杨宜音、陈午晴:《中国社会心态调查报告》,载《民主与科学》2007年第2期。

构的历史惯性中，往往又打上深深的政治认同的烙印，即它处在基层民众特定的“政治情境”的想象中，并通过将法律话语“解译”为政治话语来说服自身，指导自己作出法律决定，实施法律行为。曾被评为全国先进人民法庭的广西吴圩人民法庭处理的一个民事纠纷案件，就生动别致地体现了这一点：

1985年，邕宁县南州林场因建立松香厂，堵塞了当地村民李某这块三面环山水稻田的排水口，当年就致使这块水稻田颗粒无收。随后，李某找到南州林场要求赔偿。但由于林场认为自己没有责任，加上领导不断更替，这个纠纷十几年都没有得到解决。2004年3月11日，李某在广西壮族自治区法律援助中心的帮助下，向吴圩法庭提起诉讼。2004年5月，吴圩法庭组织双方当事人到现场勘查。庭长梁绍南脱鞋站到水田中心和李某一起测量水深时，李某当场对着梁绍南说：“庭长啊！19年来，你是第一个踏进我责任田里的官员，我相信，我家责任田的赔偿问题应该得到解决了。”最后，经过两次开庭调解，林场同意赔偿李某8000元。⑲

本案中，人民法庭的庭长在当事人眼中是一个“官员”的形象，与基层行政人员和人大代表没有根本区别，甚至在一定程度上代表了基层政权。其脱鞋踩进泥泞水田中实地调查的举动，一方面与此前可能摆了“官架子”的基层公权力机关人员表现出明显的区别，另一方面也在当事人眼中留下了不怕降低身份失自己面子的印象，于是赢得了当事人的信任和谅解，最终促成了纠纷的顺利解决。而这些内化于一纸调解书之外的精神和情感层面的交融，是“合法律性”无法解释的，却是基层群众对人民法庭政治认同的最好表现。

同时，我们不能忽视的是，李某并没有采取上访、“闹事”等过激行为争取自己的合法权利，而是通过人民法庭的司法途径进行合法维权。尽管他本人可能并不能像学者或城市中产阶层一样清楚这些不同方式的真正区别，但解决民事纠纷的实际需求是确实存在的，这在我国县域双重治理结构瓦解后显得尤为突出。单位制解体后县域大部分城镇居民失去了向单位寻求权利救济的渠道，而县域农村自人民公社体制瓦解后亦未能发展出具备完整的相同功能的替代机制，加之2002年开始的农村税费改革，至2006年

⑲ 参见高其才、黄宇宁、赵小峰：《人民法庭法官的司法过程与司法技术——全国32个先进人民法庭的实证分析》，载《法制与社会发展》2007年第2期。

完全废除农村税费,农民与行政村的联系更加弱化。县域个体愈发原子化,社会流动加剧,曾经有过的中国农民"和为贵"的传统观念已经发生了很大的改变,而社会自身目前又缺乏足够的自组织能力,于是国家只好以法律作为合理且有效涉入县域民众生活的途径。人民法庭在这一国家试图使县域基层治理合法律化的要求中,无疑具备发挥作为连接民众合法性认同与国家合法律性需要之间的桥梁的有利条件,且这一条件因农村潜存的对司法的巨大需求而得到强化。

(三)人民法庭的司法技术操作正因地制宜地形成实用的地方性知识

人民法庭在我国整个政法系统中处于"基层中的基层",县域社会在某种程度上仍是一个"熟人社会"。由于传统观念的影响,县域基层社会的当事人,尤其是欠发达地区的农村当事人向人民法庭提出的诉求,常是"合理不合法"的。同时,农村纠纷大多是因小事而起,农村当事人获取实体正义也不须非得经过烦琐的诉讼程序,依靠习惯方式并采取简化的程序调解结案恰好符合农村当事人的法律心理。[20] 在这种情境下,各地人民法庭通过数十年来的实践探索,在对法律效果和社会效果相统一的司法目标的追求下,形成了许多看似同现代法治理念有所出入,但事实上取得了诸多同合法律性与合法性冲突的地方性知识,甚至可能升华出某种县域基层社会治理和司法运作的真正具有中国特色的经验。

例如,陕西秦窑人民法庭便创设出"特约协调员"制度。特约协调员的构成主要是乡村精英,包括村干部、经济实力较强的致富能手、大社员、德高望重的长者及乡镇司法所工作人员等。上岗前,他们会接受法院的法律培训以提高法律素养,之后便会参与到秦窑人民法庭辖区内与基层司法相关的社会治理工作中去。其担任的主要角色有三:人民陪审员、人民调解员和普法宣传员。在适用简易程序审理的民事案件中,当事人所在村组的特邀协调员也会协作审判员执行送达司法文书、了解案情及当地风俗的工作。遴选特邀协调员的工作由秦窑镇法庭和各镇司法所共同负责,一般而言,每

[20] 参见湖南省高级人民法院课题组:《解析困扰人民法庭推进规则之治的冲突关系》,载《人民司法》2006年第9期。

村有协调员3~5名。特邀协调员可从人民法庭领取每天8元的误工补贴。[21]

从县域基层法治的规范性建设而言,“特约协调员”制度将国家层面的人民调解制度和人民陪审员制度真正落到了实处,将死的制度变成鲜活的,同时也将国家法律政策赋予人民法庭的普法宣传任务以参与式而非宣讲式的方式执行下去。最高人民法院《关于人民法庭若干问题的规定》第6条规定了人民法庭具有“指导人民调解委员会的工作”的任务,而秦窑人民法庭的特约协调员来自乡村精英,又与人民调解员的人员构成基本重合,二者身份的混同,使在调节过程中的调解员既拥有了民间内生秩序赋予的权威,又具备了以国家强制力为后盾的权威,因而使调解工作开展得更有实效。在人民陪审制度的执行层面,由于基层案件法律关系的相对简单,人民陪审员本身就长期浸染于当事人所处的法文化环境中,且经过了法院的法律培训。因此,在审判过程中,他们既足以胜任人民陪审员的工作,与人民法庭的法官形成思维互补,又能在了解案情、文书送达等法律程序中将法言法语以地方性知识为媒介解译成当事人易于接受的语言符号,这样,裁判的合理性与合法性得到了较好的统一,裁判的执行力也具有了保障。在普法宣传层面,由于特约协调员亲身经历了基层司法的全过程,并在其中发挥了关键的作用,因而一方面他们自身对法律的理解得到了加深,另一方面他们在案件中和结案后对邻里亲朋的讲述也因他们的亲历性而更具可信度,因他们所掌握的法律知识得到了地方性知识的包装与修饰而更具说服力。宏观层面普法宣传、送法下乡的司法政策通过这种方式在秦窑取得了很大的成功。

尽管无法进行定量统计,但因人民法庭直接面对占我国总人口2/3以上的基层群众,可以想象的是,类似秦窑人民法庭的司法经验所形成的地方性知识,在县域司法实践中,其数量是可观的。县域精英与人民法庭的配合,在相当程度上形成了县域司法多元共治的局面,成为县域治理效力的重要实现机制。尽管至今仍然缺乏全国范围的调查数据,但不可否认的是,人民法庭的司法实践至少在技术层面正自发地替代双重治理结构瓦解后单位、人民公社和行政村等治理主体难以发挥的部分职能,以满足县域治理的

---

[21] 参见丁卫:《乡村法治的政法逻辑——秦窑人民法庭的司法运作》,华中科技大学2007年博士学位论文,第112页。

实际需要。由此而产生的形形色色的地方性知识,既是值得发掘整理的法治本土资源,又为人民法庭更深入地参与县域治理提供了有利条件。

四、人民法庭在县域治理中可能具备的功能

(一)在社会治理结构转型期承担保障治理机制平稳过渡的功能

我国县域基层社会治理曾经赖以维系的双重治理结构已经瓦解,而新的治理结构又尚未生成。在这一社会治理结构的转型时期,县域社会的应责与利益衡平机制的缺失,使基层社会难以提供有效的制度化纠错途径以维护社会公正。维护社会公正,不仅与宏观体制有关,解决实际问题的微观机制更发挥了难以替代的作用,因为它"直接"治理着基层社会,能有效形成社会契约最为基础性的共识因子。县域基层社会治理倚赖这些机制的功能,而采取何种具体形式去实现它,则基于历史惯性和路径倚赖。

普遍意义上的司法审判机构的功能在于"解决纠纷"和"彰显规则"两个方面。然而,至少在20世纪90年代中期以前,人民法庭多被视为乡镇政府的一个职能部门,承担了许多催粮收款、依法收贷之类的任务。[22] 1999年最高人民法院《关于人民法庭若干问题的规定》第25条规定,人民法庭不得参与行政执法活动。由此,人民法庭在功能上开始相对独立于乡镇政府。这似乎给予了人民法庭更加充分地发挥其解决纠纷和彰显规则这两方面功能的契机,但多数情况下,由于案件的复杂性和司法手段的局限性,实践中既存在两项功能不能在同一案件中得到体现的情况,也存在两项功能在不同个案中有所侧重的现实。[23]

事实上,尽管严格依据规范处理纠纷是传统意义上现代社会应提倡的法治准则,但由于人民法庭在人民法院系统中所处的最基层地位及审级制度的存在,其进入审判程序后作出的判决的既判力相比上级法院并不十分显著。此外,人民法庭受理的纠纷,大都处于社会矛盾的萌芽状态。对法律规定应属于人民法庭受理范围的纠纷,人民法庭自当动用手头的制度资源与社会资本进行处理,利用其掌握的地方性知识促进矛盾的解决,不论这一

---

[22] 参见强世功:《法制与治理——国家转型中的法律》,中国政法大学出版社2003年版,第78页。

[23] 参见顾培东:《人民法庭地位与功能重构》,载《法学研究》2014年第1期。

矛盾是民间的,还是官民之间的;对于法律规定的人民法庭受理范围之外的纠纷,人民法庭应做好甄别、筛选和移送工作。最高人民法院《关于人民法庭若干问题的规定》第6条界定了“人民法庭的任务”,其中便包括了受案范围,即民事案件、刑事自诉案件和经济案件(“有条件的”人民法庭),也包括了本庭审理案件的执行事项。这一规定界定的人民法庭任务的条款看似清晰,实则并未考虑到也无法考虑到县域基层社会纠纷样态的复杂性。譬如,刑事自诉案件可能因为基层检察机关的恶意不作为或主观、客观上的侦查难度而不立案所导致的,此时,人民法庭就不得不面临抉择,是移送上级法院还是就地解决。如果人民法庭所处县域的政法生态不佳,则后一种处置方式可能并不能达致当事人信服的结果,甚至可能促使受害者产生对国家和社会的敌视心理,进而激化社会矛盾,“逼着”受害者采取极端的反社会行为。选择前一种解决方式,人民法庭必须考虑其作出处理后的执行,因为这也是它的任务。判决、和解协议、调解协议等基层纠纷处理结果,其执行力往往既取决于结果的合法性,又取决于当事人的能力、对处理结果的信服程度、其他县域社会力量对这一纠纷的影响力等一系列法律外因素。大多数县域基层人民法庭对调解手段的充分运用、简单便利的诉讼程序、较为灵活的处置方式以及法官与当事人之间的熟识度等,都是将法律外因素进行整合和运用,进而确保纠纷妥善解决的有利条件。在这样的现实下,人民法庭化解纠纷、结案了事的功能显然应强于彰显规则。毕竟,只有这样,写在纸上的死法才能变成社会生活中真正产生实效的活法。

我国县域基层社会将来会形成一种怎样的社会治理结构,超出了本文所探讨的范畴,但在可以预见的将来,新的结构一定会形成。在当前的过渡时期,人民法庭因其从设立之初便被整合进社会治理系统中,又处在具有强大的政治意识形态色彩政法传统的法律文化语境支配之下,且具备丰富的县域社会基层治理的地方性知识,加之其本身最核心的法律定位是定纷止争,故而具有无可替代的体制和机制优势。人民法庭在彰显制定法、确定规则,推进法治建设的同时,在一定程度上满足了县域基层社会的应责需求,将社会矛盾化解在源头状态,有助于缩短纠纷和矛盾在社会中的滞留期,极大地减少了社会的动荡可能。因此,在我国社会治理结构转型期,人民法庭无疑将长期发挥减振器的巨大功用。

(二)参与县域地方社会治理,防止纠纷政治化的功能

县域基层社会治理失效的一个重要表现在于,原本可以通过法律途径解决的纠纷,不论其发生在平等主体之间,还是发生在公民或民间组织同公权力机关之间,易于被作为社会问题放大化甚至政治化,从而造成溢出效应,使单个事件引发群体性事件甚至社会动荡。这种结果的产生固然由多种复杂因素组成的合力造成,但基层司法建设未能达到预期的缓冲、减震和转化效果,亦是不可忽视的原因。

诚如前文所述,人民法庭在处理具体案件的过程中,不得不考量多种法律外因素,且需要地方公权力机关及民间组织的配合,这就使人民法庭不可能完全超脱、独立于社会之外,而是深深嵌入县域基层社会治理结构之中,成为县域基层社会治理的一元。在一些地方,人民法庭与其所在地其他公权力机关派驻的司法所、派出所、检察室以及民间自发或依法成立的调解组织乃至宗族组织、提供社会公共服务的纯粹功能性社会组织都有着密切的联系,甚至有很高的相融度。四川省郫县的人民法庭改革实践,便是其中的突出代表。该县人民法院系统,通过积极推动各种社会组织建立健全纠纷调处机制,建立了在人民法庭指导下,以基层调解组织为主,乡镇司法所、派出所和行政执法单位等参与的“1 + X”立体化纠纷预防化解格局。在此基础上,郫县构建了“请进来”“走出去”调解模式;加强对辖区调解员的培训,探索科学、系统的调解培训体系;首创在各镇推选民间“土权威”,逐步提高其政策、法律素养和水平,使其成为既讲人情又讲法律、兼具官方和民间身份进行矛盾纠纷调解和社会自我管理的有生力量;通过招募十余名志愿者提供诉讼引导、代写文书等服务;针对赡养抚养纠纷、学生人身损害、民工工资等纠纷,启动调解绿色通道;还引入工会、妇联、司法专门人员常驻法院参与诉调对接,目前已办理806件案件,真正实现喊得答应、交得出去、调得成功,探索了法院参与社会管理创新的新方式,为人民群众提供更多可供选择的纠纷解决渠道。㉔

人民法庭作为政法系统的神经末梢,在实践探索中自发地调和县域基层社会合法性与合法律性的紧张关系,一些优秀的人民法庭已经摸索出整

㉔ 参见周磊:《职能回归:人民法庭参与社会管理新模式探寻——以S省P县法院人民法庭职能转型为微观样本》,载《今日中国论坛》2012年第10期。

合二者的地方性知识。由革命年代和政法传统积累的合法性资源随着时代的变迁在逐渐弱化，国家试图通过合法律性的法治建设在县域社会重建治理秩序，以便在实践中通过对法律条文的援引来论证其行动的合法性。这固然是可喜的宏观设想，但若不能正视旧的社会治理结构瓦解后民众自发形成和释放的内生秩序，这种设想的实践便会遭到消极或积极的抵抗。许多人民法庭已经注意到这个问题，并在实践中创设出一套运用娴熟的翻译工具，在县域社会对自身权力认同的合法性基础之上，将法律知识翻译为地方性知识，以促进裁决的理解和执行，同时也将地方性知识翻译成法律知识，以回应合法律性建设的政治需要。由此，人民法庭通过对地方性知识的合法律性赋予，巩固其合法性，进而将许多县域空间中可能发展为政治问题的纠纷转化为了相对可控、可预期的法律问题。

（三）孕育新的县域治理结构因子的功能

由于一些人民法庭的实践探索已经出现了创新性因素，且受强大的政法传统和历史惯性的影响，人民法庭在新的县域社会治理结构中必然扮演重要的角色。出于对社会治理要求的社会效益的考量，人民法庭在处理县域基层纠纷时，不得不权衡法律之外的其他多种因素，因而对这些因素具有影响力的社会主体，自然而然地成为人民法庭处理纠纷时需要合作的对象。如果不依托县域基层政权组织和其他社会力量，纠纷将很难妥善解决，甚至会恶化成更为严重的社会冲突，这就使人民法庭与其他县域基层社会治理主体呈现出某种“多中心治理”甚或“多元共治”的局面。这一局面将如何发展，目前尚不得而知，但无疑人民法庭在其中发挥的作用，正孕育着新的县域基层社会治理结构中某些有益的因子。

Probing into the Functions of People's Tribunal in the View of County Governance

Zeng Hui

Abstract: In the process of disintegration of the "dual-governance structure" of the "unit society" in our country, due to the loss of the mechanism of undertaking responsibility and benefit balance, grassroots society has trouble in providing an effective institutionalized approach to error correction to maintain the social justice. Therefore, the effect of county governance is poor as a whole. People's tribunals are integrated into the social governance system, accompanied by the unique political-law tradition and historical inertial. Some of them have achieved a considerable political identification because of their brilliant exploration in the county grassroots society, creatively forming local knowledge in accordance to the local conditions. Consequently, people's tribunals are able to make this process smooth and steady by legalizing the social disputes that are easy to be politicized in the transition period of the social governance structure. Meanwhile, some of the components of the new structure are gestating in people's tribunals' practice.

Key words: county governance; people's tribunals; dual-governance structure; transition; gestation

(作者单位:武汉大学法学院)

专　　题

非法采矿罪的司法适用困境及出路

王晓彤

摘要：矿产资源具有重大价值，非法开采矿产资源现象的严重，亟待从立法及司法层面加强对矿产资源的保护。从我国目前的司法现状进行分析，对非法采矿罪的判决进行对比研究，发现非法采矿罪的司法适用困境主要表现在缓刑适用率较高，实刑偏低；对于何为情节严重没有明确的认定标准；非法采砂行为的规制现象混乱。有鉴于此，应通过司法解释以及立法路径对法律规定不明确的地方加以完善，对情节严重的行为以列举加概括的方式在司法解释中进行规定，针对非法采砂行为中的许可也作出明确解释。同时，在立法层面应增设保护矿产资源的相关罪名，进一步完善该罪的体系性保护，并借鉴国外立法，丰富刑种，升格法定刑，设置区分合理的量刑档次。

关键词：非法采矿罪；情节严重；非法采砂行为；共同犯罪；资格刑

矿产资源不但是人类生活中必不可少的自然资源，而且是国民经济发展的物质基础，关系到国家经济命脉，与国家主权及其基本经济制度乃至每个公民的根本利益密切相关，同时矿产资源也是环境要素的一部分，保护矿产资源对保护生态环境、实现生态文明有重大意义，所以应当全方位地对矿产资源做到切实保护。但目前矿产资源的开采与环境保护之间的矛盾日益突出,对矿产资源粗放式的开采行为不仅造成资源的日益匮乏,还对当地的生态环境造成了永久性的破坏,引发地面沉降等地质灾害,造成矿难事故的发生,给人们带来了人身伤害和财产损失。针对这种严峻的形势,必须加紧对矿产资源保护现状存在的问题进行反思与研究,以适应我国生态文明建设的要求。这需要从理论及司法实践层面分别对非法采矿罪进行分析,以丰富目前对矿产资源保护的制度层面的研究,为司法实践合理规制非法采矿罪提供参考。

一、非法采矿罪的司法适用现状

裁判文书是司法适用现状的集中反映,与之关联的各种因素都能从不同角度反映出当下存在的问题。本文对中国裁判文书网和无讼网公开的裁判文书进行了比对,发现无讼网上的该罪判决比中国裁判文书网上的多一些,所以本文样本采用的是无讼网公开的非法采矿罪刑事判决文书。通过对这些裁判文书的梳理及分析,发现了非法采矿罪的司法适用现状有以下几个特点:

(一)判决数量激增,刑法保护出现新常态

从该罪的生效裁判文书数量来看,2012 年无讼网收集的全国法院的非法采矿罪案例有 36 件,2013 年有 145 件,2014 年有 593 件,2015 年有 733 件,截至 2016 年 10 月份是 478 件。总体上看,2011 年《刑法修正案(八)》对非法采矿罪进行修改之后,该罪的判决数量呈现明显增长的趋势,主要原因是《刑法修正案(八)》之前对非法采矿的入罪限制条件较多,必须同时满足"经责令停止开采后拒不停止开采"以及"造成矿产资源破坏"这两个条件。其一,行政前置使得刑法只能附加适用,处于"替补"位置,因此很多非法采矿行为只能通过行政行为进行规制;其二,入罪要求"造成矿产资源破坏"的结果,按照法律规定对其进行鉴定的周期漫长、程序繁琐,这些现实困难直接限制了在具体案件中的操作和运用,大量非法采矿行为无法进入刑事司法程序。《刑法修正案(八)》出台后,删去了行政前置的规定,且将"造成矿产资源破坏"的结果犯改为"情节严重的"行为犯,降低了非法采矿行为的入罪门槛,增强了定罪量刑的可操作性,能更好地打击非法采矿罪。

（二）区域性特点明显，案件发生地区集中

非法采矿罪判决的发生地包括了除港澳台地区、西藏、宁夏和上海以外的28个省、自治区和直辖市，有北京、天津、河北、山西、内蒙古、辽宁、吉林、黑龙江、江苏、浙江、安徽、福建、江西、山东、河南、湖北、湖南、广东、广西、海南、重庆、四川、贵州、云南、陕西、甘肃、青海、新疆，对应的案件数量分别是29、3、87、52、7、110、50、12、20、206、43、147、101、73、166、24、113、169、49、2、3、51、27、23、11、14、10、2（详见表1）。

表1　非法采矿罪的发生地点

省份	数量	省份	数量	省份	数量	省份	数量	省份	数量
北京	29	吉林	50	江西	101	广西	49	陕西	11
天津	3	黑龙江	12	山东	73	海南	2	甘肃	14
河北	87	江苏	20	河南	166	重庆	3	青海	10
山西	52	浙江	206	湖北	24	四川	51	新疆	2
内蒙古	7	安徽	43	湖南	113	贵州	27	—	—
辽宁	110	福建	147	广东	169	云南	23	—	—

如表1所示，该罪排名前五位的发生地分别为浙江、广东、河南、福建、辽宁，沿海地区以及其他矿产资源富集地区的案件数量多，但是同为矿产资源丰富的山西、内蒙古等地以及沿海的江苏等地的案件较少，此种状况可能是基于如下原因：第一，沿海地区的河砂资源以及河南的矿产资源丰富，滥采盗采现象严重，入罪率高；第二，山西等资源大省的开采历史较长，导致了大量的采空区，在经济转型过程中地方政府对非法采矿行为的打击力度不断增强，以及多运用行政手段进行处罚；第三，浙江、河南等省各个地方法院的裁判文书上网情况较好、数据较完整，这有可能是导致这些地方非法采矿罪的裁判文书数量排名靠前的一个原因。

（三）法律适用情形集中，案件事实相似度高

根据《刑法》第343条规定①可知，非法采矿罪的行为方式有"未取得采

---

① 《刑法》第343条规定，违反矿产资源法的规定，未取得采矿许可证擅自采矿，擅自进入国家规划矿区、对国民经济具有重要价值的矿区和他人矿区范围采矿，或者擅自开采国家规定实行保护性开采的特定矿种的，情节严重的，处3年以下有期徒刑、拘役或者管制，并处或者单处罚金；情节特别严重的，处3年以上7年以下有期徒刑，并处罚金。

矿许可证擅自采矿”“擅自进入国家规划矿区范围采矿”“对国民经济具有重要价值的矿区范围采矿”“对他人矿区范围采矿”“擅自开采国家规定实行保护性开采的特定矿种”等五种,但是从裁判文书的内容来看,适用最多的行为方式是第一种,即“未取得采矿许可证擅自采矿”的情形,多达80%,案件事实呈现出很高的相似度。

(四)缓刑适用率较高,实际量刑偏低,法定刑升格很少

从裁判文书的判决结果来看,目前对于非法采矿罪的量刑偏低,单处罚金的情况也不少,在判决在案件中存在行为人自首的情况下,往往都结合缓刑适用条件对其适用了缓刑。将非法采矿罪修改为行为犯后,“情节特别严重”成为法定刑升格的必备要件,但从判决情况来看,其升格法定刑的适用状况较少。(详见表2)

表2　不同量刑的数量情况

(单位:件)

缓刑	有期徒刑/适用缓刑	拘役/适用缓刑	并处罚金	单处罚金	情节严重	情节特别严重
1411	1631/1296	189/115	1791	96	1501	485

(五)共同犯罪情况较多,单位犯罪认定较少

实践中对没有实际参与非法采矿行为,但对行为人的日常经营等提供帮助的行为究竟如何处理,刑法并未作出明确规定。但从判决情况来看,管理日常采矿账簿以及其他管理经营事务的人员都以非法采矿罪的共犯进行了定罪量刑,且大多数都是自然人犯罪,单位犯该罪的较少。另外,还存在一个问题,虽然不是共同犯罪,但值得思考,就是对于非法开采的矿产的收购方没有提及与追究刑事责任。笔者认为,主要原因是购买方是否存在非法购买的故意在实践中并不好认定,为了维护市场正常的交易秩序,保障交易安全以及经济主体的利益,所以对于收购方的责任没有进行追究。

二、非法采矿罪的司法适用困境分析

(一)采矿许可证制度的乱象

非法采矿罪的成立要件中,最重要的一项就是未依法取得采矿许可证,所以采矿许可证的有无是判定该罪成立与否的关键。这对大多数矿产资源

来说,在司法实践中不存在适用困境。但是,通过对非法采矿罪判决的研究,笔者发现对非法采砂行为的规制比较混乱。

非法采砂行为是指,在尚未获得有关主管机关批准获得采砂许可证的情况下,或者虽然取得采砂许可证但是超范围或在禁采区、禁采期,擅自获取砂石资源的行为。② 砂石资源是重要的建筑材料,随着我国经济建设的飞速发展,这一资源越来越稀缺,为了追逐巨大的经济利润,滥采滥挖河道砂石的行为越来越猖獗。由于我国目前对该非法行为的规制大多采取的是行政处罚的手段,使得违法成本较低,以及公众对该行为的严重违法性在意识上没有重视,使该行为在相当长的一段时间内根本无法得到遏制,因此有必要加大对其的处罚力度,运用刑法手段惩治达到犯罪标准的行为,使不法行为人得到震慑。

从非法采砂行为构成非法采矿罪的司法判决来看,对非法采砂行为进行刑法规制的最大的问题就是,对于合法采砂行为的行政许可方式没有作出明确界定。首先,采砂行为涉及水利问题,根据《水法》规定,国家对采砂行为实行采砂许可证制度。③ 因此,合法的采砂行为需要办理采砂许可证。根据《河道管理条例》的规定,采砂行为必须报河道主管机关批准,涉及到其他部门的还要由河道主管机关会同有关部门批准。④ 对于违反规定的,除责令纠正违法行为,可以并处警告、罚款、没收违法所得等,构成犯罪的,依法追究刑事责任。综上可知,采砂行为要经河道主管部门批准,取得采砂许可证。其次,根据《矿产资源法》的附件《矿产资源分类细目》可知,河道砂石属于矿产资源,根据矿产资源法以及矿产资源法实施细则的规定,开采矿产资源需要取得采矿许可证。⑤ 但在具体的法律实践中,针对这两种许

② 参见刘学亮:《非法采砂行为的刑法规制研究》,辽宁大学2015年硕士学位论文,第Ⅱ页。

③ 《水法》第39条规定:"国家实行河道采砂许可证制度。河道采砂许可制度实施办法,由国务院规定。"

④ 《河道管理条例》第25条规定:"在河道管理范围内进行下列活动,必须报经河道主管机关批准;涉及其他部门的,由河道主管机关会同有关部门批准:(一)采砂、取土、淘金、弃置砂石或者淤泥……"

⑤ 《矿产资源法实施细则》第5条规定:"国家对矿产资源的勘察、开采实行许可证制度。勘查矿产资源,必须依法申请登记,领取勘查许可证,取得探矿权;开采矿产资源,必须依法申请登记,领取采矿许可证,取得采矿权。"

可,存在适用不明确的问题。笔者从构成非法采矿罪的判决中发现,法院对该问题没有具体阐释,均是直接以行为人缺一种许可来定性,即非法采砂行为人没有取得采砂许可证或者没有取得采矿许可证。举例说明:(1)被告人马双某,在未经徽县水务局许可,办理相关手续的情况下,在政府禁止采砂的河道范围内采砂,情节严重,法院认为其构成非法采矿罪。⑥ 该判决直接以其没有获得采砂许可证为依据进行了罪与非罪的认定。(2)被告杨某、曹某等在未取得采矿许可证的情况下,盗采河砂并销售,情节严重,构成非法采矿罪,在该判决中,法院没有提及采砂许可证,也没有对河砂的属性进行说明,而是直接将其作为矿产资源进行的司法判断。⑦ 关于此种做法是否正确,暂且不论,但本文对此谈谈具体看法。

采砂许可和采矿许可,分别是在《水法》和《矿产资源法》中进行规定的,在不同的法律中进行规定,其规制的法益自然也是不相同的。开采河道砂石资源需要经河道管理部门批准取得采砂许可证,其保护的主要是河道安全、河床的维护、水生态安全以及对河道内设施的安全进而涉及民生安全。对矿产资源的开采实行许可制度,目的是保障和促进矿产资源的勘察、保护与合理开发以及维护国家对矿产资源的财产权益。⑧ 从这个基础上进行论证,采砂许可证和采矿许可证经由不同的行政管理部门即河道管理部门与国土资源部门进行批准的时候,河道部门与国土资源部门需要对申请行政许可的采砂行为从不同方面进行行政审查。由此可知,这两种审查过程所考虑的许可前提是不同的,如果只申请某一个行政许可,就会导致法律效果不能达到预期目的,那么对采砂行为就不能彻底规制。因此采砂行为人进行合法的采砂行为,必须同时取得采砂许可证和采矿许可证,这才符合

---

⑥ 参见2016年甘肃省徽县人民法院《马双双犯非法采矿罪一审刑事判决书》[(2016)甘1227刑初字第31号],载无讼案例网:http://www.itslaw.com/detail?judgementId=8e6d387f-f6c6-4c3e-b8d4-00ddf576cf16&area=1&index=15&sortType=1&count=2341&conditions=reason%2B1484%2B1%2B,最后访问时间:2016年11月23日。

⑦ 参见2016年广东省肇庆市高要区人民法院《杨某、曹某非法采矿一审刑事判决书》[(2016)粤1283刑初60号刑事判决书],载无讼案例网:http://www.itslaw.com/detail?judgementId=2c0f48a1-8ba7-4775-85aa-a8c4381196f9&area=1&index=16&sortType=1&count=2341&conditions=reason%2B1484%2B1%2B非法采矿罪,最后访问时间:2016年11月23日。

⑧ 参见李显冬:《中国矿业立法理论与实务》,中国政法大学出版社2015年版,第87页。

立法本意。非法采矿罪的适用需要以未取得采矿许可证为前提,那么在采砂行为人有采砂许可证,但未取得采矿许可证且其行为的严重程度达到非法采矿罪的构成时,依然构成非法采矿罪,不能因其合法持有采砂许可证而认为不是非法采矿。另外,在行为人合法持有采矿许可证,但未取得采砂许可证的情况下,其采砂行为的合法性问题应该依据《水法》与《河道管理条例》的相关规定进行认定与处理,此时非法采矿罪则对其没有适用价值。

(二)"情节严重"之界定

根据《刑法修正案(八)》的规定,达到"情节严重"是非法采矿行为的入罪标准,但是何谓情节严重?法律及相关司法解释对其都没有作出明确规定,这致使在具体的司法实践中,对情节严重的认定存在困难。对于情节严重的认定赋予了法官较大的自由裁量权,这对法官自身的专业素质提出了较高要求,不同的法官由于认识程度的差异以及自身水平的高低,对类似案件的判决结果有很大差异,也会产生轻罪重判、重罪轻判的司法失误。想准确界定"情节严重",必须从其立法理念着手分析,理清其变化的原因,才能准确界定实践中的非法采矿行为是否达到入罪标准。

1. 修改为"情节严重"的理念分析

《刑法修正案(八)》对非法采矿罪的修改反映了环境犯罪理念的进步,同时也实现了严而不厉的刑事法网的构建。刑法修改前的非法采矿罪为结果犯,只有行为人的非法采矿行为造成矿产资源的破坏,并且达到一定数额时才能被认定为非法采矿罪。这是"人类中心主义"的法律价值观,这一传统的法益保护理念认为,只有当人类生命和健康及其财物的法益因生态破坏而受到损害威胁时,才考虑科以刑罚。⑨ 随着生态文明建设的发展,我国的刑事立法逐步加强了对生态环境的保护,注重人与自然的和谐发展,非法采矿罪将"造成矿产资源破坏"的结果修改为"情节严重"的行为,正契合这一背景。如果只是单纯考虑矿产资源的破坏,将其作为犯罪既遂的唯一标准,而忽视诸如行为方法等其他因素,显然不利于矿产资源的保护。从更长远的角度来看,一些非法采矿行为带来的恶果,如环境污染等,具有一定的潜伏期,并会对附近的生态环境造成持续性影响,如果仅仅以对矿产资源的破坏作为入罪的条件,显然与非法采矿行为的危害性不符。将其修改为

⑨ 参见张霞:《生态犯罪研究》,山东人民出版社2013年版,第58页。

"情节严重"的行为犯,把还没造成矿产资源破坏的结果但是对生态环境有危害的行为纳入其中,这是介于个人中心法益观与生态法益观之间的生态-人类导向法益观的体现,不仅强调保护环境法益,也重视保护人类及人类的利益。

严而不厉的刑法结构在顺应刑法轻缓化的发展趋势下,尤其注重刑事法网的严密化,降低具体的犯罪门槛。[10] 修订后的非法采矿罪从结果本位向行为本位的转变正是体现。虽然刑法规定非法采矿的"情节严重"或"情节特别严重"有抽象性,但这是对大量具体事实进行概括的结果,而且这种抽象性又反过来使认识对象灵活、具体和明确。法律所要面对的非法采矿现象很复杂,而且多变和不确定,立法时不可能预见的情况相当多。在这种情况下的立法使用模糊性和概括性规定,能使法律适应复杂的现象与变化的形势。相反,如果法律对非法采矿现象规定得越具体,那么漏洞也就越多。尽管从表面上看,情节犯规定的模糊性有违反罪刑法定原则之嫌,但是这种模糊性同时使得法官对于非法采矿行为的处理有了一定的自由裁量权,在刑事司法的过程中,法官得以结合实际情况判定一个具体非法采矿行为的现实危害与长远影响,能更好地全面打击非法采矿行为。

2. 司法实践中"情节严重"认定

从非法采矿罪的判决来看,对于情节严重这一问题的认定从最初存有异议,之后发展到在司法实践中形成了大体一致的判断标准。关于存有异议的典型案例有(2015)茂电法刑初字第595号[11]这一案件,在该案中,辩方律师提出,在法律及相关司法解释没有对情节严重进行规定的情况下,不能由法官行使自由裁量权进行解释,但是法院没有采纳该意见,依据其非法开采的矿量以及销售价值进行了认定。再往后对非法采矿罪的判决进行梳理,发现几乎没有在界定情节严重方面进行异议的辩护方,总结各个案例的过程中,发现司法实践中对该罪的认定主要从以下方面:

---

[10] 刘媛媛:《非法采矿罪的立法困境及其破解——以刑法修正案(八)为视角》,载《郑州大学学报》2013年第5期。

[11] 2015年广东省茂名市电白区人民法院《黄某甲非法采矿一审刑事判决书》[(2015)茂电法刑初字第595号],无讼案例网:http://www.itslaw.com/detail? judgementId = b25727e2 - de9b - 40dd-aa53 - 6e34f8f67b15&sortType = 1&count = 3&conditions = searchWord%2B,最后访问时间:2016年11月23日。

（1）破坏资源量价值。《最高人民法院、最高人民检察院关于办理非法采矿、破坏性采矿刑事案件适用法律若干问题的解释》（2016 年 12 月 1 日起施行）对非法采矿罪的破坏资源量作了明确规定，现在是法院审判的依据，为“情节严重”与“情节特别严重”提供了参考。该法施行前，福建省龙岩市永定区人民法院（2016）闽 0803 刑初 22 号刑事判决书，判决依据即是造成矿产资源破坏的价值，判断是否构成情节严重。

（2）实际开采量或价值。用矿量为依据是否具有合理性值得探讨，非法采矿罪的修改目的之一就是要更好地规制非法采矿行为，降低入罪门槛，所以笔者认为以实际开采的矿量为依据存在合理性。一是以“矿量”为标准更能准确、客观地反映该行为的社会危害性，非法采矿犯罪侵犯的客体是矿业生产的管理制度以及国家对矿产资源的所有权，而不仅仅是一种财产权利。非法开采的矿产数量更能直接地反映对矿产资源的破坏程度。因此，以“矿量”为量刑标准更能准确、客观地反映和体现该类犯罪的危害性。二是在刑法规定的破坏环境保护罪中，对大多数的具体犯罪都是以“量”而不是以“值”为量刑标准，例如，非法占用农用地罪以非法占用农用地的面积、滥伐盗伐林木罪以滥伐盗伐林木的数量为定罪量刑标准，而不是以涉案农用地和林木价值为量刑标准。三是以“矿量”为标准能更好地体现定罪量刑的准确性和均衡性。“矿量”是个不变数，非法采矿造成多少矿产资源破坏，社会危害性多大，都能通过“矿量”准确、客观地反映出来。以“矿量”为量刑标准更符合罪刑相适应，但是不同的矿应分别制定不同的“矿量”量刑标准，在实践中的案件类型多种多样，实践起来可能不好操作。

（3）销售非法开采的矿产资源获利。关于非法采矿案件中的非法获利，目前司法实践中的主要争议是对非法获利含义的理解。主要有以下两种观点：第一种观点认为，非法采矿中的非法获利是指被告人非法开采矿产的销售总额剔除成本后的获利，即狭义的纯获利；第二种观点认为非法获利是指被告人非法开采矿产的销售总额，即广义的总获利。笔者同意第二种观点，主要理由是：一方面，根据我国宪法、矿产资源法的规定，矿产资源属于国家所有，由国务院行使国家对矿产资源的所有权，禁止任何组织或者个人用任何手段侵占或者破坏矿产资源，我国矿产资源的开发、利用须经国家相关部门的审批，未经审批不得开采。非法开采矿产并进行销售，其销售所获得收益分为非法开采所获利润数额和非法开采过程中产生的成本。毋庸置疑,非法开采所获利润数额因系违法所得的利益,理应属于本罪非法获利的一部分。另一方面,所谓犯罪成本,就非法采矿案件而言,犯罪成本主要表现为雇佣他人工作的工资、购买采矿机器设备的费用以及运输矿石产生的支出等等。犯罪分子在实施非法采矿犯罪时,自愿负担相关非法开采的成本,明知自己的行为违法犯罪并继续实施,如果将上述犯罪成本在销售总额中予以剔除,不仅违背了以犯罪行为时的客观危险性判处刑罚的基本原则,也会导致不恰当地缩小国家资源被侵害的范围,出现罚不当罪的结果。⑫ 因此,在未经审批的情形下,非法开采矿产并进行销售,系违法犯罪行为,非法采矿过程中产生的费用系犯罪成本,不能剔除。

(4)非法采矿行为引发事故,造成人员伤亡及其他经济损失。将该情节纳入非法采矿罪,涉及与相关罪名如重大责任事故罪的区分,笔者在此对本罪与重大责任事故罪进行界分。

福建省龙岩市郑某甲、郑某乙非法采矿一案⑬中,发生了9名工人矿下遇难事故,法院认定属于非法采矿罪中的“情节特别严重”,构成非法采矿罪。但是在进行案情分析时没有与重大责任事故罪等作区分,这反映了司法实践中在处理这些案件中存在的问题。区分两罪,应明白其不同之处:①二者客体不同。本文认为,非法采矿罪的客体除了国家对矿产资源的管理制度以及矿产资源所有权外,应该向对生态环境的保护方面转变,而后罪的客体是与不特定或多数人的人身财产安全。②客观方面不同。非法采矿罪表现为违反国家规定实施的非法采矿行为,重大责任事故罪则是在生产、作业过程中违反安全管理规定而发生重大伤亡事故或造成其他严重后果的行为。③主观方面不同。非法采矿罪的主观方面为故意,而后者的主观方面是过失。通过以上可知,二者不会出现竞合,所以本文认为在非法采矿的情形下,发生了重大伤亡事故的行为,虽然可以构成非法采矿罪,但是此时并不能完全排除重大责任事故罪的适用,可以实行数罪并罚,在此对上述法

---

⑫ 参见王永兴:《非法采矿罪情节严重与情节特别严重的认定》,载《人民司法》2015年第24期。

⑬ 参见2016年福建省龙岩市永定区人民法院《郑某甲、郑某乙非法采矿罪一审刑事判决书》[(2016)闽0803刑初195号],载中国裁判文书网:http://wenshu.court.gov.cn/content/content?DocID=7c76cf38-d1fd-48ce-bd90-5085b844b2cb,最后访问时间:2016年11月23日。

院的做法提出质疑。而且,对此适用数罪并罚的可行性,也有法律依据,最高人民法院《关于进一步加强危害生产安全刑事案件审判工作的意见》[14]中对此作出了明确规定,根据罪责刑相适应原则,应该实行数罪并罚。

(5)经多次责令停止仍继续开采。非法采矿罪条文修改之前,该情节是犯罪构成的一部分,现在仍具有参考价值。

三、突破非法采矿罪困境的策略

行文至此,可以发现解决有关非法采矿罪的适用问题的基本思路应当是:在立法以及司法解释层面如何完善非法采矿罪的相关规定,使其能克服司法实践中面临的困境,改善司法现状。《刑法》只在第343条中对其进行了规定,且存在有待完善的地方,反映了对其体系性保护的缺失。另外,针对该罪没有配套解释的出台等情形,既反映了立法与司法实践的窘境,也指明了突破困境的方向。

(一)出台司法解释规定"情节严重"的情形与非法采砂

在司法解释层面,能够为非法采矿罪客观要件的阐明提供借鉴的是污染环境罪,虽然污染环境罪的解释本身存在一些问题,但是我们可以从中吸取合理之处,摒弃其不足,在合理的基础上对本罪进行完善。污染环境罪在修改之前是重大环境污染事故罪,要求必须造成公私财产重大损失或人身伤亡的严重后果,与本罪修改之前要求造成矿产资源破坏相似。《刑法修正案(八)》将其修改为污染环境罪,不是只有发生严重结果才可以入罪,只要"严重污染环境"即可,并以列举加概括的方式对"严重污染环境"进行了司法解释,比如"非法排放、倾倒、处置危险废物三吨以上的""致使公私财产损失三十万元以上的""其他严重污染的情形"等。结合非法采矿罪在实践中的情形,应该将"非法开采矿产资源的价值量"与"非法获利数额"等都纳入"情节严重"的情形。

因而,为对非法采矿罪的"情节严重"有效把握,其未来司法解释的关键是设置一些情节严重的行为,用列举加概括的方式进行阐明或者开发设

---

⑭ 该规定第10条第2款规定:"违反安全生产管理规定,非法采矿、破坏性采矿或排放、倾倒、处置有害物质严重污染环境,造成重大伤亡事故或者其他严重后果,同时构成危害生产安全犯罪和破坏环境资源保护犯罪的,依照数罪并罚的规定处罚。"

置出符合“情节严重”的行为类型,这些行为类型是开放的,可随着司法实践经验的不断积累增加新的规定。上文中提及的在司法实践中常适用的情形是一些可以纳入的严重情节,另外,可以从以下情形界定“情节严重”:不按合理的开采方法采矿,造成开采回采率低,采矿贫化率高,造成资源浪费;⑮违法行为造成轻微危害后果而加大社会危害性,如实施非法开采,植被和森林受到一定的破坏,或农田、水利和房屋等使用价值受到一定影响等;违法行为的环境条件不同而加大社会危害性,如在发生地震、洪水、疫情暴发、暴风雪等严重自然灾害的时候非法采矿等其他在非法采矿基础上有进一步社会危害性的行为。

非法采砂行为在采砂许可证和采矿许可证方面存在模糊不清,这一问题也要通过司法解释来具体规定,本文认为在新的司法解释中应该增加“没有取得采砂许可证或者没有取得采矿许可证的非法采砂行为,情节严重的,构成非法采矿罪”这一规定。

(二)突破非法采矿罪司法适用现状与困境的立法策略

1. 构建体系性保护

非法采矿罪的立法设计缺少体系性的保护,才会导致司法实践中在共同犯罪问题上不能很好地处理。与同属于环境资源的林木资源保护相比,从罪名入手我们可以发现,与保护矿产资源的非法采矿罪与破坏性采矿罪一样,对于林木资源的保护也有两个基本罪名——盗伐林木罪与滥伐林木罪。但同时,与保护林木资源相关的罪名还有“非法采伐、毁坏国家重点保护植物罪”“非法收购、运输、加工、出售国家重点保护植物、国家重点保护植物制品罪”“非法收购、运输盗伐、滥伐的林木罪”。所以,针对林木资源的共同犯罪问题有明确的法律规定,这是在矿产资源犯罪中没有规定的。甚至对于违法发放林木采伐许可证的国家工作人员都要适用专门的渎职罪——“违法发放林木采伐许可证罪”。这样,盗采的木材就很难转化成经济利益,而行为人的犯罪成本也会随之增加,因此会大大降低犯罪发生率,滥采滥伐现象就能得到更好的规制。在发生滥采滥伐行为后,在司法实践中有法律的明确指引,能合理地对相关人员定罪量刑。

⑮ 参见张霞:《生态犯罪研究》,山东人民出版社2013年版,第189页。

与林木资源相比，矿产资源是一种形成周期极长的不可再生资源，其中的一些珍贵矿种更属稀缺资源。矿产资源带来的经济利益及对于一国国民经济的重要性也远远超过林木资源。所以我们有必要参照林木资源犯罪的体系性保护，对非法采矿的相关行为通过立法进行规定，进行全面规制，例如针对实践中非法采矿案件中矿产资源的收购者，可以增加“收购非法开采的矿产资源罪”。

2. 借鉴国外立法的先进经验——丰富刑种，加大刑罚力度

从上文可知，我国非法采矿罪的司法情况是刑事处罚力度较轻，包括刑罚种类少，量刑偏低。在这种情况下，对于非法采矿行为并不能达到刑法威慑的作用，刑法也不能较好地实现一般预防的功能。对此，为了合理丰富刑种，提高法定刑设置，对国外有关的矿产资源犯罪的刑事立法进行了分析研究，以为我国的立法完善提供借鉴。

《俄罗斯联邦刑法典》对矿产资源犯罪设置了罚金、劳动改造等七种不同的刑罚，同时，增设了资格刑，即可以剥夺犯罪行为人以后从事矿产资源开发方面的职业或活动的资格，这种刑罚种类多且处刑较重的立法模式能大大提高司法效率，方便司法人员准确合理的处刑，又能起到惩治犯罪分子以及威慑意图犯罪的民众的作用。我国目前的刑罚措施以及现实的量刑情况，不足以达到保护矿产资源的目的，所以大可以借鉴俄罗斯刑事立法的多样化，根据我国的实际情况进行增补，尤其是资格刑的设置方面，可以尝试增设，这将是我国环境资源保护方面立法的重大突破。美国在很多法律法规里面都对具体犯罪行为及具体处罚措施进行了规定，如《深海海底硬矿物资源法》《露天采矿控制和回填复原法》等，而且在联邦单行法中对刑罚的具体罚则和主要矿产资源犯罪还进行了详细规定，这都值得我们借鉴。

另外，对于达到情节严重才入罪的“非法采矿行为”与“造成严重后果”可以区别开来，规定结果加重犯，将造成某种后果作为违法行为的加重情节，升格法定刑，设置区分合理、相互衔接的量刑档次。

The Judicial Application and Outlet of the Crime of Illegal Mining

Wang Xiaotong

Abstract: Mineral reasources have significant price, and the current situation that the miner illegally exploit is serious. On this account, the protection of resources need to be strengthen through the legislative and judicial level. From analyse the judicial actuality of our country and study judgements of the crime of illegal mining, we will find the judicial application dilemma mainly in the following aspects: probation applicable rate is higher, no exact standard for "severe case", the regulation of illegal sand excavation in chaos. In this connection, we should be perfect the ambiguous legal provisions through the judicial interpretation and legislative path and regulate the behaviour of "severe case" in judicial interpretation in the form of enumeration and summarization. Futhermore, at the legislative level, we should add the related charges about mineral resources protection to futher improve the system protection. We need use the foregin legislations for reference, rich punishments, upgrade the legal penalty, set up rational sentencing geade.

Key words: crime of illegal mining; severe case; illegal sand excavation; joint offense; qualification penalty

(作者单位:西南政法大学应用法学院)

论环境犯罪法益的定位及其立法指导功能

陈瑜婵

摘要：环境刑法的根本目的应当是保护环境法益，这种环境法益应当具有其独立性，它不同于传统刑法保护的人身、财产利益，它更注重于保护的是生态环境本身的利益。而我国现行刑法却似乎忽视了这一法益，在关于环境犯罪的刑法规定中仍以保护传统法益为主，无论从环境犯罪的章节安排还是其具体规定、刑罚设置上来看，都未能充分体现其对于环境利益的保护。本文将对环境犯罪法益进行探讨，明确其定位，并结合我国环境刑法目前对于保护环境法益不足这一现状，以保护环境法益为立法指导，对我国环境刑法提出完善建议。

关键词：环境犯罪法益；环境法益；立法指导

自工业革命以来，世界各国经济、社会都在飞速发展，而同时带来的是日益严重的环境问题。环境问题开始走进大众的视线，并逐渐成为国际社会关注的中心和焦点。法律是维护社会正义和公平的利器，而刑法则是利器上的锋刃。因此作为人类社会保护生态环境的最后一道防线，环境刑法对于环境保护来说，承担着重要使命——“在整个环境与资源保护体系这一生态法制体系中,(环境)刑法也就是那个终极的制裁和保障力量”。[①] 而在环境刑法中,环境犯罪法益居于十分重要的地位,它是区别环境犯罪与其他犯罪的重要因素,它对于整个环境刑法的立法、司法都具有指导意义。而至于环境犯罪法益究竟指什么,学界存在不同观点,要发挥其立法指导功能,首先需明确其定位。

一、环境犯罪法益的定位

法益是指法律所保护的利益,刑法上的法益也就是指刑法所保护的利益,而环境法益则是指环境刑法所保护的某种利益。

(一)环境犯罪法益之争

对于环境犯罪的法益的具体内容,各国的规定有所不同,在我国刑法学界亦有较大争论,主要存在以下几种观点:环境社会关系说、公共安全说、环境保护制度说、双重关系说、环境利益说以及环境权说。

1. 环境社会关系说

环境社会关系是指人们在开发、利用、保护和改善环境的过程中形成的社会关系。该种观点是建立在传统刑法理论关于犯罪客体是犯罪行为所侵害的为刑法所保护的社会关系这一理论基础之上的,它认为环境犯罪通常同时侵犯两种以上的具体社会关系,如人身关系、财产关系等,而它们侵犯的同类客体应当是环境社会关系。环境社会关系是指人们在开发、利用、保护和改善环境的过程中形成的社会关系。

2. 公共安全说

公共安全是指不特定多数人的生命财产安全。该观点认为环境犯罪侵害的是不特定多数人的生命、健康和重大公私财产。显然,该种观点仅注重于关注人本身的利益,而未将环境犯罪对于自然环境和自然资源的危害这一重要因素考虑在内,其认为对于环境及自然资源的保护也仅是为了最终达到维护人类自身利益的目的。该观点体现了传统的人本主义思想,体现了人类中心主义的价值取向。

---

① 徐平:《环境刑法研究》,中国法制出版社2007年版,第3页。

3. 环境保护制度说

环境保护制度主要指国家环境、资源保护管理制度，即国家为保护和改善生活环境和生态环境、防治污染和其他公害、保障人体健康、保证社会的可持续发展而通过相关法律和行政法规进行规制的一种制度。该观点认为环境犯罪的法益应当是国家环境保护、资源及污染防治等相关的管理制度。该学说表明刑法介入环境保护是为了配合环境法惩罚侵害环境行为，达到保护环境的目的。②

4. 双重关系说

双重关系说也可称为双重客体说，即该观点认为环境犯罪同时侵犯两个客体：直接客体——人与自然间的生态关系；以及间接客体——侵害的人与人之间的社会关系。可见该种学说考虑到了环境刑法所保护法益的两个方面——传统的人身权和财产权以及环境法益。

5. 环境利益说

环境利益说或可称为环境法益说，该学说认为环境刑法保护的客体应当确立为"环境利益"，其着重于关注环境这一主体，认为环境法益是以环境为主体的。

6. 环境权说

一般来说，环境权是指法律所赋予人类生存的——享有适宜、舒适的居住环境的权利以及合理利用自然资源的基本权利，它所指向的对象是具有生态功能和经济功能的自然资源以及与其有密切联系的各环境要素所组成的环境整体。该学说认为环境犯罪所侵犯的就是这样一种以环境为基础的国家、法人和公民的"环境权"。③

（二）环境犯罪法益的定位

由上述不同学说观点可看出，每种学说观点都有自己独特的视角，它们从不同的角度出发，对环境犯罪的法益作出不同的解释，每种说法都有其一定的道理，但同时也不难发现它们都具有一定的局限性、片面性。

公共安全说和环境保护制度说的视角就过于狭隘：公共安全说将公共安全看作环境犯罪法益的唯一，而忽视了更为重要的环境本身的法益，但其

② 参见秦洁、王光辉：《论环境犯罪的法益》，载《山东理工大学学报》2010 年第 1 期。

③ 参见易细华：《环境刑法法益探析》，载《对外经贸》2012 年第 6 期。

实危害公共安全侵犯的是不特定多数人的生命健康或是财产权益,却不一定侵害到环境要素,若认为环境犯罪所侵犯的法益仅仅是公共安全,就难以区分环境犯罪与其他危害公共安全罪,无法体现刑法专门设置环境犯罪的作用;而环境保护制度说认为环境犯罪所侵害的就是国家对环境保护的管理制度,这显然也非常片面——刑法保护这样一种管理制度最终目的应当也是为了保护环境,这种管理制度只是为了保护环境所设立的一些途径、手段,因此不应当认为环境刑法仅是为了保护国家对环境保护的这样一种管理制度。

环境社会关系说将环境社会关系作为环境犯罪所侵害的同类客体,环境社会关系说还是注重保护传统的法益,即人身、财产方面的利益,而没有注意到环境本身的利益,这是不全面的;而环境利益说则过于注重环境本身的利益,而忽略了人与环境二者的联系,这样的观点过于片面,也是不适宜的,环境法益不应脱离人这一主体。

双重关系说考虑到了人与环境两方面内容,认为环境犯罪侵害了人与自然间的关系这一直接客体及人与人之间的社会关系这一间接客体,但是却没有很好地把握住二者之间的联系,人与人之间的社会关系的侵害往往是以破坏人与自然之间的生态关系为基础的。④

综合看来,环境权说似乎比较合理,其可理解为环境公共利益,具体来说就是人们对于所共同享有的环境维持一种舒适、安全、宜居的状态的权益。正如学者杜万平这一观点:"环境法益是指环境法律所保护的人们对于环境所享有的利益,它是一种公共环境利益,是属于超个人法益的……其实质应当是环境生态利益,"⑤即环境犯罪所保护的实质法益应当是环境生态利益。

但仔细来看,环境权说实际上仍未摆脱"人类利益中心主义论"的影响,仍将自然环境当做一种客体。⑥ 笔者认为,环境犯罪法益的定位不能以"人类中心主义"作为导向,而应更多地考虑生态环境本身,将生态环境本

④ 同注②。

⑤ 杜万平:《论环境刑法的法益》,载吕忠梅主编:《环境资源法论丛》(第4卷),法律出版社2004年版,第11页。

⑥ 廖华:《从环境法整体思维看环境利益的刑法保护》,中国社会科学出版社2010年版,第83页。

身的法益放在首位,作为立法指导。

环境刑法的根本目的应当是保护环境法益。环境问题是人类不合理的开发利用行为与生态环境的矛盾,即是由经济利益与环境利益的冲突导致的,而环境刑法正是为了介入并解决这一冲突,从根本上说也就是要规制人类对环境的开发利用行为,因此,环境刑法自然首要保护的是环境的利益,那么环境犯罪的法益也应将其定位着重于环境法益。

纵观世界其他国家,作为同为具有典型大陆法系传统的国家,德国环境刑法将水、土地等直接作为保护的对象体现了对环境的一种直接的保护,且对于有些罪,在犯罪构成上不要求造成实际损害,这就大大增强了环境刑法对环境的保护力度,由此可见,德国环境刑法所保护的法益主要是环境法益,它注重于保护的是生态环境本身的法益。⑦ 德国环境刑法显然在对环境的保护方面更为先进、更为合理,十分值得我国借鉴、学习,我国也应从立法意识上加强对环境法益的重视、保护,将环境犯罪法益的定位更倾向于环境法益。

综上所述,对环境犯罪法益的定位应当侧重于"生态环境本身的法益",它是一种独立的环境法益,保护的是以生态伦理为基础的自然利益,它是以生态中心主义为指导的,尊崇环境保护优先原则。当然,同时也要处理好人与环境间的关系,应当以独立的环境法益思想去调整人与自然环境的关系,从而既能维护独立的环境利益,人类也能从中受益。这样也正好符合了我国科学发展观所提出的"以人为本,统筹兼顾",只有协调好二者,才能实现科学发展,最终保护到环境的利益,同时也为人类整体维持一种健康安全、适宜生存的环境状态。

二、我国刑法对环境法益保护的现状及不足

环境刑法的根本目的应当是保护环境法益,结合上文所述,其实质应当是保护体现环境利益的生态功能和价值,即环境生态利益。我国 2011 年 2 月 25 日通过的《刑法修正案(八)》对重大环境污染事故罪进行了修改,将

---

⑦ 参见罗吉、杜万平:《环境刑法法益比较研究》,载《江西公安专科学校学报》2004 年第 1 期。

“重大环境污染事故罪”改为“环境污染罪”。由罪名就可看出,该罪在修改后将关注点由环境污染的结果转向污染环境的整个行为过程。这一变化说明国家在立法思想上有了转变、有所突破,开始在立法上考虑到了对环境整体利益的保护。

但纵观我国整个环境刑法立法,我国刑法还是未能跳出传统的观念,仍将人身和财产法益最为保护的重点,而忽略了对环境法益的保护。从刑法规定的环境犯罪罪名来看,主要可分为污染环境类罪和破坏生态资源类罪,它们所保护的客体主要都是国家对于环境或是资源保护的制度,这是很片面的,同时也违背了环境刑法在立法上对于保护环境的主旨。

环境刑法应着眼于环境法益的保护,将环境生态利益的损害作为环境犯罪的基本犯罪构成,人身或财产损害作为加重的犯罪构成。应当将环境生态利益的损害作为衡量环境犯罪的基本标准,以此来重构现行环境刑法的相关规定,方能体现对环境保护的真正关注,也才能达到保护环境的效果。

就我国目前刑法在保护环境法益方面的不足而言,主要体现在以下几个方面:

(一)所保护的环境要素范围过窄

重大环境污染事故罪中规定了“向土地、水体、大气”排污这一限定条件,而新设立的污染环境罪将这一规定删除了,可见污染环境罪所适用的范围变得更为宽泛,这是我国环境刑法的进步。但从我国现行环境刑法的规定来看,在环境污染方面主要考虑到的环境要素还是大气、水、固体废物等,而对比德国环境刑法的内容,德国除规定有污染水体罪、污染大气罪等以外,还规定了噪声污染罪,而俄罗斯、日本等国也都将污染海洋的犯罪独立于水污染犯罪;对于环境资源犯罪来说,我国仅对森林资源、土地资源、矿产资源、野生动植物资源规定了相应罪名加以保护,尤其就土地资源来说,仅规定了对农用地的保护,而对于滩涂、湿地等同样属于生态环境范畴的生态资源要素却未作出相应规定。事实上这些环境要素同样也具有十分重要的生态价值,它们一旦遭到破坏,对整个生态环境整体以及人类本身同样也是会有巨大不利影响的。另外,就草原这一要素而言,草原对于防止水土流失、土地沙漠化具有十分重要的作用,尤其对于我国西北部缺水地区而言,草原因其具备的特殊的生态价值,在这些地区处于重要地位,草原生态系统一旦被破坏，对于整个生态系统的损害是相当大的，对于这些缺水地区的生态系统更是会有毁灭性的打击。然而我国环境刑法却在保护草原生态这一块存在立法盲区。[8] 可见我国现行环境刑法考虑到的环境要素范围过窄，这是不利于在实践中全面地保护生态环境的。

（二）过于注重对于人身、财产法益方面的保护

我国现行环境刑法立法更侧重于对人身、财产法益的保护而忽视了生态环境法益，可以说是生态法益被“私化”了，生态环境被视为仅为人类生存和发展所需的环境，环境刑法对于人自身的法益考虑到了，而环境本身的被保护的需要却被置于一旁，尤其是破坏环境资源类的犯罪，基本上都是为了保护环境的经济价值，而至于对生态价值的保护，却未有体现。从各罪的入罪条件来看，也基本都是因破坏环境的行为同时直接对人类生命健康、财产法益抑或是对国家某种制度造成了损害或是构成了威胁。且环境刑法中所规定的犯罪大多都是实害犯，这种“实害”往往也是针对人身、财产法益而言的，也就是说，大多环境犯罪规定必须直接对人身、财产造成了一定的破坏，才能被认定为环境犯罪。即使在我国对污染环境罪作出的司法解释中有一些偏向危险犯的规定，笔者认为那也仅是为了方便实践操作而作出的解释，而不是从充分考虑到保护环境法益的立法角度出发的，现行立法未意识到直接在立法中明确设置危险犯的必要性。但我们知道，环境破坏是具有长期性、潜伏性、隐蔽性的。一般破坏行为的做出在一开始也许是轻微的、不明显的，但随着一定的累积，随着时间的推移，其最终将导致十分严重的生态破坏，且这种对生态的损害往往是难以补救的，若仅规定为实害犯，就仅能作为一个事后补救，而不能对破坏环境的行为进行一个预防，且当这种“实害”仅是指向传统人身、财产法益时，会使很多破坏环境的行为得以逃避法律的制裁。从环境法益角度来看，这样的规定显然是十分不合理的，对生态环境的保护非常不利。

具体来看，例如我国刑法规定的滥伐林木罪与盗伐林木罪，滥伐林木罪侵犯的客体主要是国家对森林资源的保护管理制度或者国家对林木资源的管理秩序，而盗伐林木罪侵犯的是他人对林木的财产权，两罪的法定刑是不同的，滥伐林木罪最高刑为 7 年，而盗伐林木罪最高刑为 7 年以上有期徒

---

⑧ 参见贾学胜：《论环境法益及其刑法保护》，载《常熟理工学院学报》2009 年第 3 期。

刑,显然,我国刑法对财产权方面的保护更为重视。但笔者发现在实际案例中,事实上有一些滥伐林木行为所滥伐的树木量远远大于盗伐林木的数量,可以说对生态的破坏是非常大的,但其仍只能被判处最高7年有期徒刑的刑罚。可见这种从人本身利益出发的立法思维对于保护生态环境是不利的。另外在这种以人为本位的立法指导下,司法实践中也出现了相应的问题——笔者通过总结滥伐林木罪相关的判决书发现,一般来说,无论滥伐的树木量有多大,只要行为人进行了一定的经济补偿,法院最终都会给予缓刑或是减轻处罚,而不论实际生态已经遭受了多大的破坏。通过比较环境类犯罪同其他财产犯罪的刑法设置也可看出,环境类犯罪整体的刑罚都是偏轻的,就拿盗伐林木罪与盗窃罪来对比,盗法林木罪的最高刑是7年以上有期徒刑,而盗窃最高刑是无期徒刑。这也是由于我国刑法对人身、财产法益的关注更多,忽视了环境法益的保护造成的。

若环境刑法仅注重于保护人身、财产方面的传统法益,而仅将环境法益作为间接保护的对象,那么环境类的犯罪与其他类型犯罪相比,其特殊性又如何体现?笔者认为,既然规定了环境类的犯罪,就应在这些罪名中,将侧重点放在对于生态环境本身法益的保护上。

(三)侵害环境法益的犯罪在体系上缺乏独立性

刑法章节一般都是按照犯罪客体种类进行编排的,而在这之中,环境类犯罪是被编排在《刑法》第6章妨害社会管理秩序罪之下的第6节的破坏环境资源保护罪中,这也正好反映了上文提到的,我国环境刑法重点还是放在维护国家对环境保护的一种制度上,对环境法益的关注及保护很不足。但其实,环境类犯罪具有其独特性,它不同于一般的妨害社会管理秩序犯罪,它表现为对人类生存环境和自然资源的一种侵害和威胁,其本质是侵害生态环境法益。笔者认为,环境犯罪就其本质而言是具有其独特类型的侵犯客体的,但我国现行刑法未将其独立成章,而是归入了妨害社会管理秩序类罪之下,这就无法充分、正确地反映出环境犯罪侵犯的本质客体,是不合理的。

(四)刑罚制度设计不利于保护环境法益

首先最突出的问题就是我国现行环境刑法对环境犯罪规定的刑罚过轻、幅度偏低,对比财产类犯罪最能体现二者的差距。同时刑罚配置的种类也较少,主要规定了自由刑及财产刑,笔者发现,在实践中主要运用财产刑或是较轻的自由刑对环境犯罪进行处罚,同时对于罚金刑的具体数额、执行标准等均未有明文规定,这在实践中容易造成各地判例的差距较大,处罚较为随意。

其次就环境犯罪而言,环境污染、生态破坏往往具有潜伏性、复杂性、长期性及隐蔽性,通常是经过较长时间的持续性破坏后,在一定的积累下最终显露出来,对环境造成严重的破坏,且这种破坏往往难以补救。针对这一特点,我国环境犯罪的追诉时效就存在不合理之处。按照我国《刑法》对追诉时效起算点的计算,主要分为:即成犯,即从犯罪行为作出之日起计算;连续犯或继续犯则从犯罪行为终了之日起计算。上文也提到,环境犯罪所造成的后果往往具有潜伏性,然而我国规定环境犯罪的最高刑期为 10 年,最长追诉期仅为 15 年。假如一个工厂经营同时伴随着排污行为,3 年后该工厂被相关部门强行关闭,其也就停止了排污行为,然而在 25 年后才发现并被证实其之前的排污行为对环境造成了严重破坏,如此无论是将其看作即成犯还是连续犯、继续犯来确定其追诉时效的起算点,都会发现其已经经过了追诉时效,无法再追究其刑事责任。⑨ 由于我国对于环境犯罪未采取特殊的追诉时效,这会使很多污染环境类犯罪得以逃避法律的规制。

另外,我国刑法对环境类犯罪的法条描述的过于简单、宽泛,相关立法、司法解释也较少,对某些具体罪名下的不同情况未作区分,容易导致量刑不均,不能很好地保护到不同的环境法益。例如滥伐林木罪,仅以滥伐的数量作为不同档次法定刑的量刑标准。笔者认为,应当按照不同树种所具有的不同的经济价值、生态价值进行区分,对于不同的采伐地点也应对应不同的法定刑,对于一些会对生态产生巨大不利影响的情况(例如在水坝附近或是缺水地区采伐的,会对土壤层、环境生态影响较大),就应在量刑上有所区分,以较严厉的刑罚对待这些行为。如此才能符合公平原则,同时也对严重破坏生态环境的行为形成一种威慑作用,从而起到预防作用,防止这种严重且难以修复的破坏行为的发生。

三、发挥环境法益的立法指导功能

环境犯罪所保护的法益具有特殊性,前文已分析并将其定位为“环境

⑨ 参见蒋兰香:《时效制度适用于污染型环境犯罪中的漏洞与弥补》,载《法学论坛》2012 年第 5 期。

本身的利益",即独立的环境法益。它不同于其他犯罪以保护人身、财产利益为目的,环境法益以保护环境优先,并在此思想下调整人与自然的关系,最终维护独立的环境利益。因此环境刑法应当以环境法益作为主要和最终的保护目的,这也是环境犯罪区别于其他类型犯罪的最大的特点。我国环境刑法在立法上应当侧重于对环境法益的保护,以环境法益为指导,确认其在环境犯罪所侵犯的法益中的主导地位,充分发挥环境法益的立法功能以完善我国环境刑法,从而更好地达到保护环境的效果。

在环境法益的指导下,我国环境刑法主要可以从以下几个方面加以完善:

(一)扩大环境刑法规制范围

上文提到,我国刑法所保护的环境要素范围过窄,仅考虑到了土地、耕地、林地等要素,而对于具有十分重要生态价值的滩涂、湿地、草原等生态资源则未有涉及,这是由于在立法过程中过于看重环境资源的经济价值而忽略其生态价值所导致的。随着社会经济的发展,环境犯罪会日益复杂,现行环境刑法的规制范围显然不能满足时代的发展,不利于生态环境的保护。因此笔者认为,应当扩大刑法保护的环境要素的范围,增加相应罪名以保护草原、湿地、滩涂等具有巨大生态价值的资源,可以借鉴他国环境立法,例如德日环境刑法所规定的环境类犯罪主要有:污染危害环境犯罪、破坏自然资源犯罪、危害动物类群犯罪及损坏人文景观犯罪等。我国也应将噪声污染、破坏草原、破坏自然保护区等行为纳入环境刑法规制范围,从而给予环境更全面的保护。

(二)将环境犯罪独立成章

环境刑法所保护的法益不应仅包括人身、财产法益,而应更侧重于保护环境法益。从本质上来说,环境犯罪所侵害的客体是具有其特殊性、独特性的,而我国现行刑法将环境类犯罪规定于第6章妨害社会管理秩序罪之下,显然未能正确地反映出环境犯罪的客体,使环境犯罪无法很好地与其他犯罪区别开来,在实践中也会导致司法人员过多关注经济方面法益而忽视环境法益,从而无法很好地衡量、评价行为人的环境犯罪行为。笔者认为,我国刑法应当直接将侵害环境法益类的犯罪单独设立成章,明确将环境法益规定为环境犯罪的客体,以生态影响作为评价、制裁环境犯罪的重要条件,同时增加新的环境犯罪罪名,如破坏草原罪、光污染罪、噪声污染罪等,更全面地保护环境法益。

（三）设置危险犯构造的环境犯罪

我国刑法所规定的大部分环境犯罪都是结果犯，且这一“结果”是就传统的人身、财产法益而言的，即通常在对人身、财产造成一定后果之后才进行处罚。而环境生态的破坏一旦造成，往往是难以修复的，仅规定为实害犯显然无法预防破坏行为的发生，对生态环境的保护十分不利。“污染环境罪”同“重大污染环境事故罪”相比，将规定中的“造成重大环境事故”改为了“严重污染环境的”，可以说相比于明确的结果犯，有所开放。但对于“严重污染环境的”终究是指一种行为还是一种结果，在理论界仍存在争议，从司法解释来看，既可以把这一条件看作行为，也可以看作结果，即对于某些情况来说，造成严重污染环境的结果才构成污染环境罪，而在另一部分情况下，只要有污染环境的行为做出则可构成该罪。这体现了我国在环境立法上对于保护环境法益的一些进步，笔者认为可以进一步发展，设置抽象危险犯，且其针对的对象应当是环境法益，即当行为有造成生态环境破坏的危险时，就可以构成环境犯罪。例如，日本《公害罪法》第 2 条第 1 款及第 3 条第 1 款就规定，无论是故意犯罪还是过失犯罪，犯罪的成立在于排放之有害物质使公众的生命或身体发生危险，而不以发生实害为必要。[10] 危险犯可分为具体危险犯和抽象危险犯，具体危险犯是指已对法益带来了现实的危险，它把这样一种危险状态的出现规定为构成要件；而抽象危险犯则指实际上是否出现危险状态不影响可罚性，其危险行为本身就是可罚的。[11] 环境犯罪往往具有潜伏性和隐蔽性，设置抽象危险犯将有利于针对环境犯罪的这一特点对症下药，有力地打击环境犯罪，将危害环境的犯罪扼杀在摇篮里，最终更好地保护环境法益。因此我国可以参照日本、俄罗斯、德国等国，充分考虑环境犯罪的特点，在规定结果犯的同时，对一些可能造成生态环境难以修复的严重的损害后果的犯罪设置危险犯。另外还可设置结果加重犯，即以环境犯罪行为所导致的不同危害后果的轻重来对其处以不同程度的刑罚。

---

⑩ 参见吴献萍：《环境犯罪与环境刑法》，知识产权出版社 2010 年版，第 111～112 页。

⑪ 参见贾配龙、杨飞：《环境犯罪的法益重构与立法完善》，载《北京政法职业学院学报》2014 年第 4 期。

(四)采用特殊的追诉时效

环境犯罪所造成的环境污染、生态破坏往往具有潜伏性、复杂性、长期性及隐蔽性,危害后果的发生通常会滞后于危害行为几年、十几年,尤其是污染环境类的犯罪,其危害后果有些甚至会在几十年后才显露出来,同时这种情况下的损害后果又往往十分严重,且难以补救。而按照我国现行刑法的规定,环境犯罪的法定最高刑为15年以上有期徒刑,根据《刑法》规定,法定刑为10年以上有期徒刑的,其最长追诉期为15年。显然,若还是适用普通的追诉期,将会使很多对环境具有严重危害后果的犯罪得以规避法律,这不利于对生态环境的保护。

因此,笔者认为,针对环境犯罪的这一特殊性,可以通过采用特殊的追诉时效的方式,来弥补现行环境刑法规定的不足,从而防止放纵环境犯罪的现象的出现。具体来说,首先,关于追诉时效的起算点,前文提到,我国现行刑法规定的起算点针对即成犯和连续犯、继续犯有所不同,分别是从犯罪之日起算和从行为终了之日起算。然而对于我国污染型环境犯罪究竟属于即成犯还是连续犯、继续犯,学界却尚无定论,即使能分辨出来,如前文所举例子也可知,该计算方法仍会存在漏洞。笔者认为,可在刑法条文中明确规定针对环境犯罪,尤其是污染型犯罪的特殊计算方式,即将追诉时效的起算点规定为危害结果出现或是被发现之日。

其次,针对追诉时效的期限,也可以有所发展。目前的普通追诉时效显然不能满足环境犯罪的特点,笔者认为,针对某些对生态环境会造成严重破坏的犯罪,应当延长其追诉时效的期限。具体可以有两种方法,一是直接在法条中明确延长相关罪名的追诉时效。但此方法也存在一定的问题,就是具体应将追诉时效延长至多少年。环境损害后果究竟在多长的时间内会出现,这是很难有定论的,因此究竟应当将追诉时效延长至什么程度,这个长度很难确定;还有一种方法就是通过特殊的程序,即通过报经最高人民检察院批准的方式来申请延长环境犯罪的追诉时效。笔者认为,后者比较可行,可参照我国《刑法》第87条第4项的规定,增加这样一项"对于环境犯罪危害结果迟滞出现,已过时效期限但认为必须追诉的,须报请最高人民检察院核准"。[12]

---

⑫ 同注⑨。

(五)完善环境犯罪的刑罚结构

1. 主刑的完善

我国《刑法》规定,主刑包括生命刑和自由刑,而目前环境刑法未将生命刑列入刑罚中。对于我国环境刑法规定的自由刑,大多设置在10年以下有期徒刑。这与我国其他严重犯罪相比,显然在刑罚幅度上属于比较低的。同时在环境犯罪内部,不同罪名的刑罚幅度设置也有很大不同,存在刑罚程度与危害程度不均的情况:例如走私国家禁止出口的珍贵动物及其制品罪的法定最高刑为无期徒刑,而非法捕猎野生动物罪的最高刑仅为15年有期徒刑,滥伐林木罪的最高刑仅为7年有期徒刑。走私珍贵动物同时触犯了我国对珍贵野生动物的保护制度及进出口制度,有其适用较高刑罚的合理之处,但对于非法捕猎野生动物和滥伐林木的行为来说,它们对环境的影响有时是更严重的,且其对生态的破坏可能是难以修复的,若因为它们仅是违反了我国的环境保护制度就给予它们较低的法定刑,这是不利于环境保护的,同时这也反映了我国对环境法益的不重视。⑬

因此,笔者认为可以普遍提高环境犯罪自由刑的刑期,同时对于部分环境犯罪应配置无期徒刑,使一些情节恶劣、对生态环境造成严重破坏的犯罪得到应有的制裁,从而充分利用刑法的威慑作用来预防破坏生态环境行为的发生。另外前文也分析到,我国环境刑法对于刑罚档次的分化比较粗略,应当对其再进行进一步细化,比如对于滥伐林木罪,滥伐不同树种的、在不同地方实施滥伐行为的应当受到不同的对待。

2. 罚金刑的完善

环境犯罪中适用罚金刑有助于有效惩治和预防环境犯罪,尤其对于单位犯罪,其更是具有突出作用。然而我国对于环境犯罪罚金刑的规定却存在一定的问题,它过于笼统,未细化为不同的档次,对具体数额的限度也未作规定。笔者认为,对罚金的数额作出相对确定的规定将有利于对不同程度的犯罪处以相应的有区别的处罚,这样更为合理。例如对于滥伐林木的,在普通地点滥伐的与在自然保护区或是对生态影响较大的地点滥伐的,显然其对生态的破坏程度是不同的,应处以不同程度的罚金刑,后者显然应当处以更重的罚金,如此才能有力地打击对生态造成重大影响的行为,以起到

---

⑬ 参见王吉春:《我国环境犯罪的刑罚完善》,载《上海政法学院学报》2014年第5期。

刑法的威慑作用来保护生态法益。

另外对于罚金数额的确定,在国际范围内规定也各有不同,主要可分为限额罚金制、无限额罚金制、倍比罚金制及日额罚金制。限额罚金制即规定罚金的上下限;无限额罚金制则完全将实际判处的罚金数额交由法院根据实际情况来确定;倍比罚金制是规定一个数额作为参照,然后对犯罪人判处该数额的倍数或一定比例的罚金;日额罚金制则指按照确定缴纳罚金的天数和每天应交付的罚金数额逐日交付罚金的制度。⑭ 笔者认为,日额罚金制最可取,这类似与行政法中的"按日连续处罚"措施,罚金数额大小与行为人应承担的刑事责任能够比较好地契合,对于行为恶劣的可处以相应较重的罚金刑,这符合公平原则、罪刑相适应原则,同时起到一种预防的作用,可以有效遏制环境犯罪行为的恶化。

3. 非刑罚处罚措施的构想

以滥伐林木罪为例,笔者通过比较总结相关实际案例发现,在司法实践中,往往对行为人处以罚金刑,且只要行为人主动上缴了违法所得的,通常都会判以缓刑,如此对于滥伐林木所造成的生态破坏事实上并未起到直接的补救作用,同时由于处罚较轻,犯罪成本低,这就很难对行为人起到威慑、惩罚的作用,容易使行为人出现再犯的情况,从而再次对生态环境造成破坏。

笔者认为,可以构建一些教育性、民事性的非刑罚措施,增设一些生态修复措施。例如1997年生效的《俄罗斯联邦刑法典》第254条对"毁坏土地罪"的处罚规定为"处罚数额为过去最低报酬200倍至500倍或被判刑人2个月至5个月的工资或其他收入的罚金,或处3年以下剥夺担任一定职务或从事某种活动的权利,或处两年以下的劳动改造"。⑮ 该法典就是通过普遍规定了这种不剥夺自由的处罚,责令犯罪人用自己的劳动去恢复毁坏的环境。

具体就我国来说,笔者认为可构建如下非刑罚措施:例如对滥伐林木的犯罪人判罚植树造林;责令犯罪分子采取相应的补救措施对其侵害的或是已经造成破坏的生态环境进行恢复;责令行为人在一定时期内通过媒体承认和检讨自己的犯罪行为,并作出保证等。如此不仅能有效预防、制止环境犯罪的行为,同时还能对生态环境以直接的补救、修复,减小犯罪行为对生

⑭ 同注⑩,第78页。

⑮ 同注⑩,第83~84页。

态环境的破坏所带来的影响,减少国家负担。至于如何保证这些措施的执行,笔者认为可用拒不执行判决、裁定罪对其实施加以保障,例如对于被判罚植树造林的犯罪人,若其未在一定时间内完成,则其可能构成拒不执行判决、裁定罪。当然,至于这在实践中是否便于操作还有待研究,因此笔者仅在此提出对于非刑罚处罚措施的一些构想。

The theory of Determine the Legal Interest of Environmental Crime and Its Legislative Guiding Function

Chen Yuchan

Abstract: The fundamental goal of environmental criminal law should be protect the legal interest of environment which is independence, and it's different from the traditional criminal law protection of personal and property interests. It focused more on protecting the interests of the ecological environment. However, our existing criminal law seems to ignore this legal interest, the criminal law provisions on the environmental crime still focus on protecting the traditional legal interests. It didn't fully embodies the protection of environmental interest, no matter in the chapter arrangement of environmental crime or its specific provisions and penalties applicable setting. This article discusses what should the legal interest of environmental crime be, at the same time, combined with the present situation in our country, take the protection of environmental legal interest as the guide for legislation, then put forward a perfect proposal to our environmental criminal law.

Key words: legal interest of environmental crime; environmental legal interest; guide for legislation

(作者单位:西南政法大学应用法学院)

环境监察执法的困境与出路

——以基层环境监察执法为中心的展开

崔　彬

摘要:党的十八大明确把生态文明建设放在突出地位,融入经济建设、政治建设、文化建设、社会建设各方面和全过程,努力建设美丽中国。国务院办公厅《关于加强环境监管执法的通知》(国办发〔2014〕56号)要求加强环境监察执法。国家从顶层设计回应人民群众对良好生态环境的热切期待,作为制度最忠实和可靠的执行者——基层执法必须以积极行动响应党和国家号召。然而基层环境监察因其体制设置、机构人员编制、基层环境污染诱因频发等因素掣肘,成为制约环境保护工作有效开展的重大短板。笔者结合多年基层环境监察执法工作经验,尝试分析目前基层环境监察执法存在的困境,着重分析困境形成的原因。笔者认为破解基层环境监察执法困境,须从实证主义路径出发,着手理顺基层环境监察人事体制和梳理环境保护法律法规规定两个层面入手,方能为基层环境监察执法提供切实可行的方案。

关键词:基层;环境监察执法;困境;出路

一、引子

构建全流程有效管控的环境保护工作体制的核心在于做好源头严控、过程严管、结果严惩。基层环境保护工作作为国家环境保护政策和法律法规的直接执行者,在整个环境保护工作具有重要作用。从实务工作中来看,基层环境保护工作主要集中在两大块:一是建设项目审批;二是环境监察。其中环境监察囊括排污费申报与收费、污染源与建设项目环境监察、监察处罚以及环境应急等重要内容。因此,环境监察成为过程严管、结果严惩的有效手段。但处在执法一线的基层环境监察在履职尽责过程中存在多种困境,影响其工作职能的有效发挥。主要表现在:一是基层环境监察执法力量薄弱、人员数量少、法治意识薄弱、编制供给少,人员能力结构不平衡等实际情况严重制约环境监察工作的开展,"过程严管"难以落实到位,甚至部分地区"过程严管"直接变成"过程不管";二是环境监管法律法规体系不完善、处罚手段单一、力度偏软、自由裁量范围偏大造成执法威慑力不足,污染企业边罚边犯现象较为普遍,"结果严惩"效果难以显现。笔者立足于基层执法现状,希望借着对基层执法问题及其成因的梳理,谋破题之策,为基层环境执法实践提供有效参考。

二、基层环境监察执法的困境的形成及原因分析

基层环境法治是国家环境法治的基石,监察环境执法是基层环境法治的核心内容和重要保障。群众所向往的良好生态环境和美丽中国的建设都必须在基层加以落实。国务院办公厅《关于加强环境监管执法的通知》(国办发〔2014〕56 号)在顶层设计上明确要求加强基层环境监察执法,基层环境监察执法现状如何与顶层设计实现无缝对接,基层如何更为有效地贯彻落实党和国家政策方针成为强化环境监察执法刚性、保护生态安全的关键所在。

(一)基层执法人员法律意识不强

监察执法最核心的环节是执法者。执法者法律意识和素养高低直接关系着执法有效开展与否。早在 2010 年国家环保部就颁布施行《环境行政处罚办法》(环境保护部令 第 8 号),与随后颁布施行的《环境行政执法后督察办法》(环境保护部令 第 14 号)、《环境监察办法》(环境保护部令 第 21 号)、《环境监察执法证件管理办法》(环境保护部令 第 23 号)、《环境保护主管部门实施按日连续处罚办法》(环境保护部令 第 28 号)、《环境保护主管部门实施查封、扣押办法》(环境保护部令 第 29 号)、《环境保护主管部门实施限制生产、停产整治办法》(环境保护部令 第 30 号)等构成环境监察

行政程序规范体系。但从基层实践最切实的体验来看,绝大多数基层环境执法人员没有法学专业背景,对环境保护法律概念理解不深,缺乏环境监察程序思维。在证据材料收集过程中忽视程序正当性,证据瑕疵广为诟病。证据合法性成为环境行政复议和诉讼案件中争议的焦点。部分环境监察执法人员外出执法时并不注重执法行为合不合规,只要结果好,过程重要不重要是其次。于他们而言衡量结果好坏的标准并不在于环境违法行为整改的效果,而在于领导(地方主要领导和部门负责人)满不满意。对于领导指示和强调的环境违法问题,查处速度过快,取证不细,现场检查笔录、勘验笔录、询问笔录等材料制作不规范、表述不严谨,事后补材料现象较为普遍。机动性执法和选择性执法依然是基层环境监察的老大难问题。

(二)执法人员编制与待遇不统一

从事基层环境监察执法的工作人员按性质分有公务员、事业编制人员、招聘人员和单位的部分工勤人员(如单位司机)。《公务员法》规定,公务员是指依法履行公职、纳入国家监察编制、由国家财政负担工资福利的工作人员。公务员成为法定执法人员不容置疑,但处于立法空白的招聘人员的执法授权依据则广受争议。国家环保部制定的《环境监察办法》第11条规定:“录用环境监察机构的工作人员(以下简称环境监察人员),应当符合《中华人民共和国公务员法》的有关规定。”同为国家环保部制定的《环境监察执法证件管理办法》第7条明确规定:“县级以上环境保护主管部门具有正式编制拟从事环境监察执法工作的人员,具备下列条件的,可以申请领取环境监察执法证件……”按字面含义解释,从事环境监察执法工作的人员须是正式编制人员。由于国家严格控制编制数量,而面对日益严峻的基层环境执法压力,多数地区通过政府购买方式招聘工作人员充实基层执法实力,承担大量的基层执法工作。这一部分招聘人员和单位的部分工勤人员怎么定性?执法行为有效吗?且招聘工作人员工资参照事业单位,但与编制内人员差距仍然很大,同岗不同酬现象和单位内部歧视造成招聘工作人员工作积极性很受打击。①

---

① 陆新元、Daniel J. Dudek 等:《中国环境行政执法能力建设现状调查与问题分析》,载《环境科学研究》2006年第19期。

（三）基层环境违法行为的多发性

基层环境违法行为表现突出的有城市小餐饮油烟、KTV等服务业营业噪声、建设工程夜间施工噪声、中小位企业生产经营产生的环境问题（环评未报批、报批未同意、未上环境处理设施、"三同时"未申请验收、验收未合格等擅自生产经营，产生的废渣、废气、废水未经处置随意排放污染环境等等，部分小微企业租赁厂房流动经营随意乱排现象尤为明显）、秸秆及城乡结合区生活垃圾焚烧、农村散户畜禽养殖及生活垃圾处理等。这些环境问题与中国传统粗放的生产和生活方式密不可分，根深蒂固的生活习性给予这些环境违法行为强有力的道德支撑。"由于违规行为具有某些基于传统、文化、习俗的支持，便可能具备广泛性和持续性的特征。"②这些环境违法行为点多、面广、多发、持续、规模小，环境监管部门很难监管到位。但这些环境违法行为聚合效应大，对于城市环境，尤其是空气质量影响甚大，环境监管部门又必须主动作为。事实上的难作为造成环境保护主管部门不作为的假象，环境保护主管部门权威和公信力受到极大挑战（这一点在笔者所在的环保部门连续两年在区直部门"民主评议政风行风"活动中排名靠后可以得到佐证）。

（四）部分领导对环境执法认识的偏差

党的十八大将生态文明同政治文明、经济文明、文化文明、社会文明一道确定为"五位一体"进行总布局。习近平总书记更是强调"良好的生态环境是最公平的公共产品，是最普惠的民生福祉"。全国各地从组织架构上、基层执法上不断探索创新。全国上下一盘棋对环境保护工作表现出前所未有的重视。但在重视的同时也有问题的产生，有些领导认为加强环境监管执法就是要加大罚款次数和额度，罚款就是履责，对于多数环境违法行为多是一罚了之，再犯再罚，甚至有些地方环保部门用成文或是不成文的规定要求环境监察部门一年罚款数额要达到规定的额度。于是环境监察执法人员在基层执法过程中更看重的是罚款而非环境违法行为的整改情况。基层实践中很多环境问题被发现后，环境监察执法人员下发责令改正通知书，但对于相对人改正的情况并没有组织有效的执法后督查，对于相对人未按规定进行整改也没有采取相应的措施。长此以往，责令改正通知书所代表的执

② 王锡锌：《中国行政执法困境的个案解读》，载《法学研究》2005年第3期。

法权威性和强制性荡然无存,环境监察执法刚性被极大削弱,基层环境执法遭遇的现实阻力如同滚雪球般越滚越大。

(五)环境法律专业性及理解的难度

环境法律体系庞杂,涉及的具体法律众多,既有国家层面的法律、监察法规和环保部的部门规章,也有省市地方性法规、政府规章,有些地方性法规、政府规章与国家法律规定的并不一致;现有法律多含有环境科学方面的专业性词汇,而具体环境违法行为方式多样、手段不一,缺乏有效的处罚构成要件,对于怎样去识别一个环境违法行为以及这个环境违法行为是否需要处罚多有不同认识,容易引起争议和分歧;监察处罚多是对危害结果的处罚,而环境违法行为具有偶发性,一经实施就可能造成后果但后果又会消失,对于诸多类似情形是否需要处罚,怎么取证,而环保法律对环境危害后果规定的模糊性造成理解的困难。这些情形造成对具体法律理解和适用的困惑。

(六)环境法律处罚种类规定模糊

在新《环境保护法》出台以前,整个环境法律体系所规定的处罚手段最主要的就是罚款,有同行说环境保护法就是环境罚款法。新《环境保护法》实施后,除传统的罚款外,新环保法新增了按日计罚(第59条),限制生产、停产整治(第60条),查封、扣押(第25条),细化了行政拘留情形(第63条),公益诉讼(第58条),加上《刑法》和两高出台的《关于办理环境污染刑事案件适用法律若干问题的解释》,环境违法责任体系框架已经形成。如何充分理解各种手段的含义和适用方式,发挥各种手段的效力成为摆在环境监察执法面前的新课题。

在基层环境监察实务中常遇到的一个问题是,《环境行政处罚办法》(环境保护部令 第8号)第10条规定,根据法律、行政法规和部门规章,环境行政处罚的种类有警告,罚款,责令停产整顿,责令停产、停业、关闭,暂扣、吊销许可证或者其他具有许可性质的证件,没收违法所得、没收非法财物,行政拘留,法律、行政法规设定的其他行政处罚种类。《环境行政处罚办法》(环境保护部令 第8号)第12条规定,根据环境保护法律、行政法规和部门规章,责令改正或者限期改正违法行为的行政命令的具体形式有责令停止建设,责令停止试生产,责令停止生产或者使用,责令限期建设配套设施,责令重新安装使用,责令限期拆除,责令停止违法行为,责令限期治理,法律、法规或者规章设定的责令改正或者限期改正违法行为的行政命令的其他具体形式。《环境行政处罚办法》(环境保护部令 第8号)第10条和第12条规定的种类不同,它们的性质如何?区别在哪?在基层环境执法中又应当如何适用?

三、基层环境监察执法的出路

2014年10月20日,党的十八届四中全会在北京召开。会议审议通过了《中共中央关于全面推进依法治国若干重大问题的决定》,确立全面推进依法治国的战略目标。法律的生命力在于实施,法律的权威也在于实施。全面依法治国在环境保护领域能否得到贯彻实施的基础和关键在于基层能否依法进行环境监察。依法进行环境监察的核心环节在于依法进行环境保护执法工作。完善执法体制,健全执法机制对于推动依法监察具有至关重要的作用。行政法意义上的执法是指行政机关、行政机关工作人员按照宪法法律的规定从事行政许可、行政处罚、行政强制等具体执法行为,执法的本质是法律适用的过程。“适用法律实际是一个复杂的发现法律的过程。”[③]首先要理清客观现象、文字材料等证据所指向的案件事实,通过案件事实发现法律关系(执法过程中通常表现为相对人违反义务性规则而须承担相应的法律责任),然后从案件事实出发寻找文字形式的法律条文,发掘解决执法者所面临的实际问题的法律条文含义和精神,这种发掘是通过法律解释实现的。因此,执法过程(或称为法律适用过程)体现的是执法者对法律的理解和运用过程。解决基层环境监察执法所遭遇的困境应从正确适用环境保护法律着手,突出解决制约基层环境监察执法有效展开的执法者和环境法律体系适用问题。

(一)建构新型化基层环境监察队伍

环境监察能力的提升固然需要硬件设施上的改进,如配置移动监察执法设备确保执法留痕、提升监察检测设备质量保证监测数据准确性和真实性等,但提升作为环境监察主体的执法者的能力素质显得更为迫切,更为治本。环境监察队伍是环境监管的主体,是基层生态环境的维护者和环境法律法规的执行者。国务院办公厅《关于加强环境监管执法的通知》(国办发

③ 姜明安:《行政执法的功能与作用》,载《湖南社会科学》2004年第1期。

〔2014〕56号)强调加强执法队伍建设。结合基层环境执法实践,要加快解决环境监管执法队伍基础差、能力弱等问题。具体措施,一是要根据属地管理原则有效动员现有环境执法力量,尝试在乡镇、街道和基层行政村、社区设立环保办、环保室,配备专兼职环境监管人员,负责本辖区内环境巡查及联系事宜,强化基层环境监管网格化建设;二是严格环境监察执法准入制度,坚持"凡进必考",择优录取,优化基层环境监察执法队伍,加强对在职基层环境监管执法人员的培训,重点是污染源环境监察实务、监察处罚程序培训,提升执法人员法治素养;三是加强基层环境监察法治建设,设立专门法规部门,配置两名以上法治工作人员,负责合法性审查和监察复议、监察诉讼工作;四是落实执法人员资格考核及编制问题,做到基层环境执法人员持证上岗,由财政保障执法人员工资待遇及执法经费;五是要总结归纳基层环境执法有益经验,形成书面材料,面向基层进行推广宣传。

(二)梳理基层环境监察执法权限,明确处罚种类

环境保护领域法律法规名目众多,种类繁复。新《环境保护法》是环境保护领域基础性法律,水、气、声、渣、环评五大类法律构成主体,加上国务院制定的条例、环保部制定的部门规章、地方人大及常委会制定的地方性法规、地方政府制定的地方政府规章,共同构成环境监察执法规范体系。这些法律规范制定部门不一,适用范围重合,制定时间久远,如《环境噪声污染防治法》早在1996年10月29日由第八届全国人民代表大会常务委员会第二十二次会议通过,自1997年3月1日起施行,法律表述不一致时有发生。如何让如此众多的环境法律规范落地生根、发挥实效成为摆在实务部门面前的一道必答题。

1.行政处罚种类问题

《行政处罚法》第8条规定行政处罚的种类有警告,罚款,没收违法所得、没收非法财物,责令停产停业,暂扣或者吊销许可证、暂扣或者吊销执照,行政拘留以及法律、行政法规规定的其他行政处罚。《环境行政处罚办法》(环境保护部令 第8号)第10条规定,根据法律、行政法规和部门规章,环境行政处罚的种类有警告,罚款,责令停产整顿,责令停产、停业、关闭,暂扣、吊销许可证或者其他具有许可性质的证件,没收违法所得、没收非法财物,行政拘留,法律、行政法规设定的其他行政处罚种类。这里多出来的"责令停产整顿""关闭"有没有法律效力呢?"责令停产整顿"见于《水污

染防治法》第 75 条第 1 款、第 2 款，由县级以上地方人民政府环境保护主管部门提请县级以上地方人民政府责令停产整顿，属于"法律、行政法规规定的其他行政处罚"，具有法律效力，是特殊法所创设的新的处罚种类。"关闭"在新老环保法中都有体现，见于老《环境保护法》（中华人民共和国主席令 第22 号）第 39 条和新《环境保护法》（中华人民共和国主席令 第 8 号）第 60 条。新《环境保护法》（中华人民共和国主席令 第8 号）实施后新增按日计罚（第 59 条），限制生产、停产整治（第 60 条）同样属于新的行政处罚种类。

2. 行政处罚与行政命令的区别

《环境行政处罚办法》（环境保护部令 第 8 号）第 12 条规定，根据环境保护法律、行政法规和部门规章，责令改正或者限期改正违法行为的行政命令的具体形式有责令停止建设，责令停止试生产，责令停止生产或者使用，责令限期建设配套设施，责令重新安装使用，责令限期拆除，责令停止违法行为，责令限期治理，法律、法规或者规章设定的责令改正或者限期改正违法行为的行政命令的其他具体形式。这里"责令"的性质是什么？它与行政处罚种类的区别在哪？具体又应该怎样适用？适用的程序如何？

根据最高人民法院关于行政行为种类和规范行政案件案由的规定，行政命令不属行政处罚。行政命令不适用行政处罚程序的规定。"责令"等行政命令在实践中通常以责令改正通知书形式下发，根据笔者了解，某市市辖区环境保护局一年下发责令改正通知书 520 份，全市范围内一年共下发责令改正通知书多达 6000 余份，但实际执行率微乎其微，这不仅降低行政效能，也大大折损行政机关权威和公信力。实践中，行政相对人包括一部分环境行政执法人员对责令改正通知书的认知仅停留在一份通知层面，认为其不具有法律效力，这是急需改变的一个观念。行政命令同样是具体行政行为，具有法律效力，行政相对人必须履行责令改正通知书所明确要求的内容，如不履行，行政主体在行政相对人拒不履行时亦可向法院申请强制执行。④ 若行政相对人不服责令改正通知书的内容，亦可向

④ 参见环境保护部：《关于环保部门可以申请人民法院强制执行责令改正决定的复函》，载中华人民共和国环境保护部官方网站：http://www.zhb.gov.cn/gkml/hbb/bh/201007/t20100729_192731.htm，最后访问时间：2016 年 3 月 8 日。

上级主管部门或同级人民政府申请行政复议,或向行政主体所在地基层人民法院提起行政诉讼。

3.“责令停止生产”与“责令停产”的区别

“责令停止生产”与“责令停产”属于法律概念理解的难点,在实践中极易产生混淆。按《环境行政处罚办法》(环境保护部令 第8号)的规定,“责令停止生产”属于行政命令,“责令停产”则属于行政处罚。那两者在法律适用上到底有什么区别呢?具体含义又是什么呢?《关于环保部门可以申请人民法院强制执行责令改正决定的复函》(环境保护部函 环函〔2010〕214号)第3点中提到,是“责令停产”还是“责令停止生产”,应当结合违法行为的性质和具体的法律法规规章条款选择适用。《放射性污染防治法》第57条规定:“未经许可擅自从事贮存和处置放射性固体废物活动的,责令停产、停业。”《建设项目环境保护管理条例》第28条规定:“违反本条例规定,建设项目需要配套建设的环境保护设施未建成、未经验收或者经验收不合格,主体工程正式投入生产或者使用的,由审批该建设项目环境影响报告书、环境影响报告表或者环境影响登记表的环境保护行政主管部门责令停止生产或者使用,可以处10万元以下的罚款。”根据这两处规定的停产和停止生产,笔者认为,“责令停止生产”是指合法设立的企业在生产过程中有环境违法事实,针对这特定部分的环境违法行为,环境保护主管部门可以以责令停止生产方式责令整改。而“责令停产”是指企业没有依法进行环境影响评价非法生产经营,或是企业合法设立但有严重环境违法事实,经限期治理而逾期未完成治理任务,此时环境保护主管部门可以责令停产以进行处罚。

4.“停止建设”“停产”“停业”和“关闭”的区别

“停止建设”与“停产”“停业”“关闭”除了行政命令和行政处罚的区别之外,其最本质的差异就在于这四个词语所指向的对象和范围不同。“停止建设”按字面解释,指向的是正在建设中的项目,如新《环境保护法》第61条规定:“建设单位未依法提交建设项目环境影响评价文件或者环境影响评价文件未经批准,擅自开工建设的,由负有环境保护监督管理职责的部门责令停止建设,处以罚款,并可以责令恢复原状。”“停产”是指已经建设完成投入生产的项目,如《建设项目环境保护管理条例》第28条的规定;“停业”是指正在营业的企事业单位停止营业,如老《环境保护法》第39条规定:“对经限期治理逾期未完成治理任务的企业事业单位,可以责令停业、关闭。”“关闭”是指关停正在生产经营的企业,如新《环境保护法》第60条规定:"情节严重的,报经有批准权的人民政府批准,责令停业、关闭。"

四、余论

"三去一补一降"成为当前政府经济工作的重心。产业结构调整,淘汰落后产能,所涉及的不仅仅是经济问题,更是体制改革、环境法制、社会就业和可持续发展的大问题,环境保护工作同经济社会发展一道面临着转型难题。城市化进程加快,城市管理和环境问题突出;文明进化,群众生态环境利益诉求高涨,这一切构成对基层环境行政执法的巨大挑战,同时也成为基层环境行政执法发展的远大前景。2016年9月,《关于省以下环保机构监测监察执法垂直管理制度改革试点工作的指导意见》以中共中央办公厅和国务院办公厅联合发文形式出台,宣示基层环境监察执法体制性改革正式起步。基层环境监察执法的前途已经明朗,但更多的细节问题仍需要不断调查、研究、解决。

全面建成小康社会的号角已经吹响,生态环境制约成为不得不跨过的一道门槛。而由粗放型经济发展方式长期影响下生产结构调整和生活方式改变正经历着"阵痛"。这是一场大体制和大环境的深刻变革,而基层环境监察部门作为环境保护机制改革的着力点和实际政策的执行者,可想而知,其承担的是多大的一种责任。在此,基层环境保护部门应当有时不我待的紧迫意识和夙夜在公的责任意识,以加强基层环境行政执法能力建设为着力点,深化改革,努力解决制约基层环境行政执法的体制性、机制性障碍,坚决遏制环境污染增量,化解环境污染存量,为全面建成小康社会打下扎实基础。

The Dilemma and Outlet of Environmental Monitoring Law Enforcement: To Focus on the Grassroots Environmental Monitoring law Enforcement

Cui Bin

Abstract: The 18th Party Congress clearly put the construction of ecological civilization in the prominent position, into the economic construction, political construction, cultural construction, social construction in all aspects and the whole process, and strive to build beautiful China. "Notice of the General Office of the State Council on Strengthening Enforcement of Environmental Supervision Law" (State Council issued〔2014〕No. 56) calls for strengthening environmental law enforcement. The state from the top design to respond to the people's eagerly look forward to a good ecological environment, as the system's most faithful and reliable performers-grassroots law enforcement must respond positively to the party and state calls. However, the grass-roots environmental monitoring because of its institutional settings, institutional staff, grass-roots environmental pollution incentives and other factors, as the constraints of environmental protection work effectively carry out the major short board. In the light of years of experience in grassroots environmental monitoring and law enforcement, I try to analyze the current plight of grassroots environmental monitoring and law enforcement, and analyze the causes of the formation of predicament. I believe that the grassroots environmental monitoring law enforcement difficulties, starting from the path of positivism, proceeding to rationalize the grass-roots environmental monitoring personnel system and combing environmental protection laws and regulations to start two levels in order to provide basic environmental monitoring and enforcement of practical solutions.

Key words: grassroots; environmental monitoring law enforcement; predicament

(作者单位:合肥市庐阳区环境保护局)

从理念到制度：环保法官遴选制度重构*

房子涵谷

摘要：通过实证考察发现，当前环保法官遴选同质化现象严重，对法官"专业化"程度的重视不足。放眼海外，以北欧、欧盟和新西兰为观察对象，我国应借鉴技术法官、统一司法培训和环境专员等成功经验助推改革。司法改革应从理念重构、立法创制、遴选程序改革、岗位资格区分和司法培训多个角度着手，提出我国环保法官遴选制度重构的改革方案。

关键词：环保法官；法官遴选；司法改革；环保法庭

赔偿金额达1.6亿元的泰州"天价"环境公益诉讼案，打遍三级法院，走完一审、二审、再审程序，多位高规格法官亲审，达到了环境公益诉讼制度创立以来的顶峰。① 环境司法进展卓有成效，然基层乃至中级法院环

* 本文为西南政法大学2015～2016年度国家级大学生创新创业训练计划项目《环保法庭"三审合一"审判模式的反思与重构》的阶段性成果。

① 崔佳明：《泰州1.6亿元天价环境公益诉讼案最高法再审》，载http://news.sina.com.cn/c/2016-01-21/doc-ifxnvhvu6962747.shtml，最后访问时间：2016年3月3日。

保法庭在大案要案面前骑虎难下、求诸于上的困局依旧凸显。[②] 自新环保法实施以来,各地环保法庭数量进一步井喷,却迟迟未能确立针对环保法官选任体系化、制度化的遴选办法。不少法院已完成了"环保法庭专门化"的构架,但远未形成"环保法官专门化"的规范操作。学界对此提出的观点有:采取"年长加精英"选任标准、[③]打造"准环境法官"和"法院专家队伍"机制、[④][⑤]模仿设立"环境专员制度"和构建以法官遴选委员会为中心的逐级遴选制度等。[⑥][⑦] 这些成果主要着眼于从不同视角出发进行专项研究,但缺乏整体视角下的制度反思和梳理,也未结合最新司法改革实践开展进一步讨论。[⑧]

吕忠梅总结道:"我国环境审判机构专门化基本建立、环境审判机制专门化初步实现、环境审判程序专门化任重道远、环境案件与普通案件具有自身特性和环境司法专门化亟待完善。"[⑨]环保法官遴选本质上是环境司法专门化的机制构成,本文力图以"环保法官遴选专门化"为主题,考察我国现行遴选理念与制度,借鉴域外成熟经验,提出较为完善的环保法官遴选制度的改革方案。

一、追本溯源:环保法官遴选理念初探

(一)环境司法与环保法官之独特性

如何准确认定环保法官遴选理念的内涵,是一个关键性难题。理念的

② 本文所指"法院",针对已开设环保法庭的各级人民法院;方案建议针对中级人民法院、高级人民法院、最高人民法院及有待成立的跨行政区划法院的环保法官,不包括现有的基层法院环保法官;各地法院对于受理环境资源案件的审判组织命名多样,如"环境保护审判庭""生态环境审判庭""环境资源审判庭"和"环境保护合议庭"等,除文献引用部分,本文对我国大陆所有同类型法庭统称为"环保法庭",其审判人员为"环保法官"。

③ 陈学敏、黄俞海:《构建环境法官机制的思考》,载《中国环境法治》2013 年第 2 期。

④ 王树义:《论生态文明建设与环境司法改革》,载《中国法学》2014 年第 3 期。

⑤ 李挚萍:《外国环境司法专门化的经验及挑战》,载《法学》2012 年第 11 期,第 112 页。

⑥ 沈跃东:《试论人民陪审员制度的完善——以新西兰环境专员制度为鉴》,载《云南大学学报》(法学版)2009 年第 1 期。

⑦ 刘义军、徐春成:《法官逐级遴选制度的构建》,载《理论探索》2014 第 6 期。

⑧ 特别是《最高人民法院关于全面深化人民法院改革的意见——人民法院第四个五年改革纲要(2014~2018)》(简称《四五纲要》)的相关内容。

⑨ 霍桃:《环境司法专门化研究调研报告发布》,载 http://www.cenews.com.cn/xwzx2013/hjyw/201608/t20160803_807895.html,最后访问时间:2016 年 9 月 24 日。

特殊性往往源于事物本身的独特,不难发现,相较于传统司法,环境司法本身存在着诸多独特性。

客观对象的复杂性。自然环境与人类生存之间夹杂着或大或小的冲突。环境公益与环境私益的边界愈显模糊,传统的法域划分方法已无法准确限定法域边界。一个环境侵权行为往往牵涉私益与公益、个人利益与生态利益、直接损失与不确定风险等多种因素,传统侵权法难以应对。以民事审判、刑事审判、行政审判为核心的传统审判模式难以灵活自治。在自然环境遭遇生态性、经济性、社会性破坏的现实面前,以经济因素为主导的救济模式显得捉襟见肘。

审判技能的科技性。根据相关司法统计,近十余年我国环境司法裁判文书中依赖各种各样的鉴定结论进行事实认定的比例高达75%。[⑩] 在专业知识密集的环境司法领域,不依靠现代科学技术的司法手段往往难以准确认定案件中的损害后果和因果关系,这也对法官的审判技能提出了较高要求,以技术分析和精确鉴定为核心的科技型审判正在引发一场"审判革命"。

审判模式的专门性。长期以来,环保行政部门"九龙治水",法院审理环保案件采取三大诉讼分离的模式,致使行政和司法领域的治理成效甚微,专门诉讼势在必行。目前,大多数环保法庭在组织设置上具有较强的独立性,实行"三审合一"和"审执合一"模式,对环境民事、刑事、行政以及非诉执行案件采取统一管辖,综合运用多种审判模式,并独立负责执行。根据调研,当前环境刑事司法实践将"被告人是否对已破坏环境采取积极的修复和补偿"视为一个重要的非传统量刑要素。环境司法审判不仅仅追求"息讼止争",还须以"生态恢复"为首要目标,努力维护生态、改善人类生存状况。这些对法官的创造性司法能力提出了更高要求。

还特别值得注意的是,环境保护与经济发展的冲突引发了地方政府一轮又一轮基于经济发展的需要而对环境司法进行或明或暗的干预,这是当前环境司法所面临的最大的现实障碍。"唯GDP论"的政绩考评机制极易引发地方政府干扰司法,也是环境司法寻求独立性与专门性的现实需求。

回顾历史,法治在人类社会进程中历经了原始的"身份法时代"、近代

---

⑩ 同注③。

的“权利法时代”,亦将坚定地迈向“生态法时代”。生态法治在对工业文明的反思中诞生,质疑了“经济人”的理性假定,一轮轮政治生态化、经济生态化、文化生态化的浪潮促使法治和生态走向联姻。正因是这种联姻的产物,环境司法的执行者——环保法官,其特殊性本质上是对环境司法独特性的反映。王树义教授归纳的现代环境司法理念有二,一为法院不得拒绝环境案件的受理,二为保护社会环境公共利益。⑪ 结合以上观点,我们亦可对环保法官的特殊性进行概括。首先,以生态环境保护为优先价值追求。环境司法对恢复性司法与生态平衡的追求使其执行者必须树立积极的生态环保观念,利用司法手段维护环保公正。其次,须具备解决环境司法问题的专业能力和技术手段。具有环境科学、工程、生命科学、化学、城乡规划等学科背景的法官将在环境司法中发挥更大的作用,对技术性法官的需求量也在不断增长。最后,能够有效协调公益和私益的关系。环境利益乃公益,环境权也是一项重要的公民私益,既要力求避免恶性循环式的公地悲剧,又要努力实现环境公益与环境私益的双赢。

(二)独立遴选理念的必要性

从语义解释上看,中文“理念”或英文“idea”,是人类以自己的逻辑与语言形式来对表象或客观事物阐释时,所归纳的思想、原则和范式。康德对于“理念”的经典定义指明“从知性产生而超越经验可能性的‘纯粹理性的概念’”。⑫ 黑格尔(Hegel)提出,“理念是自在自为的真理,是概念和客观性的绝对统一”。⑬ 不同学派基于各自的视角和认识能力给出了不同解释,但达成的基本共识是,“理念”所体现的核心功能是基于客观现实,从精神层面提炼事物的基本特征与核心标准,构建指导事物运行的规范和准则。对某种理念的认同与遵循催生了某种模式,实践中的制度又是一个模式的具体化体现,故而理念是制度诞生与运作的来源。

我国环保法官专门化遴选制度的构造离不开独立的环保法官遴选理念的生成,为何要对环保法官遴选理念提出独立性要求,这基于历史与现实两

---

⑪ 同注④。

⑫ 北京大学哲学系外国哲学史教研室:《西方哲学原著选读》(下卷),商务印书馆1982年版,第300~301页。

⑬ 同注⑫,第440~441页。

方面的考量。

基于历史考察，不同的遴选理念引向了不同的法官选任模式，也深深影响了截然不同的司法过程。

法官遴选理念是“选择怎样的法官，怎样选择法官”的隐性标杆，回顾新中国司法史，不乏遴选理念决定遴选制度的先例。自新中国成立以来，法官任用制度的指导与实践一直由“党政干部遴选理念”⑭和“司法职业遴选理念”⑮引导。⑯ 新中国成立初期，由于将司法人员视为与军、警同性质的专政人员，强调司法机关的专政工具性而忽视“保护人权、息讼止纷”的作用，干部理念主导遴选，“红字当头”的政治干部取代科班出身的“旧法人员”进入法院；改革开放后，随着各条战线的“拨乱反正”，国家秩序与治理体系被逐步引入正轨，对司法人员的遴选既强调政治素质可靠，又提出扎实的业务素质要求，“又红又专”成为了选任对象的主流特征。在这一时期，干部理念与职业理念相互交替、妥协、融合。

干部理念是法官任免的准入性要求，职业理念则是对法官的业务性要求。司法案件是多样而复杂的，但当前我国法官任用标准普遍同质化，缺乏对法官进行类型化、专业化的考量渠道，亟须树立对法官专业能力考察的理念。⑰ “审判是一种法官创造性地适用法律的活动”，⑱创造性源于“扎实的职业功底”和“突出的专业能力”。在职法官环境司法理念与环境司法审判能力的缺乏，已成为环境资源审判工作进一步发展的“瓶颈”，阻挠着环境司法效益的实现。

需要强调的是，树立专业理念既是进一步完善司法人员准入资格的需要，也是环保法官开展专业化遴选的必然前提，环保法官恰恰是专业理念的集中体现。

从现实要求来看，既有的法官遴选理念产生了一些负面影响，不能反映专门化司法的要求。

---

⑭ 简称“干部理念”。

⑮ 简称“职业理念”。

⑯ 左卫民：《中国法官任用机制：基于理念的初步评析》，载《现代法学》2010 年第 5 期。

⑰ 本文“专业能力”强调某些专业司法领相较于传统司法而凸显的“专业性”，如知识产权司法、涉外司法与环境司法等，相比于传统司法有其独特的理念、原则与制度。

⑱ 陈金钊：《法律解释的哲理》，山东人民出版社 1999 年版，第 233 页。

第一,干部理念是革命年代的产物,带有浓烈的专政色彩。在新中国成立后到改革开放初期的很长一段时间内,革命治理方法和行政治理方法成为各级机关管理的核心,即使在革命治理方法和行政治理方法间也没有明确的界限划分,构成了实质的党政不分的惯性机制。政治—司法一体化的模式要求以选拔党政机关干部的标准来选任法官,要求"离开政治来谈法律是不对的……我们人民司法工作必须积极地为政治服务,必须与当前的政治中心任务与群众运动相结合"。[19] 干部理念实际上是我国司法行政化和职业化不明的理念渊源。

第二,干部理念与职业理念之间存在冲突。此二理念本身即是一组"二律背反",干部理念是意识形态高扬年代的产物,职业理念则是拨乱反正后的现代化革新。"又红又专"在遴选要求上似乎并不冲突,然而实际操作中,笔者认为并不兼容:其一,当前大量的法院中高层管理人员仍以行政任命为主,在干部任命方面仍主要倚重干部理念而轻职业理念,并未体现二者的平等性;其二,选拔过程中职业性与干部性二者并行,初任法官既要通过法律职业资格考试(体现职业性),又要通过公务员考试(体现干部性),法官的任免程序与普通行政机关公务员并无二异,不符合建立司法人员单独职务序列的政策要求;其三,越是要求职业化,可能意味着选拔程序的独立性越来越强,这本身就带有一种意图摆脱外在因素对选任程序干扰的趋向,导致"司法独立"意识的兴起,让干部理念难以在司法人员中生根。

环保法官作为一类新型的法官群体,在专业性、审判技能要求方面相较于传统法官有更高的要求,纯粹的干部理念或职业理念都显然不能符合其人才遴选的要求,需要引入新的理念来引导改革。

(三)"从理念到制度"的依据

理念与制度更类于"体与用"的关系,近代中国曾倡导中体西用,即以中学之理念指导西学之器物,却造成水土不服,乃落后的经济基础无法衔接先进的上层建筑所致。有鉴于此,合情的理念是良好制度创设的前提,我们一方面秉守"法官统一选任"的传统理念,另一方面又吹响"环保审判专门

---

[19] 沈钧儒:《加强人民司法建设巩固人民民主专政》(1951 年 10 月 28 日),载最高人民法院办公厅:《最高人民法院历任院长文选》,人民法院出版社 2010 年版,第 21 页。

化、专业化”的号角，两者的琴瑟不合恐难避免。

古人重视对“本”与“体”的研究探讨，将对“本体论”的辩明视为良政的前提和根本。遗憾的是，在强调其“体”或“本”之时，他们忽略的恰是最不该忽略的“用”——制度的建构，中国古代先哲精于对理想政治现实的勾勒，无论是“仁政”还是“民本”，皆是对君王“内圣”的道德修炼，却疏于探索保障社会有序、民定安康的制度创设，其结果必然使其“本体”呈现为空虚的玄学。[20] 无“体”则无“用”，“用”之善源于“体”之善，环保法官遴选制度的改革必须遵循“理念先行、制度承接”的原则，即“从理念到制度”的路径。

首先，根据历史经验，一种外来文化的移植与培育注定要经历一个由表及里的过程。“物质文化因为处于文化系统的表层，因而最为活跃，最易交流；制度文化和行为文化处于文化系统的中层，是最权威的因素，因而稳定性大，不易交流；精神文化因为深藏于文化系统的核心，规定着文化发展的方向，因而最为保守，较难交流和改变。”[21]清末新政与一系列的修律运动构建了中国近现代法制的基本雏形，但制度保障的空白和法治土壤缺失使其终成失败。中国法律文化与社会发展的逻辑充分证成了这个观点。反思当下法治进程，精英群体的法治呼吁与普罗大众的法治选择性忽视构成了一对基本矛盾。须有一个好的理念启发民智，方可有一个好的制度得以落地实践。因此，提出社会主义法治理念，构建法治道路，正是吸取这一教训而践行的科学路径。环保法官遴选的改革亦要遵循这样的思路。

其次，社会认识与实践往往经历一个“物质文化——制度文化——精神文化”的渐进式发展，[22]中国百年法制的发展奠定了法治物质文明和制度文明的基本框架，但法治文化文明的孕育却仍显稚嫩。正如优质产品的核心竞争力源于产品的核心理念，一个良好理念的塑造，标志着法治的格局超越了浅层的器物和制度层面，直击核心竞争力——理念，由此引导中国从法制构造到法治建设的路径转向。

---

[20] 孙曙生：《从价值理念到制度构建——密尔政治思想的逻辑转换及其对中国政治改革的启示》，载《北京行政学院学报》2009 年第 6 期。

[21] 庞朴：《稂莠集》，上海人民出版社 1988 年版，第 6 页。

[22] 龚廷泰：《理念、制度与法治实践——一个文化的分析视角》，载《北方法学》2013 年第 2 期。

同时,理念先行,有利于确定环保法官在司法实践中的独特地位,增强环保法官的自我认同,并进一步培育社会对环境司法的价值认同。环境司法与环保法官的社会影响有赖于环境司法理念深入人心,依靠法治宣传与实案教育,努力使恢复性司法理念成为社会共识。

(四)环保法官"专业能力至上理念"㉓的基本要求

环保法官的独特性确定了构建独立环保法官遴选理念的必要性,从而也确定了"从理念到制度"的路径。遴选理念的革新分两步走:第一步应当明确弱化干部理念,第二步则是强化职业理念,并进一步完善、调整为专业理念。

相较于职业理念,专业理念的特色在于强调司法职业化的同时,更强调司法专业化,尤其是加强在特殊司法领域(典型如环保审判、知识产权审判)的专业化水平。专业理念侧重对包括环境法学、环境科学技术在内的专业能力的重点考察,有利于将环境司法与传统司法作出区分,使环保法官充分施展自身的独特能力。这一理念实质上是对"我们需要怎样的法官,怎样遴选法官?"问题的解答。它的内涵集中体现在三方面:

第一,积极的生态价值追求和生态司法观念。司法理念与价值追求的形成很大程度上与法官审判生涯的年限与经验相关,通过浩如烟海的卷宗探索与百千审判实践的考察习得而逐步形成。这既是对法官司法价值把握的实践考察,在客观上也对法官审判经验与能力提出了较高要求。

第二,掌握特殊审判技能。环保案件的审判不只是一项对科学技术的运用活动,也是对有别于传统权利的环境权利的探索与维护。在技术层面,科技的元素在环境司法中无所不入;在权利的实体层面,环境公益与环境私益的冲突期待审判技能的创新。如何对环境侵权损害事实加以有效认定,如何平衡公益与私益的矛盾,这些追问成为摆在环保法官面前的现实难题。要解决这些难题,一是要开展深入的理论与实践探索,二是有赖于完善的司法培训机制。

第三,创造性司法能力。创造力是精英法官的典型特征,基于历史与经验基础上的大胆创新是一个法官直面环境司法应有的态度和能力所向。具有创造性司法能力的优秀法官依赖于完善而全面的遴选过程而得以脱颖而出。

㉓ 简称"专业理念"。

二、现状管窥：境内外环保法官遴选机制考察

（一）国内机制考察——以三法院为视角

笔者选取在环境司法专门化实践中开展时间较长、实践经验丰富、具有地域代表性的华东W市中院、西南C市某中院和C市W区法院作为实证研究样本，并赴三法院进行了实地调研与法官访谈，采纳并整理了相关数据。现将样本数据整理如表1：

表1 三法院环保法庭法官基本信息汇总

法院名称/项目	环保法官数量㉔	环境法学教育背景	原工作部门			
			民庭	刑庭	行政庭	执行局
W市中院	3	1	1	1	1	0
C市某中院	3	0	2	1	0	0
C市W区法院	5	0	2	1	0	2

三法院具有较强的代表性，可以此归纳全国环保法庭和环保法官遴选现状的一些共同特征：

1. 选任方式：在职法官基本通过本院内部人员调配产生。环保法官乃“精英法官”，在调入环保庭前基本都是其他部门的业务骨干或新锐杰俊，有效保证了环保法官队伍过硬的职业素质和丰富的审判经验。但遴选过程中的精英选拔色彩突出，缺乏对环境司法能力的专门考核，使得环保法官遴选缺乏针对性。

2. 法官经历：法官的工作经历背景较为多样，环保法庭集合多个业务部门的骨干法官，在民事、刑事、行政、执行均有业务经历的法官亦非少数。但各法院普遍没有配备技术专家，这增加了对法院以外的技术专家的依赖，也不利于应对日益增多的环境纠纷诉讼。

3. 学科背景：法官的教育背景遍布所有的传统法学门类，学历从本科、硕士到博士不等，但具有环境法学教育和研究背景的法官比例极低，也鲜有法官在加入环保庭之前有相关领域的审判经历。专门知识的缺乏和环保审

㉔ 指环保法庭成立以来所有就职环保法官（含已离职人员）。

判经历的不足给案件鉴定与审理增加了难度,许多法官难以独立完成对鉴定意见的准确判断。

4.法庭考察:各地环保法庭采取小而精的构造,即"小编制、精人员"。新环保庭的成立主要依赖原法院编制、资源的调配与人员的内部调动,除部分环保庭在职级上有所独立外,大多数环保法庭的日常运作、权限和管理模式与其他审判庭较为趋同,在一定程度上弱化了环保法庭的组织独立性和业务自主性,也较容易受到上级部门的干预。

(二)域外实践考察——以北欧、欧盟和新西兰为视角

对环保法官遴选的研究和实践自20世纪70年代起在国外渐成热点,并诞生一批成熟范例。

1.北欧模式——㉕技术专家参与合议庭审判

《奥胡斯公约》直接推动了欧洲环境司法专门化的进程,在法官遴选层面,北欧模式国家较为重视引导技术专家参与审判。这种模式有以下特征:第一,法庭由资深法官和技术专家共同组成。如瑞典环境合议庭由资深法官、环境专家和业外专家组成,专家法官承担顾问性作用,与职业法官在审理中享有平等地位、权利和义务。第二,法官解决法律适用问题,技术专家负责技术审查。如芬兰赫尔辛基最高行政法庭的生态技术专家,在技术评估、鉴定结论、专家意见及关联性审查中发挥作用。第三,专家法官多为兼职,而非法院内设人员。如英格兰和爱尔兰的环境裁判所聘任兼职专家,避免专任人员带来的巨额成本和人才资源浪费。㉖

2.欧盟模式——司法培训及合作

欧洲委员会认识到成员国法院在欧盟环境法执行中的基础性作用,组织统一标准的司法培训,有助于提升成员国法官的司法能力、统一裁判标准、减少司法误差。主要措施有:第一,组织环保法官和技术专家统一培训,培育不同背景法官协同参与司法的能力;第二,开展供各国法官交流借鉴司法经验的环境论坛;第三,司法培训中心和环境法协会在各成员国开展面向

㉕ 此处所指之"北欧",含传统意义上的北欧国家的瑞典和芬兰两国,另含英国(英格兰与威尔士)与爱尔兰,因以上四国的环境法庭合议庭组成及审判模式较为相近,故并列称为"北欧模式"。

㉖ Áine Ryall,Specific Mechanisms and Practices for Establishing or Improving Environmental Courts[J],Comparative Policy and Practice Study 6 - "EU Volume",2013,pp. 24 - 34.

法官、律师和公益组织的环境司法研讨会，集中讨论奥胡斯公约和欧盟环境法的核心问题。[27]

3. 新西兰模式——议会环境专员

议会环境专员是由总督任命的具有扎实专业理论和实践经历的专职环境官员，不仅负有环境监察的职责，还主导环境信息提供、环境审计、议会环境顾问等职能。

环境专员无权参与司法裁判，但其职权范围宽广：(1)信息权，既包括要求他人提供相关资料的权利，也包括是否公开环境信息以及公开程度的裁量权；(2)报告权，环境专员须定期向众议院报告；(3)建议权，环境专员根据调查结果有权向议会、司法机关或其他组织提出权威性意见或建议；(4)调解权，环境专员与环境法院深度合作，在特殊案件中主持调解。[28]

(三)经验总结与评析

如今的环保法官的选任方式突出体现了“独立化”“精英化”的要求，力图为环保法庭提供独立空间，通过配备不同领域的精英法官保障司法审判的高效准确。这样的理念与制度操作提供了司法独立、合宜裁判与有效执行的基本空间。与此同时，专业遴选的程度仍然较低，环保法官的选任被纳入了普通法官选任的过程，使环保法官只能从在职法官中进行二次遴选和培训后进入岗位，而不能依靠其自身的专业特长与特殊技能直接进入环保法庭，造成了较大的时间和人力资源浪费。

其他国家和组织构建了各具特色的环保法官遴选制度，总结归纳为三类措施：其一，重视法官的专业技能，引进技术专家担任法官而不是仅作为专家辅助人或鉴定人参与审判；其二，强化司法培训，通过培训与考核保证候选法官的素质与能力，增强跨部门协作能力；其三，权力机关代表介入环境司法监督。这些经验具有共性，都基于本国独特的司法传统而制定，都极力避免大刀阔斧式的机构增设，重视对法官自身素养的培育与监督机制的构造。各国实践本质上都是强调对环境司法专业能力的重点考察，都体现了一种“专业能力至上”的遴选理念。其中，北欧模式体现了法官与技术专

---

[27] 同注[26]，pp. 11 – 12。

[28] 沈跃东：《新西兰议会环境专员制度初探》，载《中国石油大学学报》(社会科学版)2007年第6期。

业化,欧盟模式体现了培训和能力专业化,新西兰模式体现了社会参与的专业化。

自我国《民事诉讼法》新增专家辅助人制度后,技术专家参与诉讼逐成常态,我国应当更加开放地鼓励部分技术专家向职业环保法官转型,并积极拓宽转型渠道。我国幅员辽阔,各地司法环境不一、生态状况复杂,参考欧盟经验,建立具有我国特色的环保法官岗前培训考核机制,对保障法官质量,培育宽视野、厚学识、司法想象力丰富的法官大有裨益。近些年亦有学者呼吁在人大设立类似环保专员的环境监察专员制度,由于对环境监察专员的定位与其他国家机关间的权利义务关系不甚明了,目前进展有限。笔者认为,不妨采取"在环保法庭设置环保人民陪审员制度"的思路,赋予其监督审判、自主调查、信息发布、主持调解的职权,既能提高环境司法的公众参与度,又可以作为试点来推动人民陪审员制度改革。虽然人民陪审员选拔并非严格意义上的法官遴选,但这种大胆尝试或为解决类似问题提供新视角。

三、大道何归:环保法官遴选理念与制度改革建构

环境司法专门化并不是一个纯粹的理论问题,而是实实在在的实践问题,是将法官遴选理念予以专门化、具体化的过程。苏力教授曾总结一个好的遴选制度的意义:首先是"举贤才"的选拔功能,其次是对在职法官的激励作用。㉙ 当我们将视线转移到环保法官的遴选时,还应当注意如下的目标:其一,为环境司法提供真正适从的复合型人才;其二,培育既具专业素养,又有人文关怀的法官。

关于遴选制度改革,适宜的做法是先从理念重构起步,通过立法修缮,为专门遴选机构和法官资格的修改提供法律依据,然后进一步区分不同法官的选任资格,并开展具有针对性的司法培训和实习,以此完成从理念到制度的改革建构。我们应当认识到,正是由于遴选理念的"与众不同",引向了制度构想的"自立门户"。

首先,理念重构是关键,环保法官遴选理念的重构必须落到实处。为构

㉙ 苏力:《法官遴选制度考察》,载《法学》2004年第3期。

建"独立遴选、专业选任",需要对环保法官提出如下的价值要求:一是环保法官应当树立积极的生态价值追求和正确的生态司法观念。价值追求和司法观念作为精神层次的范式,往往形成于法官日积月累的司法经验与社会阅历之中,这就要求我们优先选拔年长而精英的法官。二是通过独立、具有针对性的路径挖掘有潜力的法官,避免同质化的选任规则弱化对法官专业领域能力的考察,努力从"行政主导"过渡到"专业主导"。㉚ 三是强调环保法官的审判技能先进化,既要重视司法培训增强法官的职业技能,又要努力扩大遴选范围,拓宽技术专家与法律实务人员向职业法官的转化渠道。四是重视创造性司法能力的培育,遴选过程应当不拘形式与传统,采取多样化的考核方式,例如增加草拟文书和模拟审判的考察环节。

其次,立法创制,有法可依。遴选制度的改革和实行须实现有法可依,核心即是从环境审判机构的体制保障和环境审判机制的良性运转上优化环境资源审判的体制机制,㉛以期通过理念与制度在法律上的落实,推动改革实践的落地,立法修缮主要集中于两个方面:其一,修改《法官法》关于法官任免的规定。扩大法官遴选范围,拓展技术专家、法学学者直接转化为法官的渠道。设立独立的遴选委员会负责对法官的遴选,为构建法官独立选任机制开辟路径。其二,修改《法院组织法》关于法院层级的规定,确立跨行政区划法院机制。提升环保法庭审级,环保法庭不再继续保留在基层法院的建制,全部提到中院(含跨行政区划法院)、高院和最高院。确立以生态保护区、森林、流域、水域等为基本单位,采取环保案件跨行政区划集中管辖的机制。其三,可考虑在《环境保护法》中设立专章规定环保法官的定义、资质、选任程序和职责等。

再次,遴选机构与模式的创新。在遴选程序方面,环保法官要求避免同质化的选任过程,为实现从"行政主导"过渡到"专业主导",遴选机构的独立性以及遴选程序的简化势在必行。最高人民法院《四五纲要》提出构建"普通类型案件在行政区划法院受理、特殊类型案件在跨行政区划法院受

㉚ 行政主导:指依靠行政任命和调配的方式遴选法官,更多依靠行政指令。可联系前文的干部理念;专业主导:指以法官专业能力和专业特长为主要的遴选因素,更多取决于法官自身素质与特长,主要应用于专业领域司法的法官遴选。可联系前文的专业理念。

㉛ 同注⑨。

理”的诉讼格局，突出了尊重环境案件的自然特性，地域管辖应以自然功能区为基础，由此建立与行政区域适度分离的环境司法区划。这即意味着，未来设立的环保法庭与跨行政区划法院将打破目前的按行政区设立法庭的惯常做法，在此变革下法官选任继续沿用既有的以行政区划为基础的“法律职业资格考试—公务员考试”双轨制并不合宜。《四五纲要》实质上为强化独立遴选、简化遴选程序的实践提供了间接支持。

对此提出的核心观点是：构建专门的遴选机构。建议在国家和省级分别设立法官遴选委员会，由资深法官、检察官、律师、知名法学学者、科研专家、人大代表和政协委员组成，负责辖区内包括环保法官在内的所有法官的选任。国家法官遴选委员会负责最高人民法院和高级人民法院法官的遴选，省级法官遴选委员会负责中级人民法院法官遴选和选任基层法院初任法官。同时，打破“初任法官在通过法律职业资格考试后仍须通过公务员考试”的硬性要求，将环保法庭全部提到中院层级以上法院后，开放报名和录取通道，从优秀基层法官中遴选环保法官。环保法官的遴选将特别重视法官相关学历、进修、资质与办案经验，并且不再从初任法官中招募。

此外，关于法官，还须特别注意对不同岗位选任资格的区分。既要规定所有环保法官的一般性资格，又要突出不同岗位的层次与要求。就一般任职资格来看，选任环保法官，一要具备法学本科或研究生学历的教育背景，掌握扎实的法学理论与实务知识、环境科学常识和法官职业技能；二要参考“年长加精英”标准，重视从业资历与技能要求；三要加大对岗前培训和见习期的考察，所有候任环保法官在进入环境审判前应当经过严格的岗前培训和实习考核；四要坚持任人唯贤的原则，扩大法官遴选范围，积极吸纳优秀律师、检察官、学者和科研人员加入法官团队。

建议确立庭长（首席环保法官）和副庭长、普通法官与专家法官三种环保法官岗位，并设置特殊任职条件：（1）庭长（首席环保法官）和副庭长应当具有十年以上审判经历、二年以上环境资源审判经历和二年以上基层法院工作经历，现任四级高级法官以上（副庭长为现任一级法官以上），相关专业法学硕士研究生以上学历（以环境资源法学专业为佳）；（2）普通法官应当具有5年以上法律职业经历和2年以上基层法院工作经历，现任二级法官以上，法学硕士研究生以上学历；（3）专家法官由专家学者、科研人员出任，应当具有与环保相关领域的科研或实践经历和专业资质证书,并享有一定的社会知名度。专家法官由法院选拔或邀请,可安排兼职或全职岗位。

最后,司法培训。专业理念的三方面内涵有赖于通过司法培训的深化。在当前的遴选实践中,绝大多数初任法官的试用期和司法培训往往是作为一种初任法官的业务培训与岗位熟悉的过渡性过程而存在,并未成为"选任与否"的一个具有实际意义的考核过程。由于环保法官的业务素质与能力要求远高于初任法官,因而不同于初任法官入职时参加的培训与见习,对候任环保法官开展的司法培训与见习考核应当更为严格,对专业理念的考核应当成为遴选体系的重要内容。

制订全国统一的、具体的培养模式和规范是开展严格司法培训的前提,统一组织培训时间、内容、考核事项等,以规范环保法官职业培训水平,例如在各级法官学校组织统一培训。在此基础上,建议候任环保法官应当参加为期三个月的岗前脱产培训,必须通过培训期后的专项考核再进入环保法庭工作,对于未获考核通过的法官,应该顺延一个周期的培训,若第二次培训仍未通过,则取消录用资格。司法培训的目标主要集中于培育环境司法理念、提升环保审判专业技能、激发创造性司法能力和锻炼跨部门合作的能力。除此以外,也应当重视现任法官的在职培训,通过对国内外环境法规的学习,掌握裁判规范,通过跨部门危机演练,培养多部门应对突发公害问题的协同能力,积极组织法官参与国内外学术研讨会,了解最新学术前沿,还要加强国际合作与交流,比如安排国内环保法官代表作为中国代表团成员参与每年的全球气候大会,提升国际环境司法参与度。

四、余论

应当期待,环保法官将是一个不断解放、不断进取的精英群体,如瑞典法官 Ulf Bjällås 所感:"当刑事法官回溯过去寻觅所能印证的先例时,环境法官则面向远方斟酌他们的判决将对未来产生的深远影响。"[32]我们还应当进一步解放思想,为其他领域的改革寻找类似的思路。例如,作为环境司法

---

[32] Ulf Bjällås, Experiences of Sweden's Environmental Courts, *Journal of Court Innovation*, 2010, p. 184.

改革的补充,能否试点“环保人民陪审员”制度,为停滞不前的人民陪审员改革提供新思路。笔者相信,从理念到制度将是一条值得我们持之以恒并终有所获的可靠道路。

From Idea to System:
Reconstruction of Selection of Environmental Judge

Fang Zihangu

Abstract: Through empirical study, the environmental judge selection homogeneity is serious currently, there be far less attention paid in the judge specialization. In the overseas, in perspective of Northern Europe, European Union and New Zealand, some successful experience like technical judge, unified judicial training and environmental commissioner should be drew to promote the reform. Judicial reform can be undertaken from the aspects of "idea reconstruction, legislative initiative, selection process reform, post qualification distinguishment and judicial training" with the scheme of reconstruction of selection of environmental judge proposed then.

Key words: environmental judge; judge selection; judicial reform; environmental court

(作者单位:西南政法大学应用法学院)

案　　例

建设工程领域项目经理对外借款的债务归属

黎　明

当前，随着我国房地产市场的高速发展，建筑市场施工中不规范现象普遍存在，建筑施工单位的项目经理在工程施工过程中对外进行借贷的行为时有发生。司法实践中对于项目经理对外借款行为的担责主体的认定标准不一，对认定为职务行为或者认定为表见代理在具体裁判时亦存在不同认识。

一、基本案情

2013 年 3 月 5 日，A 公司承接 C 集团发包的 D 园区第一工业园厂区建设工程后，设立了“D 园区第一工业园厂区项目部”，委派公司工作人员李某出任该项目部项目经理。2013 年 8 月 12 日，李某向王某出具借条，载明借到王某现金 190 万元，按年利率 24% 计息，借款用于 D 园区第一工业园厂区的垫资建设，支付材料款等，借款于本项目收回资金之日归还。“借款人”处落款为李某，借条加盖“D 园区第一工业园厂区项目部”印章。该项目于 2015 年 3 月 25 日竣工验收合格，C 集团于 2015 年 7 月 5 日支付 A 公司 95% 的工程款，余下 5% 为质保金。王某认为 A 公司应当于 2015 年 7 月 5 日后向其归还借款及利息，故起诉至法院要求 A 公司承担还款责任。A公司为D园区第一工业园厂区项目部刻制有行政印章,经鉴定,借条上加盖的“D园区第一工业园厂区项目部”印章系项目部的真实印章。

二、观点分歧

本案的争议焦点为项目经理李某对外借款的行为是否属于职务行为?若并非职务行为,是否构成表见代理?其借款行为的后果是否应由A公司承担?对此存在以下三种观点:

第一种观点认为,项目部是施工承包企业具体实施施工行为的组织体,项目经理是受企业委托对工程项目施工过程全面负责的项目管理者,是企业在工程项目上的代表人。因此,项目经理对外借款并加盖项目部印章,该行为属于职务行为,因项目部系A公司设立的无独立法人资格的分支机构,其对外产生的民事责任依法由A公司承担。

第二种观点认为,项目经理的工作职责中不具有代表项目公司对外借款的职权,其借款行为并非其职权范围内的行为,不属于职务行为。但项目经理对外借款加盖了项目部的印章,且借条内容载明借款用途系用于项目部所在工程建设,出借人有理由相信项目经理李某因工程建设需要对外借款的行为系代表A公司而为,李某的借款行为构成表见代理。李某的借款行为的后果应由A公司承担。

第三种观点认为,项目经理李某对外借款的行为因不具备相应的职权因此不构成职务行为。同时,项目经理不具备对外借款的职权系建筑行业的交易常识,出借人应当知晓该行为系越权行为,其未向A公司进行核实仍出借款项,则应当认为出借人未尽到合理的注意义务,因此李某的行为不构成表见代理,其借款行为的后果应由李某自行承担,A公司不应当对此承担还款义务。

三、法官说法

笔者赞同第三种观点,理由如下:

首先,本案中项目经理对外借款不构成职务行为。

《建筑施工企业项目经理资质管理办法》中规定,项目经理的权力主要是组织项目班子完成工程项目建设的生产经营活动。其中涉及资金方面的权力主要是调配进入工程项目的资金。《建设工程项目管理规范》(GB/T50326—2006)中规定,项目经理有关资金部分的权力则是决定授权范围内的项目资金的投入和使用。因此,项目经理关于资金方面的权力仅限于工程项目内部资金的使用,对于借款等对外融资事项应经公司特别授权。本案中,李某并未获得A公司的特别授权,其对外借款的行为并非职务行为。

其次,项目经理对外借款的行为不构成表见行代理。

表见代理是指行为人虽没有代理权,但交易相对人有理由相信行为人有代理权的无权代理,此时该无权代理发生与有权代理同样的法律效果。依据最高人民法院《关于当前形势下审理民商事合同纠纷案件若干问题的指导意见》(法发〔2009〕40号)(以下简称《指导意见》)的相关规定,构成表见代理行为不仅要求代理人的无权代理行为在客观上形成具有代理权的表象(即相对人有理由相信行为人有代理权),而且相对人在主观上善意且无过失。因此,项目经理对外借款是否构成表见代理,应当结合合同缔结与履行过程中的各种因素综合判断,同时应考虑借条的出具时间、出借人的签名、借款划付依据、借款用途及去向,还款主体、是否盖有相关印章及印章真伪、项目公司是否知道项目经理的行为、项目公司是否参与合同履行等各种因素,作出综合分析。针对本案的案情,笔者认为,项目经理李某的借款行为既不符合表见代理的客观表象要件,也不符合表见代理主观因素要件,分述如下:

1. 李某的借款行为不符合表见代理的客观表象要件。

李某出具的借条虽加盖项目部的真实印章,客观上具有一定意义的权利表象。但项目部印章并非A公司公章,从建筑行业的交易习惯上看,项目部印章一般用于项目部与该工程项目有关的商事活动,如用于与发包人的往来文件、项目工程签证等事项。项目部印章如要用于对外借款等融资事项须获得公司的特别授权,故仅凭项目部印章并不代表借款行为具有有权代理的表象,从一般理性出发,相对人不应对此产生合理信赖。笔者认为,考察客观表象须从借款合同订立与履行过程中各要件进行判断:(1)借条出具人:本案中借条"借款人"处落款为李某,因此该借条是以李某个人名义出具的,在双方形成借款关系时,并未将"项目部"或者A公司作为借款人;(2)借款交付方式:本案中借款为现金交付给李某个人,从借款的交付方式上看,并未汇入项目部或A公司账户,无法认定项目部或A公司账户收到该笔借款;(3)借款合同的履行方式:本案中,A公司或者项目部并未向王某归还过任何款项。因此,项目经理李某借款的行为客观上不能产生具有代理权的表象。

2.王某作为出借人,不能认定其主观善意且无过失地相信李某有代理权。

从表见代理的主观因素要件上分析,须满足以下两点方可证明出借人系主观善意且无过失。

(1)出借人是否尽到合理的注意义务:出借人应尽的合理注意义务,是指作为一个理性的市场主体对交易行为是否符合建筑工程行业交易习惯应尽的谨慎审查义务。前文已述,项目经理关于资金方面的权力仅限于工程项目内部资金的使用,对于借款等对外融资事项应经特别授权。因此项目经理对外借款行为与其所具有的职权不相符,也不符合行业交易习惯,即使交易中存在加盖项目部印章等权利表象,出借人也应当就此事项向项目公司进行求证,未经求证而进行交易很难说出借人尽到了合理的注意义务。

(2)借款的用途是否用于指向的工程:《指导意见》第14条将"购买的材料、租赁的器材、所借款项的用途"作为考察相对人善意且无过失的因素之一。因出借人在与借款人(项目经理)交易时的主观状态难以确切知晓,只能依据一般理性和交易习惯予以推定,而交易的真实性可以在一定程度上佐证相对人的善意无过失,故考察借款的用途可以从一方面证明交易的真实性。若借款实际上用于该工程,至少说明项目经理对外借款的目的的确是为项目施工,交易发生真实,由公司承担责任存在现实基础,同时也降低了借贷双方恶意串通损害公司利益的可能性。本案中,出借人无法证实借款确实用于借条中所载明的"D园区第一工业园厂区的垫资建设,支付材料款等"事项,难以证明交易发生的真实性。

由此可见,本案中项目经理以个人名义对外借款的,不应认定构成表见代理,公司无须对此承担还款责任,债务应由借款合同的相对方项目经理承担。同时需要指出,在项目经理对外借款后,如果公司确已履行合同义务,如按约定归还借款或支付利息的,可以认为是公司对项目经理借款行为的追认。

(作者单位:重庆市第五中级人民法院)

实际施工人诉发包人工程款案件的举证责任分配

黎　明

当前建设工程施工领域,存在大量无资质的个人或者企业挂靠施工的现象,在出现工程款纠纷时,一些实际施工人选择依据最高人民法院《关于审理建设工程施工合同纠纷案件适用法律问题的解释》(以下简称法释〔2004〕14号)第26条,将承包人与发包人一并起诉,向其索要工程款。该条司法解释规定了实际施工人向发包人追索工程款的制度,但在司法实践中,如何分配诉讼各方的举证责任,司法解释并未进行规定。

一、基本案情

A房地产开发公司与B建筑公司于2013年11月2日签订了"两江新城"项目建设工程施工合同,合同约定了施工范围、工程款的计价方式、工期及工程款的支付方式、工程竣工验收和结算的条件。2013年11月20日,B建筑公司与李某签订了《建设工程分包合同》,将"两江新城"项目的土建工程发包给李某,2015年11月12日,工程完成竣工验收,之后李某与B建筑公司完成了工程价款结算。因B建筑公司迟迟不支付工程款,李某索要工程款未果,故向法院提起诉讼,要求B建筑公司支付工程欠款,并要求A房地产开发公司承担连带支付责任。A房地产开发公司答辩称其与B建筑公司尚未办理结算,不应当承担对李某的支付责任。李某认为A房地产开发公司已经办理了与B建筑公司之间的结算,且对结算事实的举证证明责任应当由A房地产开发公司承担。

二、观点分歧

本案的争议焦点为,在实际施工人向发包人追索工程款的案件中,如何分配诉讼各方的举证责任,实务中有以下两种不同观点:

观点一认为,法释〔2004〕14号第26条第2款规定:"实际施工人以发包人为被告主张权利的,人民法院可以追加转包人或者违法分包人为本案当事人。发包人只在欠付工程价款范围内对实际施工人承担责任。"依据"谁主张,谁举证"的原则,实际施工人李某作为索要工程款一方,其合同相对方为承包人B建筑公司,现李某依据司法解释第26条要求发包人A房地产公司承担支付工程款责任,应当举示证据证明A房地产公司存在欠付工程价款的事实,而欠付事实须以发包人和承办人之间已经办理完毕工程款结算为前提,故应当由实际施工人对此承担举证责任。

观点二认为,法释〔2004〕14号第26条突破了合同相对性,赋予了实际施工人越过合同相对方承包人直接向发包人主张工程欠款的权利,其立法目的是为了最大限度地保护实际施工人的合法权益。在实务中,发包人掌握着其与承包人之间结算的相关证据,而实际施工人存在难以对发包人和承包人之间的合同关系举证的客观事实,故为使第26条在实务中能够适用,应适用举证倒置原则,当将工程款是否结算的举证责任分配给发包人。

三、法官说法

笔者认为,在实际施工人向发包人追索工程款的案件中,应当从法释〔2004〕14号的立法原理出发,按照最高人民法院《关于民事诉讼证据的若干规定》(法释〔2001〕33号)第7条的规定,根据公平原则和诚实信用原则,综合当事人举证能力等因素确定举证责任的承担。即举证责任的分配应以"谁主张,谁举证"为原则,以举证责任倒置为例外。理由如下:

首先,从立法目的上看,法释〔2004〕14 号第 26 条第 2 款的宗旨是在既不损害发包人合法权益的情况下,又尽最大可能地保护实际施工人的合法权益,而不是一边倒地保护实际施工人的利益而不顾其行使权利的基础是否成就。

其次,从第 26 条的性质上来看,该条规定了发包人对实际施工人承担支付工程款的责任。因实际施工人与发包人之间不存在合同关系,要求发包人对实际施工人承担支付工程款的责任,有违合同的相对性原则,但第 26 条的规定并非独创性的、孤立的规则,而是合同法领域的代位权制度在建设工程施工合同领域的具体应用。因此在举证责任的分配问题上,必然要受到代位权制度中举证责任分配的影响。

所谓代位权,是指债务人怠于行使其对第三人享有的权利而损害其债权人的债权时,债权人为保全其债权,可以自己的名义代为行使债务人对第三人的到期债权的权利。代位权的成立要件有三:一是债权人对债务人的债权合法;二是债务人怠于行使其到期债权,对债权人造成损害;三是债务人的债权已届清偿期。在代位权制度中,债权人欲行使代位权,代替债务人向第三人主张权利,必须就以下事实承担举证责任:债权人与债务人之间有合法的债权债务关系;债务人对第三人有到期债权存在;债务人怠于行使其对第三人的权利;债务人怠于行使权利的行为有害于债权人的债权。

以代位权制度中的举证责任分配原则为参考,笔者对实际施工人向发包人索要工程款案件中如何分配举证责任进行如下分析:

1. 实际施工人应对其具备向发包人主张工程款的权利,即工程款代位求偿权成立的基础法律关系承担举证责任。首先,须举证证明其对债务人(即承包人)享有合法的到期债权;其次,实际施工人须证明承包人未履行支付工程款的义务;最后,实际施工人须举证证明承包人对发包人享有合法的工程款债权。

2. 在建设工程施工纠纷中,“合法的到期债权”即指工程款已经由双方结算完毕且支付工程款的期限已经届满。因实际施工人与承包人之间系合同相对方,故实际施工人应当举证证明其与承包人之间的工程款已经结算且逾履行期。而对于承包人与发包人之间的工程款是否已经结算,仍应由实际施工人承担举证责任。因为实际施工人系基于代为求偿的原则,突破合同相对性要求发包人承担责任,因此不宜因实际施工人难以对发包人和承包人之间的合同关系举证的客观事实而将工程款是否结算的举证责任分配给发包人。如果这样认定将可能损害发包人的合法权益,违背了司法解释的制定初衷。在实际施工人能够证明承包人与发包人之间的工程款已经结算的情形下,对于该工程款的付款期限是否届满的举证责任应倒置为由发包人承担。因实际施工人在无法获取承包人与发包人之间合同条款的情形下,难以证明结算后的付款期限是否届满,而发包人作为合同的持有人,在实际施工人起诉后可以其与承包人之间的合同抗辩付款期限尚未届满,故由发包人承担其对于承包人的工程款付款期限的举证责任更为合理。

3. 在实际施工人已经对基础法律关系的成立完成了证明责任后,发包人和承包人结算的事实已经查明的情况下,对“欠付工程价款范围”的举证责任不应再遵循“谁主张,谁举证”的原则,而应将举证责任倒置为由发包人承担举证责任。因为发包人掌握着结算金额和已付款的证据,此时发包人应当对结算金额和已付款金额承担举证责任。若此时发包人拒绝举证,根据最高人民法院《关于适用〈中华人民共和国民事诉讼法〉的解释》第112条,人民法院可以认定实际施工人主张的内容为真实。而如果实际施工人对发包人欠付工程价款数额存有异议,则应对己方主张的欠付工程价款数额承担举证责任。

需要说明的是,在发包人与承包人之间就工程款进行了结算且支付逾期的情形下,若发包人举证证明了其与承包人之间对于工程款是否欠付及欠付金额尚存争议,法院不宜对发包人与承包人之间的建设工程欠款问题进一步进行审理。法释〔2004〕14号第26条第2款所指的“欠付工程款”必须为发包人与承包人之间明确无争议的工程款,实践中即使经过结算,仍有其他因素影响发包人与承包人对于工程欠款的确认,而在双方未经确认的情况下,若依据结算金额直接确定“欠付工程款”,则会损害发包人的合法权益。此外,发包人对其抗辩承包人的一切抗辩事由诸如不可抗力、诉讼时效等,可以同样对抗实际施工人,发包人对以上抗辩事由负举证责任。

(作者单位:重庆市第五中级人民法院)

建筑工程合同无效时工程款请求权的诉讼时效问题

黎　明

当前,建筑工程违法转包现象在行业内普遍存在,在建筑工程转包合同被法院生效判决确认无效之后,实际施工人再行提起索要工程款之诉,该请求权是否适用诉讼时效,应该从何时起算一直是司法实践中的难点问题。

一、基本案情

2008 年 5 月 6 日,A 公司与王某签订《建设工程施工合同》约定 A 公司将“江南大道”项目的土建工程全部发包给王某,合同约定了工程款的计价方式,工期及工程款的支付方式、工程竣工验收和结算的条件。2010 年 3 月 12 日,工程完成竣工验收,王某因与 A 公司就工程款支付问题产生纠纷,于 2010 年 10 月向某区人民法院提起诉讼,某区人民法院以王某无承建该工程的资质为由认定建设工程施工合同无效,因双方均未对工程结算达成一致意见,而王某明确表示不申请工程造价评估,某区人民法院认为王某的诉讼请求缺乏事实依据,不予支持,遂判决驳回王某的诉讼请求。王某不服该一审判决提起上诉,二审中王某仍不申请对涉案工程造价进行评估,二审法院于 2011 年 6 月 14 日作出民事判决,以王某举证不能为由驳回上诉,维持原判。王某于2011年6月30日收到该二审判决后,于2013年10月25日向中级人民法院提起诉讼,要求A公司支付工程欠款及利息,并在起诉之日同时提出了工程造价鉴定申请。A公司答辩认为,王某的诉请已经经过诉讼时效应当予以驳回。

二、观点争鸣

本案的争议焦点为:建筑工程施工合同被法院生效判决确认无效之后,承包人两年之后再起诉请求支付工程款,其诉讼时效是否已经经过?因在合同无效后的诉讼时效起算点上,法律及司法解释均无具体规定,仅有《民法通则》第137条中“应当自知道或应当知道权利被侵害之日起算”的笼统规定。故关于建设工程合同无效后的诉讼时效起算时间,司法实践中出现了两种不同观点:

一种观点认为,建设工程合同无效后,一方当事人请求另一方支付工程款的,诉讼时效期间从合同被确认无效之日起计算。因为合同无效之后,其中所约定的履行期限等条款均一并归于无效,故合同被确认无效时当事人知道也应当知道可依据不当得利请求权向另一方主张工程价款,故诉讼时效应当从合同被确认无效之日起计算。

另一种观点认为,建设工程合同无效,诉讼时效期间的起算应当以当事人向对方主张权利之日计算。因双方的转包合同无效,关于结算的期限约定也相应无效,而双方一直未对工程进行结算,故双方之间的债权债务金额并不明确,付款期限也不明确,一方当事人基于合同无效之后要求另一方支付工程价款属于债权请求权,其诉讼时效期间的起算点不能以收到无效合同确认之日计算,应以其向对方主张权利之日计算。

三、法官说法

对于建设工程合同无效后所涉请求权的诉讼时效起算时间的问题,笔者认为,从诉讼时效制度的设立价值及合同效力的判定机制综合分析,诉讼时效应当从合同被确认无效之日起起算,故笔者赞同第一种观点,理由如下:

1.《中华人民共和国合同法》第58条规定："合同无效后，因该合同取得的财产，应当予以返还；不能返还或者没有必要返还的，应当折价补偿。有过错的一方应当赔偿对方因此所受到的损失，双方都有过错的，应当各自承担相应的责任。"根据该条，合同无效后发生两项法律后果，一种为返还取得的财产责任或不能返还情形下的替代补偿责任，另一种为过错损失赔偿责任。在建筑工程转包合同被确认无效后，因实际施工人的履行行为已固化于建设工程中，无法予以返还，因此，应当由转包人或违法分包人折价予以补偿。这种折价补偿并非合同上的责任，而是对转包人或违法分包人没有法律或合同上的依据，取得实际施工人工作成果的补偿，其实质是一种不当得利的法律关系。建筑工程施工合同无效，当事人一方请求另一方支付工程价款属于不当得利返还请求权，不当得利返还请求权属于债权请求权的一种，其应该适用诉讼时效的规定。

2. 法律虽然规定了何种情况下会导致合同无效，但涉及具体案件时，作为普通民事主体的当事人往往对合同效力的规定并不完全了解，不能苛求当事人在订立合同时就知晓合同是否有效。且法律明确规定，合同效力的判定需要由法院或者仲裁机构确认。

3. 合同无效之后，原合同不再继续履行，当事人之间在合同中约定的履行期限也当然无效，合同无效之后的请求权基础并非基于原合同产生，故不能从原合同的履行期限届满之日计算诉讼时效。

4. 建设工程合同被确认无效后，虽然工程价款未经结算不能确定，但债权人一方可以通过提起诉讼要求进行工程造价鉴定的方式积极行使自己的权利，若债权人一直怠于行使其不当得利返还请求权，其与债务人之间的工程价款金额迟迟不能得到明确，若建筑工程施工合同被确认无效后诉讼时效起算时间从当事人主张权利之日起算，有悖于诉讼时效制度的设立目的。

5. 当事人基于无效合同产生的返还财产和赔偿损失的请求权系法院判决确认合同无效后所产生的法律后果。只有当建设工程合同被确认无效之后，因合同无效而引发的不当得利返还请求权方才成立，当事人才知道或者应当知道其权利受到侵害，该请求权的诉讼时效期间的起算事由方才出现，故诉讼时效从合同被确认无效之日起起算更为合理。

需要指出的是，关于无效合同所涉请求权的诉讼时效问题，最高人民法院目前仍未有司法解释或者答复之类的倾向性意见。最高人民法院民二庭负责人就最高人民法院《关于审理民事案件适用诉讼时效制度若干问题的规定》(2008 年 9 月 1 日)答记者问中回答称,关于无效合同的诉讼时效起算点的问题争议较大,未形成倾向性意见,主要有三种争议观点:第一种观点认为,应从合同被确认无效后起算。第二种观点认为,应从履行期限届满之日起算。理由是:当事人基于合同有效而签订和履行合同,合同双方当事人对其权利实现的期限均有明确、合理的预期,即合同约定的履行期限届满之日。在合同履行期满之后当事人知道或应当知道其权利受到侵害,而无论合同事后是否被确认无效。且合同无效产生的损失多因合同当事人不履行合同义务产生,非因合同被确认无效产生。第三种观点认为,上述两种观点都存在不足,前者存在权利睡眠的问题,后者会带来无效合同按有效合同处理的问题,应综合两种规定作折中规定,即合同被确认无效,返还财产赔偿损失请求权的诉讼时效期间从合同被确认无效之日计算。但合同履行期限届满,当事人没有履行或者没有完全履行合同的,以合同无效为由请求返还财产、赔偿损失的,诉讼时效期间从履行期限届满之日计算。

但在最高法院审理的广西甲集团有限责任公司与北海市乙房地产开发公司广西壮族自治区畜产进出口北海公司土地使用权转让合同纠纷案件中[(2005)民一终字第 104 号],最高院认为合同效力的认定,实质是国家公权力对民事行为进行的干预。合同无效系自始无效,当事人请求确认合同无效,不应受诉讼时效期间的限制;而合同确认无效后,当事人关于返还财产及赔偿损失的请求,应当适用法律关于诉讼时效的规定。本案中,乙公司与甲集团签订的《土地合作开发协议书》被人民法院确认无效后,乙公司才享有财产返还的请求权,乙公司的起诉没有超过法定的诉讼时效期间。由此案例分析,最高法院仍认为在合同被宣告无效后当事人才享有返还财产和赔偿损失的请求权,合同无效后的请求权诉讼时效应当从合同被宣告无效后起算。

(作者单位:重庆市第五中级人民法院)

附录1:
2017年《应用法学评论》稿约

《应用法学评论》是西南政法大学应用法学院与最高人民法院应用法学研究基地共同编辑出版的法学学术出版物,每年一辑。

《评论》所载有关法律适用的研究成果,特别重视应用法学基础理论及学科体系研究,强调中国问题,侧重实证研究,重视交叉研究,关注比较法视角,也欢迎其他优秀法学成果。

《评论》以稿件质量为用稿之唯一标准。来稿不拘形式,论文、调查报告、案例研究、评论、书评、译文、文献综述皆可。稿件字数无上限,且论文原则上不少于1.5万字。来稿注释依本书体例。

投稿以未在国内外公开发表为限(依惯例,会议宣读除外)。一律以电子邮件投稿,以Word 2003文档,用附件发送。

《评论》不排斥一稿多投,但反对一稿多发。若稿件被其他出版物采取,请及时告知。

一旦投稿,即视为作者向《评论》承诺该稿件不存在任何版权争议。若出现版权问题,本书概不负责。

《评论》实行三审定稿制:一审由专栏编辑审稿;二审由专家匿名审稿;三审由主编、副主编会议定稿。若自投稿之日起15日未收到初评结果或3个月届满未告知用稿者,可自行处理。

凡在《评论》发表文章,视为作者同意本书在西南政法大学应用法学院、最高人民法院应用法学研究基地的官网上发表该文。

稿件一经录用,将支付稿酬并奉送样书。

《评论》邮箱:appliedlawreview@163.com。

《应用法学评论》编辑部

2017年2月26日

附录2：
《应用法学评论》注释体例

一、一般规定

1. 注释为脚注，连续计码。文中及页下脚注均用阿拉伯数字，文中标注于标点符号外。

2. 注文中的信息顺序：作者、文献名称、卷次（如有）、出版者及版次、页码。

3. 定期出版物的注释顺序：作者、文章篇名、出版物名称年份及卷次、页码。

4. 引用网上资料的注释顺序：作者、文献名、网址、访问时间。

5. 引用之作品，文章、书、刊物、报纸及法律文件名，用书名号。

6. 译作的注释顺序为：国籍外加中括号、作者、文献名称、译者、出版者及版次、页码。

7. 同一文献两次或两次以上引用者，第二次引用时，若紧接第一次，则注释为"同上注，第N页"；若两次引用之间有间隔，则注释为"同注N，第N页"。

8. 非引用原文者，注释前加"参见"；非引自原始出处者，注释前加"转引自"。

9. 引用外文的，遵循该语种的通常注释习惯。

二、范例

1. 著作类

瞿同祖：《中国法律与中国社会》，中华书局1981年版,第48页。

《马克思恩格斯选集》(第3卷),人民出版社1972年版,第26页。

2. 论文类

马锡五:《新民主主义革命阶段中陕甘宁边区的人民司法工作》,载《政法研究》1954年第1期。

常怡:《民事程序价值之管见》,载《现代法学》1999年第2期。

3. 文集

李浩:《关于建立诉讼上和解制度的探讨》,载马俊驹主编:《清华法律评论》(第2辑),清华大学出版社1999年版,第12~20页。

毛泽东:《抗日根据地的政权问题》,载《毛泽东选集》(第2卷),人民出版社1965年版,第226~277页。

4. 译作类

[奥]欧根·埃利希:《法社会学原理》,舒国滢译,中国大百科全书出版社2009年版,第1页。

[美]P.诺内特、P.塞尔兹尼克:《转变中的法律与社会:迈向回应型法》,张志铭译,中国政法大学出版社2001年版,第58页。

5. 报纸类

习近平:《关于〈中共中央关于全面深化改革若干重大问题的决定〉的说明》,载《人民日报》2013年11月15日,第1版。

6. 网络类

周强:《最高人民法院工作报告》,载 http://cpc.people.com.cn/n/2014/0318/c64094-24664468.html,最后访问时间:2015年12月25日。

图书在版编目(CIP)数据

应用法学评论. 2016 / 杨建学主编. —北京:法律出版社,2017

ISBN 978-7-5197-1172-6

Ⅰ. ①应… Ⅱ. ①杨… Ⅲ. ①法学—文集 Ⅳ. ①D90-53

中国版本图书馆 CIP 数据核字(2017)第 184424 号

应用法学评论(2016)
YINGYONG FAXUE PINGLUN
(2016)

杨建学 主编
曾令健 朱福勇 张光君 副主编

策划编辑 黄琳佳
责任编辑 班运华
装帧设计 李 瞻

出版 法律出版社
总发行 中国法律图书有限公司
经销 新华书店
印刷 三河市龙大印装有限公司
责任校对 杜 进
责任印制 陶 松

编辑统筹 学术·对外出版分社
开本 720 毫米×960 毫米 1/16
印张 20
字数 311千
版本 2017 年 8 月第 1 版
印次 2017 年 8 月第 1 次印刷

法律出版社/北京市丰台区莲花池西里 7 号(100073)
网址/www.lawpress.com.cn
投稿邮箱/info@lawpress.com.cn
举报维权邮箱/jbwq@lawpress.com.cn
销售热线/010-63939792
咨询电话/010-63939796

中国法律图书有限公司/北京市丰台区莲花池西里 7 号(100073)
全国各地中法图分、子公司销售电话:
统一销售客服/400-660-6393
第一法律书店/010-63939781/9782 西安分公司/029-85330678 重庆分公司/023-67453036
上海分公司/021-62071639/1636 深圳分公司/0755-83072995

书号:ISBN 978-7-5197-1172-6 **定价**:66.00 元
(如有缺页或倒装,中国法律图书有限公司负责退换)